博雅 21世纪经济与管理应用型规划教材

会计学系列

会计学基础（第三版）

Accounting Basics

3rd edition

臧红文 主 编

柏春红 王晓琳 副主编

图书在版编目(CIP)数据

会计学基础/臧红文主编. —3 版. —北京:北京大学出版社,2020. 7
21 世纪经济与管理应用型规划教材·会计学系列
ISBN 978 -7 -301 -30624 -6

Ⅰ. ①会… Ⅱ. ①臧… Ⅲ. ①会计学—高等学校—教材 Ⅳ. ①F230

中国版本图书馆 CIP 数据核字(2020)第 094514 号

书　　名	会计学基础(第三版) KUAIJIXUE JICHU(DI-SAN BAN)
著作责任者	臧红文　主编
责任编辑	任京雪　徐　冰
标准书号	ISBN 978 -7 -301 -30624 -6
出版发行	北京大学出版社
地　　址	北京市海淀区成府路 205 号　100871
网　　址	http://www.pup.cn
微信公众号	北京大学经管书苑(pupembook)
电子信箱	em@pup.cn
电　　话	邮购部 010 -62752015　发行部 010 -62750672　编辑部 010 -62752926
印 刷 者	北京飞达印刷有限责任公司
经 销 者	新华书店
	787 毫米×1092 毫米　16 开本　16.5 印张　352 千字
	2010 年 6 月第 1 版　2014 年 9 月第 2 版
	2020 年 7 月第 3 版　2020 年 7 月第 1 次印刷
定　　价	38.00 元

丛书出版前言

《国家中长期教育改革和发展规划纲要(2010—2020年)》指出,目前我国高等教育还不能完全适应国家经济社会发展的要求,学生适应社会和就业创业能力不强,创新型、实用型、复合型人才紧缺。所以,在此背景下,北京大学出版社响应教育部号召,在整合和优化课程、推进课程精品化与网络化的基础上,积极构建与实践接轨、与研究生教育接轨、与国际接轨的本科教材体系,特策划出版“21世纪经济与管理应用型规划教材”。

“21世纪经济与管理应用型规划教材”注重系统性与综合性,注重加强学生分析能力、人文素养及应用性技能的培养。本系列包含三类课程教材:通识课程教材,如《大学生创业指导》等,着重于提高学生的全面素质;基础课程教材,如《经济学原理》《管理学基础》等,着重于培养学生建立宽厚的学科知识基础;专业课程教材,如《组织行为学》《市场营销学》等,着重于培养学生扎实的学科专业知识以及动手能力和创新意识。

本系列教材在编写中注重增加相关内容以支持教师在课堂中使用先进的教学手段和多元化的教学方法,如用课堂讨论资料帮助教师进行启发式教学,增加案例及相关资料引发学生的学习兴趣等;并坚持用精品课程建设的标准来要求各门课程教材的编写,力求配套多元的教辅资料,如电子课件、习题答案和案例分析要点等。

为使本系列教材具有持续的生命力,我们每隔三年左右会对教材进行一次修订。我们欢迎所有使用本系列教材的师生给我们提出宝贵的意见和建议(我们的电子邮箱是em@pup.cn),您的关注就是我们不断进取的动力。

在此,感谢所有参与编写和为我们出谋划策提供帮助的专家学者,以及广大使用本系列教材的师生,希望本系列教材能够为我国高等院校经管专业的教育贡献绵薄之力。

北京大学出版社

经济与管理图书事业部

第三版前言

《会计学基础》是北京大学出版社“21 世纪经济与管理应用型规划教材 · 会计学系列”的示范教材。本教材第一版自 2010 年 6 月出版以来,承蒙读者的厚爱,取得了良好的发行效果。在此,对给予本教材大力支持和帮助的各校师生表示感谢。

本教材第二版自 2014 年 9 月修订出版以来,我国企业会计准则、税法等相关法规和制度发生了较大的变化。教材的生命力在于与时俱进,以适应环境的持续变化、满足读者的需要。据此,在北京大学出版社的支持下,我们在保持原教材特色的基础上,对本教材进行了进一步的修订和完善。

(1) 对教材中所涉及的经济业务进行了修改,修改后的内容更加贴近实际,充分体现了教材的新颖性、前沿性和可操作性。

(2) 体现了最新的税收法律法规内容。虽然基础会计中涉税业务很少,但是业务中涉及的税收法律法规变化内容在本次修订中均予以调整。

(3) 丰富和调整了部分章节内容。如第一章“总论”、第九章“财务报告”、第十一章“会计规范、会计机构与会计职业”中,会计准则、会计制度的内容发生了较大变化,本次修订作了较大修改。

本教材由青岛大学的臧红文担任主编,柏春红、王晓琳担任副主编。各章具体分工如下:臧红文编写第一、二、三、四章;王晓琳编写第五章、英文附录及双语链接;柏春红编写第六、七、九章;崔璇编写第八章;张园园编写第十章;朱琳编写第十一章。最后,臧红文对本教材作了修改、总纂;王晓琳为本教材制作了 PPT 教学课件。

本教材在修订过程中参考了许多会计教材和相关的文献资料,在此表示衷心的感谢。由于编者水平有限,教材中疏漏之处在所难免,敬请读者批评指正,我们将继续完善。

编者

2020 年 5 月

第二版前言

《会计学基础》是北京大学出版社"21 世纪经济与管理应用型规划教材 · 会计学系列"的示范教材。本教材第一版自 2010 年 6 月出版以来,承蒙读者的厚爱,取得了良好的发行效果。

教材的生命力在于与时俱进,以适应环境的持续变化、满足读者的需要。据此,在北京大学出版社的支持下,我们在保持原教材特色的基础上,对本教材进行了进一步的修订和完善。

(1) 对教材中所涉及的经济业务进行了修改,修改后的内容更加贴近实际,充分体现了教材的新颖性、前沿性和可操作性。

(2) 体现了最新的税收法律法规内容。虽然基础会计中涉税业务很少,但是业务中涉及的与"营改增"相关的内容在本次修订中均通过"相关链接""特别提醒"的方式予以展示。

(3) 丰富和调整了部分章节内容。如第十一章"会计规范、会计机构与会计职业"中,会计准则、会计制度的内容发生了较大变化,本次修订作了较大修改。

本教材由青岛大学的臧红文担任主编,赵洁、柏春红担任副主编。各章具体分工如下:臧红文编写第一、二、三、四章;赵洁编写第五章,并与王晓琳共同编写英文附录及所有的双语链接;柏春红编写第六、七、九章;崔璇编写第八章;张园园编写第十章;朱琳编写第十一章。最后,臧红文对本教材做了修改、总纂,王晓琳为本教材制作了 PPT 教学课件。

本教材在修订过程中参考了许多会计教材和相关的文献资料,在此表示衷心的感谢。由于编者水平有限,教材中疏漏之处在所难免,敬请读者批评指正,我们将继续完善。

编者

2014 年 8 月

第一版前言

应用型本科教育既是一种专业性通才教育,它关注学生系统、扎实的基础理论知识学习与储备,又是一种以能力为本的教育,尤其注重对学生能力的培养与训练。基于这一培养目标,应用型本科教材建设应有别于普通本科,更加强调应用性、实践性和创新性。本教材是“21 世纪经济与管理应用型规划教材 · 会计学系列”中的一本,是按照应用型人才培养模式的要求开发编写的。本教材以《会计基础工作规范》和新《企业会计准则》为理论依据,将会计基本理论与会计基本实践相结合,优化和整合教学内容,突出了知识的新颖性、实用性。其主要特点有:

第一,注重教材内容的宽广性,不仅能适用于会计专业,而且能适用于经管专业。对于会计专业的学生来说,“基础会计”课程是其接触专业的第一门课程,且是所有专业课程的基础,对以后的专业学习有直接影响。对于经管专业的学生来说,接触会计专业的课程只有“基础会计”和“财务管理”,财务会计知识作为经管专业学生必备的专业基础知识,在其知识体系中占有很重要的地位。因此,本教材的编写,在内容上更加注重体系的完整和知识的饱满,能够为学生后续的专业学习和未来从事的职业奠定专业基础。

第二,体现应用型本科教育的特色,在内容的设计上既并行考虑理论和实践的融合,又体现会计国际化的趋势。会计是一门应用学科,学生通过“基础会计”课程的学习,应该对“会计”有一个全方位的认知,仅仅掌握会计的理论知识是远远不够的。本教材中会计凭证、会计账簿、财务报表的编制,均采用企业的实际案例,模拟真实凭证、账簿、报表,使实践教学有效地融合在课堂教学中。在同步练习中,按照企业的实际业务设计案例,学生可以亲自演练真实的凭证、账簿和报表的编制。

另外,随着经济的全球化及新《企业会计准则》的实施和推广,会计的国际化要求越来越高。会计是商业语言,本教材通过“双语链接”的形式将专业英语词汇进行标注和解释,可以使学生在加强专业课程学习的同时强化对专业英语词汇的认识,为后续双语课程的学习奠定基础。

第三,注重教材的版式设计,使其更加人性化。本教材在版式设计上力求简洁、直观、生动、有趣。例如，对于普通教材中大篇幅的文字叙述以图表的形式进行了归纳和总结以帮助学生形成清晰的学习思路；对于重点、难点问题设置了“特别提醒”“问题与思考”等版块加以体现，以引起学生的重视；对于需要拓展的知识设置了“相关链接”“双语链接”“中外差异”等版块加以体现，以引起学生的兴趣。

本教材共有十一章，其主要内容分为四个单元。**第一单元，会计的基本理论**。这部分在教材中处于启蒙指导、总领全局的地位，主要内容包括总论、会计核算基础、账户与复式记账。**第二单元，会计的基本业务**。这部分是在讲述基本理论的基础上，解决企业主要的、基本的经济业务的核算，为会计基本技能的学习和实践打下基础，主要内容包括账户与复式记账法的应用、账户分类。**第三单元，会计的基本技能**。这部分是按照《会计基础工作规范》的要求，以企业实际经济业务为依据，明确凭证如何填制、账簿如何登记以及报表如何编制，主要内容包括会计凭证、会计账簿、财产清查、财务报告、账务处理程序。**第四单元，会计职业概要**。这部分内容包括会计规范、会计机构与会计职业。

本教材由青岛大学的臧红文担任主编，赵洁、柏春红担任副主编。具体分工如下：臧红文编写第一、二、三、四章；赵洁编写第五章、词汇表及双语链接；柏春红编写第六、七、九章；崔璇编写第八章；张园园编写第十章；朱琳编写第十一章。臧红文对本教材作了修改、总纂。

本教材既可以作为高等院校会计类、经济类、管理类专业的教材，也可以作为广大财会人员、管理工作者的学习资料及会计专业教育工作者的辅助参考书。

本教材的编写无论在内容上还是在体例上均作了新的尝试，但由于编者的水平和实践经验有限，教材中难免存在疏漏之处，恳请读者批评指正，我们将在修订版中予以更正。

编者

2010 年 3 月

目　录

第一单元

会计的基本理论

第一章　总论

【本章导航】

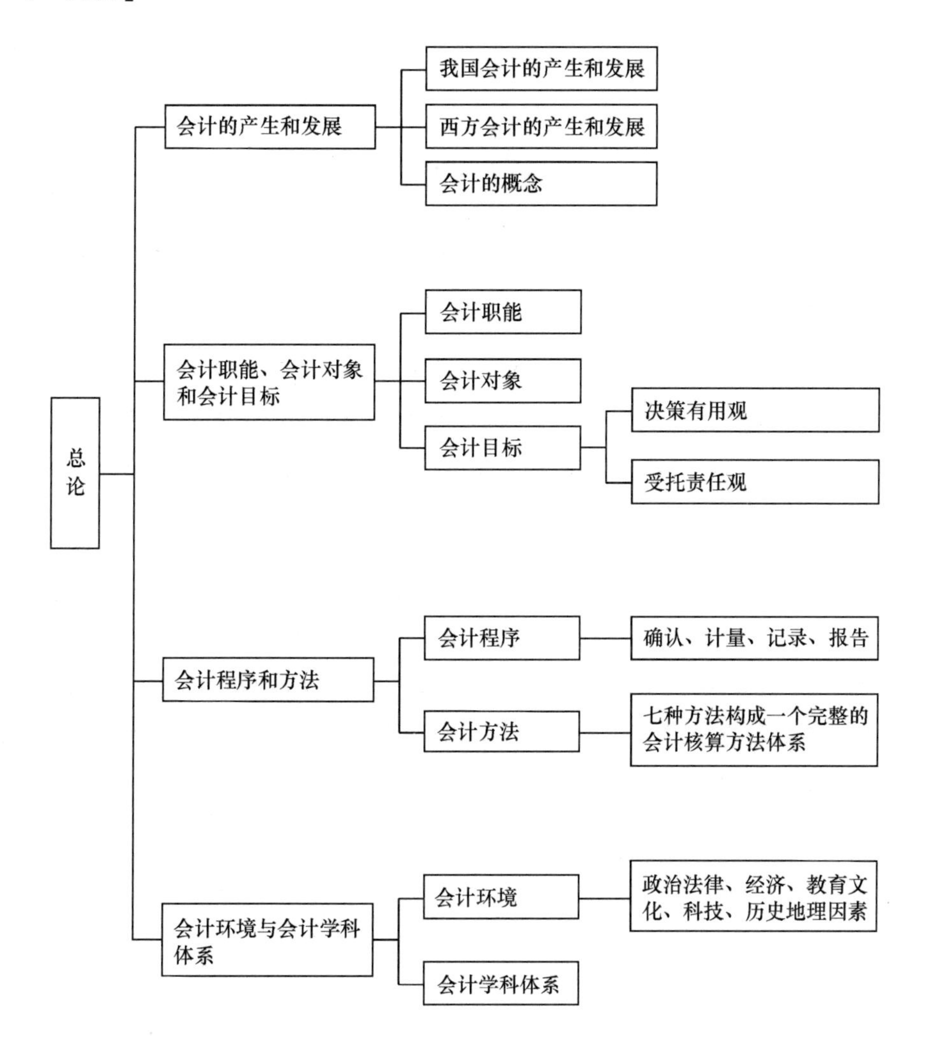

总论
会计的产生和发展
我国会计的产生和发展
西方会计的产生和发展
会计的概念
会计职能、会计对象和会计目标
会计职能
会计对象
会计目标
决策有用观
受托责任观
会计程序和方法
会计程序
确认、计量、记录、报告
会计方法
七种方法构成一个完整的会计核算方法体系
会计环境与会计学科体系
会计环境
政治法律、经济、教育文化、科技、历史地理因素
会计学科体系

【知识目标】

1. 了解会计的产生和发展。
2. 掌握会计的概念和基本职能。
3. 理解会计的对象和目标。
4. 了解会计核算的程序和基本方法。
5. 了解会计环境和会计学体系。

【能力目标】

1. 能说出会计与经济发展的关系。
2. 能描述制造业企业资金运动的一般过程。
3. 能写出会计核算各种专门方法的关系。

【导入案例】

王浩打算在海滨浴场租赁一个摊位，开设一家销售夏季用品的公司，主营太阳镜、泳装、防晒用品及冷饮。经过充分的市场调查，王浩估计每月的销售额会有 8 000 元，所需商品的购买成本为 4 000 元，摊位租金 600 元，杂费 400 元。王浩决定正式启动自己的首次创业计划，但是怎么管理好财务是一个棘手的问题，既要做好管钱、管账等工作，又需要相应的技术和头脑。他咨询了一名从事财务工作的朋友，朋友建议他了解一些基础会计学方面的知识，并且告诉他，会计是一门商业语言，正如大家使用汉语、英语交流一样，在企业经营的过程中，企业与其外部环境之间、企业内部各环节之间也需要交流，通用的语言就是会计。会计工作能够帮助他系统、及时地了解企业的经营情况。

第一节 会计的产生和发展

会计的产生和发展经历了很长的历史时期。它是随着社会生产的发展和加强管理的要求而产生,并随着社会经济发展和管理的需要、科学技术的进步而不断完善、提高的。

物质资料的生产是人类社会存在和发展的基础。生产活动是人类社会最基本的实践活动,是决定其他一切活动的基础。人类通过生产活动,一方面要发生劳动耗费,包括人力、物力的耗费;另一方面要创造物质财富,取得一定的劳动成果。在生产活动中,人们总是力求以尽可能少的劳动耗费取得尽可能多的劳动成果。因此,为了以最小的投入取得最大的产出,必须对生产过程中的劳动耗费和劳动成果进行有效的反映,取得必要的核算资料,据以控制生产过程,实现预定目标。正是产生了这种客观需要,会计行为才应运而生。

一、我国会计的产生和发展

(一) 古代会计

我国从夏朝开始征收国家赋税,由此需要设置专门的官职负责对赋税等收支项目进行计算和登记,夏朝成为我国政府会计的历史起点。从商朝大量的甲骨文史料中可以推测,那时可能已经存在类似于会计账簿的专门记录经济事项的简册。在西周建立了专职国家财计的独立职官系统——司会及其所属的司书、职内、职岁与职币等,形成了一套完整的国家财政收入和支出的项目体系,并且还设置了专职会计检查的官职——宰夫。

我国古代会计全面发展的时期是在唐末宋初。这个时期,官厅会计有了比较健全的组织机构,如宋代的“会计司”;又有了比较严格的财计制度,如计账制度、户籍制度、预算制度、财务保管制度、出纳制度及审计制度等;会计账簿和会计报表的设置也日益完备,由流水账(日记账)和誊清账(总清账)组成的账簿体系已初步形成。在宋朝,特别重要的是创建和运用了“四柱结算法”。所谓四柱,就是在会计账簿及报表中并列“旧管”“新收”“开除”“实在”四柱,其含义近似于近代会计中的“期初结存”“本期收入”“本期支出”“期末结存”。四柱之间的结算关系可用会计方程式表示为:旧管 + 新收 = 开除 + 实在。在四柱中,每一柱都反映着经济活动的一个方面,各柱相互衔接形成的平衡公式,既可检查日常记账的正确性,又可系统、全面和综合地反映经济活动的全貌。这是我国古代会计的一个杰出成就,它为我国通行多年的收付记账法奠定了理论基础。明、清两代,会计工作又在“四柱结算法”原理的启发下,创建了“龙门账”的会计核算方法,它把全部经济业务划分为“进”“缴”“存”“该”四大类。所谓“进”指全部收入,“缴”指全部支出,“存”指全部资产,“该”指全部负债。四者之间的关系可用会计方程式表示为:进 - 缴 = 存 - 该。每年年终结账时,一方面可以根据有关“进”与“缴”两类账目的记录编制“进缴表”,计算差额,决定盈亏;另一方面还应根据有关“存”与“该”两类账目的记录编制“存该表”,计算差额,决定盈亏。两方面计算决定的盈亏数额应该相等。这种双轨计算盈亏并核对账目的方法，人们叫它"合龙门"，"龙门账"也因此而得名。

（二）近现代会计

随着经济的进一步发展，资本主义经济关系开始萌芽，在民间商业界出现了"四脚账"，又称"天地合"。这种账要求对日常发生的一切账项，既要登记它的来账方面，又要登记它的去账方面，借以全面反映同一账项的来龙去脉，这表明我国的会计记账方法已由单式记账法向复式记账法过渡。与此同时，出现了资本主义萌芽，官办企业不断产生和发展，国外会计记账方法传入我国，以大清银行为代表的官办企业开始走上改良会计记账方法的道路。1908 年大清银行创办，标志着西方的借贷记账法开始在我国的企事业单位中应用。著名会计学家蔡锡勇（著有《连环账谱》）、谢霖（著有《银行簿记学》），为西方借贷记账法传入我国作出了重要贡献。

我国从封建社会步入半殖民地半封建社会后，北洋政府制定了我国历史上第一部《会计法》和《审计法》。到国民政府时期，四政（路政、电政、邮政、船政）特别会计得到发展。以徐永祚为代表发起的改良中式簿记运动为西式簿记引入奠定了社会基础。1925 年 3 月，在上海成立了我国第一个会计师公会，即上海会计师公会。

【相关链接】

我国会计史上的"第一"

- 我国最早有关会计事项记载的文字，始见于商代的"甲骨书契"（甲骨文）。
- 我国最早设置会计机构的朝代是西周（公元前 1046—前 771 年），设"司会"主管会计工作。
- 西周时期，最早确立了"会计"的命名。
- 我国最早的复式记账法（龙门账）产生于明朝末年（1640 年），相传为山西人傅山所创。
- 我国最早确认会计师职业，始见于 1918 年北洋政府农商部颁布的《会计师暂行章程》。
- 我国第一部《会计法》于 1914 年 10 月由北洋政府颁布。
- 我国第一个会计师公会是"上海会计师公会"，于 1925 年 3 月成立。
- 我国第一所会计学校是著名会计师潘序伦于 20 世纪 20 年代在上海创办的"立信会计学校"。
- 我国第一次注册会计师资格考试于 1991 年 12 月 7 日举行。
- 我国第一次会计专业技术资格考试于 1992 年 3 月 21 日举行，这是中华人民共和国成立以来第一次规定以考试来决定会计从业人员的专业技术资格。
- 我国第一个国家级会计研究基地是上海财经大学会计学院"会计与财务研究院"，它也是全国仅有的两个国家级会计研究基地之一（另一个为厦门大学会计发展研究中心）。

中华人民共和国成立后,在计划经济体制下,我国参照苏联的会计模式建立了高度统一的企业会计制度和预算会计制度。在“大跃进”和“文化大革命”时期,会计事业停滞甚至倒退,如出现了无账会计。改革开放后,国家工作重心转向经济建设,1985 年颁布了《中华人民共和国会计法》。为适应市场经济的发展,1992 年 11 月颁布了《企业会计准则——基本准则》《企业财务通则》,开始了会计改革。从 1995 年至 2004 年年底,颁布了 16 个具体准则,并且于 2001 年颁布了统一的《企业会计制度》,会计规范体系得到逐步完善。2005 年,我国发布了《企业会计准则——基本准则》和 20 多项新的具体准则的征求意见稿,并对已经实行的 16 项具体准则进行了修订;2006 年 2 月,财政部正式对外发布。至此,适应我国社会主义市场经济发展进程的、能够独立实施和执行的、与国际会计标准趋同的中国企业会计准则体系正式建立,包括 1 项基本准则和 38 项具体准则。2014 年,财政部修订了原 38 项具体准则中的 5 项具体准则,包括《企业会计准则第 2 号——长期股权投资》《企业会计准则第 9 号——职工薪酬》《企业会计准则第 30 号——财务报表列报》《企业会计准则第 33 号——合并财务报表》《企业会计准则第 37 号——金融工具列报》,并新增了 3 项具体准则,包括《企业会计准则第 39 号——公允价值计量》《企业会计准则第 40 号——合营安排》《企业会计准则第 41 号——在其他主体中权益的披露》。2017 年,财政部修订了 41 项具体准则中的 6 项具体准则,包括《企业会计准则第 14 号——收入》《企业会计准则第 16 号——政府补助》《企业会计准则第 22 号——金融工具确认和计量》《企业会计准则第 23 号——金融资产转移》《企业会计准则第 24 号——套期会计》《企业会计准则第 37 号——金融工具列报》,同时取消了《企业会计准则第 15 号——建造合同》,并新增了 1 项具体准则《企业会计准则第 42 号——持有待售的非流动资产、处置组和终止经营》,至此,中国企业会计准则包括 1 项基本准则和 42 项具体准则。与此同时,我国注册会计师事业及会计教育事业都得到了很大的发展。

二、西方会计的产生和发展

在西方,随着自然经济、商品经济向市场经济过渡,从业主经营的手工作坊到合伙制的出现,从股份公司的兴起到跨国公司的涌现,会计始终与社会经济发展相适应,先后经历了从古代会计、近代会计到现代会计的历史变革。

(一) 古代会计(公元 15 世纪中叶以前)

早先的会计仅仅是一种极其简单的计量、记录行为。随着自然经济占主导地位,并以小生产为主,有了一定的简单商品生产,会计才逐渐从生产职能中分离出来,成为一种独立的有专门人员从事的经济管理活动。尽管古代会计已经成为一种专门的经济管理工作,但是会计还很不成熟,其主要特征是采用单式记账法。单式簿记对经济事项的发生,主要采取序时流水登记的方法,平时只登记货币资金的收付和债权债务业务。

由此可见,古代会计仅仅是一种简单的记录和计量活动,服务于单个企业;会计独有的专门方法还没有形成,会计也没有形成一个独立的学科。

(二) 近代会计(15 世纪中叶到 20 世纪五六十年代)

当历史跨入 15 世纪,随着意大利北部地区手工业的兴起和商业、银行业的繁荣,世界上最早的借贷复式簿记账册诞生。1494 年,意大利数学家卢卡·帕乔利出版了《算术、几何、比及比例概要》一书，成为会计发展史上的第一个里程碑。该书介绍了以威尼斯复式簿记为主的借贷复式记账法，为借贷复式簿记在世界范围内的传播奠定了基础。1581年，威尼斯会计学院的建立，表明会计已作为一门学科在学校里传播。18—19世纪英国爆发了工业革命，早期的成本会计应运而生。19世纪中叶以后，股份公司在西方得到了广泛的发展，并成为企业组织的主要形式。在经营方式上，股东直接从事经营管理。此时，会计服务的对象主要是公司内部管理。为了防止公司经营者的舞弊行为，保护投资者的权益，英国首先出现了以审查会计报表真实性为目标的独立审计。1894年，苏格兰爱丁堡会计师公会的成立，是会计发展史上的第二个里程碑，它标志着会计开始作为一种专门职业而存在。1911年弗雷德里克·温斯洛·泰勒的《科学管理原理》出版，产生了标准成本会计，成为会计发展史上的第三个里程碑。美国在经历了1929—1933年的经济危机后，开始着手制定会计准则，用以规范会计行为，于是形成了以提供对外财务信息为主要任务的财务会计。

（三）现代会计（20世纪五六十年代以后）

这一阶段，主要是以美国为代表的西方会计界致力于财务会计准则的研究，使以簿记为基础的财务会计趋于系统化和标准化。20世纪50年代以来，跨国公司蓬勃兴起，直接导致国际会计的产生。1973年，国际会计准则理事会（IASB）成立，随即发布了一系列国际会计准则，引导各国会计逐步走向国际化。由于企业生产经营规模的扩大和市场竞争的加剧，企业管理得到了前所未有的重视。一方面，为了适应管理的需要，系统的成本计算、有组织的内部控制制度相继形成，成本会计取得了长足的发展；另一方面，企业管理对会计资料的迫切需要，促成了一个新的会计分支，即管理会计在原来成本会计的基础上迅速成长，并从传统会计中独立出来。管理会计的产生是会计发展史上的第四个里程碑。世纪之交，人类社会进入信息时代和知识经济时代，现代会计由手工簿记系统发展为电子数据处理系统和网络系统。会计处理的电算化，是会计在记录和计算技术方面的重大革命，是会计发展史上的第五个里程碑。它大大促进了会计信息的传递，有助于提高会计信息的使用效率，必将把会计工作带入一个崭新的变革时期。

【问题与思考】

会计的发展，先后经历了古代会计、近代会计和现代会计的历史变革，有人说“经济越发展，会计越重要”，这句话对吗？

三、会计的概念

从会计的产生和发展历史来看，早期的会计只是运用一些简单的计量、记录方法，1494年以后，会计才逐渐从其他学科中独立出来，真正开始划时代的飞跃。从这时起，部分会计学者就开始研究和运用各种科学的会计计量与记录方法，使近现代会计具有自己独有的特征。

我们认为，会计（Accounting）是以货币为主要计量，运用一整套科学的专门方法和程序,对企业等经济组织的经济活动进行全面、连续、系统、综合的核算和监督,为会计信息使用者提供有用的信息,并参与经济预测与决策的一种经济管理活动。

【双语链接】

Accounting is a process of identifying, recording, and summarizing economic information and reporting it to decision makers.

从以上概念可以看出,会计具有以下基本特征:

1. 会计以货币为主要计量单位

会计对经济活动进行计量和记录时,可以采用实物、劳动和货币三种计量单位。其中,实物计量单位和劳动计量单位不具有综合性,唯一具有综合性的是货币计量单位,因为它综合地反映了商品的价值,可以将复杂的不同质的经济活动加以计量和综合。所以,会计以货币为主要计量单位,主要反映的是特定对象经济活动中的价值运动,提供特定对象的财务信息。

2. 会计是对企业实际发生的经济活动进行核算

会计反映经济活动就是要反映其事实,因此只有在每项经济业务发生或完成之后,才能取得该项经济业务完成的书面凭证,这种凭证具有可验证性,据此登记账簿,才能保证会计所提供的信息真实可靠。经济业务"实际发生"的具体表现是要有真实合法的会计凭证。

3. 会计是对经济活动进行全面、连续、系统、综合的核算和监督

全面是指对各种经济活动都要能反映其来龙去脉,不可任意取舍,不可遗漏;连续是指按照经济活动发生的时间顺序作不间断的记录;系统是指对各种经济活动的记录要采用一系列专门的方法,遵循一定的处理程序,科学有序地进行,以取得分门别类的有用信息;综合是指将货币作为统一的计量单位。

【相关链接】

会计随着社会经济环境的变化和管理上的要求而不断发展变化,其内涵和外延十分丰富。因此,虽然会计产生的历史相当悠久,但人们对会计本质的认识仍众说纷纭,具有代表性的观点有:(1) 会计方法论,认为会计的本质是一种"管理方法",具体表现为会计是一种记账、算账、报账的方法。(2) 会计技术论,认为会计的本质是一种"技术",是文字和数量相结合的应用技术。(3) 会计工具论,认为会计的本质是一种"管理工具",主要为管理提供资料,强调会计在社会经济活动中的核算作用。(4) 会计艺术论,认为会计人员在进行会计工作时具有一定的艺术特性。(5) 会计信息系统论,认为会计的本质是一个以提供财务信息为主的经济信息系统。(6) 会计管理活动论,认为会计的本质是一项管理活动。(7) 会计综合论,认为会计既是一个信息系统,又是一项管理活动。

第二节　会计职能、会计对象和会计目标

一、会计职能

会计的职能是指会计在经济活动中所具有的功能。生产力水平和经济管理水平的高低对会计的职能具有决定性作用。在会计发展的初期，会计的主要职能是简单的计量、记录和报告，以核算为主。随着生产力水平和经济管理水平的提高，发挥经济监督作用成为会计的一项重要职能。此外，会计还具有评价经营业绩、进行经济预测和参与经济决策等职能。所以，会计的职能可以分为基本职能和衍生职能，会计的基本职能是核算和监督，会计的衍生职能包括评价、预测、决策等。

（一）会计核算职能

会计的核算职能是指根据企业的特点，运用科学的原理和方法，主要利用价值形式，对企业生产经营活动全过程的经济业务和经营成果进行全面、连续、系统、综合的反映。会计核算要求通过会计确认、计量、记录和报告，将经济活动的内容转换成会计信息，为企业的经营管理和国民经济的宏观调控及时地提供全面、系统、真实的会计信息。它是会计工作的起点和基础。

企业发生下列经济业务或事项时，应当办理会计手续，进行会计核算：

（1）款项和有价证券的收付。

（2）财物的收发、增减和使用。

（3）债权、债务的发生和结算。

（4）资本、基金的增减。

（5）收入、支出、费用、成本的计算。

（6）财务成果的计算和处理。

（7）需要办理会计手续、进行会计核算的其他事项。

（二）会计监督职能

会计的监督职能是指以国家的经济政策、制度和财经纪律及企业内部的会计管理制度为准绳，对即将进行或已经进行的经济活动的合理性和合法性进行评价，并据以施加限制和影响，保证会计信息资料真实性的过程。

会计的监督职能包括以下三层含义：

（1）会计监督以国家的经济政策、制度和财经纪律为准绳，它具有强制性、严肃性和权威性。

（2）会计监督是对即将发生或已经发生的经济活动进行评价、限制和影响，这说明会计监督不仅有事后监督，还包括事中监督和事前监督。因此，会计监督过程就是会计管理过程。

（3）会计监督是保证会计信息资料真实性的必要条件。

(三) 会计核算职能与会计监督职能的关系

充分发挥会计核算职能和会计监督职能,对加强和改善企业的经营管理,提高社会效益与企业自身的经济效益,具有重要意义。会计的两大基本职能是互相联系、相辅相成的。会计核算是会计监督的基础,没有会计核算就无法进行有效的会计监督;同时,会计监督又是会计核算质量的保证,如果没有必要的会计监督,就不能保证会计核算资料的真实性、可靠性。在实践中,必须把这两种职能有机地结合起来,使会计既为经济管理提供经济信息,又直接进行经济管理。只有这样,会计工作才能在加强经济管理中发挥其他管理形式所无法代替的作用。

二、会计对象

会计对象就是会计所要核算和监督的内容,即会计所要核算和监督的客体。而会计是以货币为主要计量单位的,所以会计核算和监督的客体是社会再生产过程中的价值运动,这种价值运动是能用货币连续、系统、全面、综合表现的,也可叫资金运动,即在社会主义市场经济条件下,会计对象是社会再生产过程中的资金运动。

【特别提醒】

资金是指社会再生产过程中财产物资的货币表现。

企业所拥有的资金不是闲置不动的,而是随着物质流的变化而不断地运动、变化的。社会再生产过程中的资金运动,在不同的单位里,其表现形式是不完全相同的。由于制造业企业生产经营过程比较复杂又最为完整,本书就以制造业企业为例阐述其资金运动的具体表现形式。

制造业企业的资金运动按其运动的程序可以划分为资金投入、资金循环和周转、资金退出三个基本环节。制造业企业的生产经营过程可以划分为供应过程、生产过程和销售过程。随着企业供、产、销过程的不断进行,企业的资金也在不断地循环和周转。

(一) 资金投入

企业存在的前提是必须拥有一定数量的资金。企业通过各种方式筹集资金,其来源主要包括所有者的资金投入和债权人的资金投入,前者构成了企业的所有者权益,后者则形成了企业的负债。

(二) 资金循环和周转

企业在进行生产经营活动时,首先要用资金去购买材料物资,为生产过程作准备;生产产品时,再到仓库去领取材料物资;生产出产品后,还要对外出售,售后还要收回已售产品的货款。这样,制造业企业的资金就陆续经过供应过程、生产过程和销售过程。在此过程中,资金的形态也在发生变化,用货币购买材料物资,企业的资金形态由货币资金转化为储备资金;用货币购买机器设备,企业的资金形态由货币资金转化为固定资金。

进入生产过程后，车间生产产品领用材料物资时，储备资金又转化为生产资金；机器设备的使用，其磨损价值将以折旧形式逐渐转移到产品成本中，即固定资金以折旧的形式逐渐转化为生产资金；另外，货币资金还将以支付职工薪酬的形式转化为生产资金。产品生产完工后，生产资金又转化为成品资金。将产成品出售后，成品资金又转化为货币资金。资金从货币资金形态开始，依次经过储备资金、固定资金、生产资金、成品资金，最后又回到货币资金，这一运动过程叫作资金循环，周而复始的资金循环被称为资金周转。

【特别提醒】

储备资金主要是指原材料等物资占用的资金。固定资金主要是指机器设备等占用的资金。生产资金主要是指在产品、半成品等占用的资金。成品资金主要是指库存商品等占用的资金。

（三）资金退出

资金退出是指企业的资金不再参加生产经营过程中资金的循环和周转，而游离于企业的资金运动之外。它包括按法定程序返回投资者的投资、偿还各项债务、上缴税费及向所有者分配利润等。

制造业企业的资金运动如图 1-1 所示。

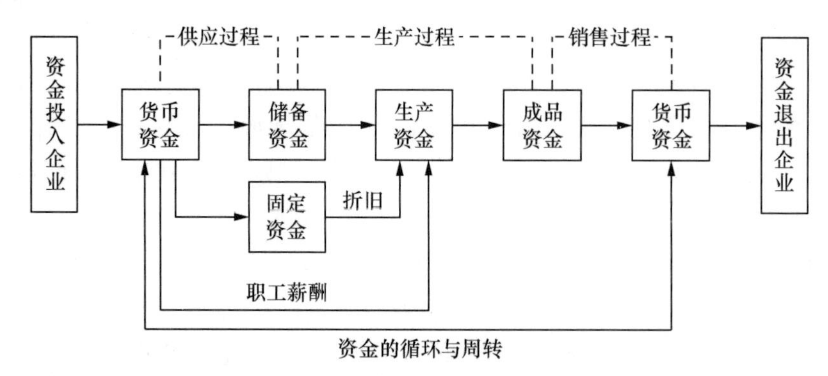

图 1-1　制造业企业的资金运动

三、会计目标

会计目标是指人们通过会计工作预期达到的目的。从广义来说，会计目标就是满足人类社会经济活动的需要，会计因这种需要而产生，并在需要的变迁中得到发展。具体来说，确定会计目标需要考虑两个基本因素：一是资源配置的需要，社会经济的发展要求社会经济资源必须配置到最有效的地方，会计必须服务于这个目标。为此，会计目标应首先明确向谁提供信息及提供什么样的信息，以利于信息使用者通过决策而使资源实现有效配置。二是在现代经济社会中，委托代理关系的存在使得会计目标一方面要满足资源配置的需要，另一方面要能反映代理人履行经营责任的情况，以利于委托人进行评价并作出决策。

2006年颁布的《企业会计准则——基本准则》对财务会计报告的目标重新进行了界定,"财务会计报告的目标是向财务会计报告使用者提供与企业财务状况、经营成果和现金流量等有关的会计信息,反映企业管理层受托责任履行情况,有助于财务会计报告使用者作出经济决策"。从这里可以看出,我国的会计目标有"决策有用观"和"受托责任观"两种观点。

【相关链接】

国际会计准则中关于财务报告目标的解释:

The objective of general purpose financial statements is to provide information about the financial position, performance and cash flows of an enterprise that is useful to a wide range of users in making economic decisions. Financial statements also show the results of management's stewardship of the resources entrusted to it.

(一) 决策有用观

决策有用观认为,会计的目标是向决策者提供有用的信息,帮助他们作出合理的决策。人们在参与生产、交换、分配和消费活动时,不可避免地需要作出各种决策,包括生产、交换、分配及消费的对象、数量、时间、地点等。适宜的决策,能够以最少的资源消耗带来个人、单位以至社会利益的最大保障和实现。但是,任何一项决策都需要信息的支持,决策者只有在详细了解所面临的各种方案后,才能通过比较分析找到最佳的方案。会计正是一种可以提供决策有用信息的系统。

在现代商品经济社会中,会计为决策者提供有用信息的例子屡见不鲜。下面是一些常见的经济决策事例:

(1) 现有的或潜在的投资者需要了解企业等被投资对象的经营能力和获利能力,以便决定是否投资或撤资。

(2) 进行对外贷款的债权人或作为债务的担保人,包括银行等金融机构或非金融机构,需要了解贷款对象或担保对象的偿债能力,以便决定是否进行贷款或担保。

(3) 国家税务机关需要了解被征税对象的实际经营收入或盈亏情况,以便确定纳税人是否依法纳税。

(4) 单位的管理者需要了解本单位的经营状况,以便作出长短期工作计划。

(5) 单位的职员需要了解本单位的经营状况,以便确定个人的报酬是否合理。

(二) 受托责任观

受托责任观认为,会计的目标是向委托人报告受托责任的履行情况。在经济活动中,经常存在委托代理关系。当管理者不直接由所有者担任时,所有者与管理者之间的关系就是委托代理关系。所有者将其财产委托给管理者管理,使得财产能够保值和增值；管理者有义务履行责任，并且定期向所有者报告，汇报所有者财产的保值和增值情况及受托责任的完成情况。

各个层次的管理者之间也存在委托代理关系。上一级的管理者委托下一级的管理者按照计划开展具体的管理活动；下一级的管理者有义务履行责任，并且定期或在管理活动结束时向上一级的管理者报告，他们可以定期编制控制报告，汇报计划的完成情况。

【特别提醒】

两种会计目标的观点并不完全排斥，如实反映受托责任的会计信息与决策有用的会计信息是相互交叉的，但是不能完全替代。不同会计目标引导下的会计工作，在某些会计方法的使用上可能存在差异。

第三节　会计程序和方法

会计的目标是向会计信息使用者提供决策有用的会计信息，会计为了提供这些信息，要通过一系列的程序和专门的方法来完成。会计程序和方法是实现会计目标的基本手段，是整个会计体系的基础。

一、会计程序

会计程序是指会计信息系统在加工数据并形成最终会计信息的过程中所特有的步骤，包括会计确认、会计计量、会计记录和会计报告。

（一）会计确认

会计确认是指对企业发生的交易或事项进行分析判断，将符合会计要素定义和确认标准的项目纳入资产负债表和利润表的过程。会计确认包括两个步骤：第一个步骤体现为将经济业务传递的数据利用文字和金额表述归集于账户之中；第二个步骤体现为最终在财务报表中进行表述的过程。前者可以认为是初次确认，而后者则是一种再确认。所以广义的会计确认包括计量、记录和报告的全过程。

会计确认应该按照下列标准进行：

（1）符合会计要素的定义。将某一项目纳入资产负债表和利润表，首先必须符合会计要素的定义。

（2）该项目的金额可以可靠地计量。金额可以可靠地计量是指会计要素的金额是确定的或者可以可靠地予以估计。

（3）与该项目有关的未来经济利益很可能流入或者流出企业。

（二）会计计量

会计计量是指对纳入资产负债表和利润表的项目确定其金额的过程。会计计量是在会计确认的基础上,将企业发生的交易或事项予以量化的过程。按照会计的定义,会计采用货币作为其主要的计量单位。会计计量涉及计量基础或者计量属性的选择问题,根据不同的目的需要选择不同的计量属性。根据我国《企业会计准则》,会计的计量属性主要包括历史成本、重置成本、可变现净值、现值、公允价值。

(三) 会计记录

会计记录是指根据会计确认和计量的结果,通过预先设置的账户,用一定的文字和金额,按照复式记账的要求,在账簿中全面、系统地加以登记的过程。会计确认和计量只是解决了交易或事项是否进入财务报表、进入财务报表的什么项目及金额是多少的问题;会计确认和计量的结果必须以适当的方式在会计核算系统中加以记录、核算,形成全面、连续、系统、综合的会计核算数据资料,并通过会计再确认的程序,将这些数据资料编入企业的财务报表,形成有助于使用者作出决策的会计信息。

(四) 会计报告

会计报告是指对会计记录的结果进行归纳汇总,形成财务报告提供给会计信息使用者的过程。也就是说,会计报告是在会计确认、会计计量、会计记录的基础上,对凭证、账簿等会计资料进行进一步的归纳整理,提供财务报告的过程。财务报告主要包括资产负债表、利润表、现金流量表、所有者权益变动表及报表附注。

二、会计方法

(一) 会计方法的含义与内容

会计方法是用来核算和监督会计对象,实现会计职能的手段。由于会计对象多种多样、错综复杂,从而决定了核算和监督会计对象的手段不是单一的方法,而是由一个方法体系所构成。

会计对象是资金运动,而资金运动是一个动态过程,并且是由各个具体的经济活动来体现的。会计为了反映资金运动过程,必须首先具备提供已经发生或已经完成的经济活动即历史信息的方法体系;会计要利用经济活动的历史信息来预测未来、分析和检查过去;会计还要具备提供反映预计发生的经济活动即未来信息的方法体系;为了检查和保证历史信息与未来信息的质量,并对检查结果作出评价,会计还必须具备检查的方法体系。长期以来,人们把评价历史信息的方法归结为会计分析的方法。因此,会计对经济活动的管理是通过会计核算、会计分析及会计检查等方法进行的。

上述各种会计方法紧密联系、相互依存、相辅相成,形成了一个完整的方法体系。其中,会计核算方法是基础,会计分析方法是会计核算方法的继续和发展,会计检查方法是会计核算方法和会计分析方法的保证。通常所说的会计方法,一般是指狭义的会计方法,即会计核算方法。

(二) 会计核算方法

会计核算方法共有七种。

1. 设置会计科目和账户

设置会计科目和账户是对会计要素的具体内容进行分类核算的方法。会计科目是对会计要素的具体内容进行分类核算的项目。账户是根据会计科目开设的,具有一定的格式,反映会计要素具体项目的增减变动情况及其结果。

2. 复式记账

复式记账是对每一笔交易或事项,以相等的金额在相互关联的两个或两个以上账户中进行登记的一种专门方法。复式记账有着明显的特点:(1) 它对每项经济业务都必须以相等的金额,在相互关联的两个或两个以上账户中进行登记,使每项经济业务所涉及的两个或两个以上账户之间产生对应关系;(2) 在对应账户中所记录的金额相等;(3) 通过账户的对应关系,可以了解经济业务的内容;(4) 通过账户的相等关系,可以检查有关经济业务的记录是否正确。复式记账法既可以相互联系地反映经济业务的全貌,又便于检查账簿记录是否正确。例如,以银行存款 5 000 元购买原材料,一方面要在"银行存款"账户中记录减少 5 000 元,另一方面要在"原材料"账户中记录增加 5 000 元,使"银行存款"账户和"原材料"账户相互联系地分别记下 5 000 元,这样既可以了解这项经济业务的具体内容,又可以反映这项经济业务的来龙去脉,从而完整、系统地记录资金运动的过程和结果。

3. 填制和审核凭证

填制和审核凭证是指对每一笔交易或事项的发生,都将其发生的时间、内容、数量和金额等记录在会计凭证上,并对其进行严格的审核,只有经过审核无误的会计凭证,才能作为登记账簿的依据。通过填制和审核凭证可以保证交易或事项的真实性、合法性,从而为账簿记录的正确性打下基础。填制凭证涉及上述会计确认和计量的问题,即对交易和事项进行分析,判断其影响哪个会计要素的具体项目(会计科目),并确定其影响的金额。

4. 登记账簿

会计账簿是用来全面、连续、系统地登记交易或事项的簿籍,由会计账户构成。登记账簿是以会计凭证为依据,将每一笔交易或事项对会计科目的影响序时分类地记录到相关的账簿中,并定期进行对账、结账,为编制会计报表提供完整系统的资料。

会计凭证中已经将交易或事项对会计要素的影响金额进行了完整的记录,但是会计凭证只是分散反映个别交易或事项对会计要素的影响金额,无法反映某一时期全部交易或事项对会计要素的影响金额,无法反映某一时期全部交易或事项对某项会计要素具体项目的影响金额,所以需要采用登记账簿的方法,全面反映交易或事项对会计要素各具体项目的影响金额。

5. 成本计算

成本计算是将企业在生产经营过程中发生的各项费用按照一定的成本计算对象进行归集和分配,从而确定各计算对象的总成本和单位成本的方法。通过成本计算,可以计算出材料采购成本、产品生产成本等,为正确计量企业的经营成果提供基础。

6. 财产清查

财产清查是通过盘点实物、核对账目来查明各项财产物资和货币资金的实有数,并查明实有数与账存数是否相符的一种专门方法。在日常会计核算过程中,为了保证会计信息真实准确,就必须定期或不定期地对各项财产物资、货币资金和往来款项进行清查、盘点和核对。在财产清查过程中,如果发现账实不符的情况,则应该查明原因,经过一定的审批手续进行处理,并调整账面记录,做到账实相符。财产清查有利于保证会计信息的真实性,并及时发现财产物资在管理过程中存在的问题。

7. 编制会计报表

编制会计报表是根据账簿记录,定期、总括地反映企业在特定日期财务状况信息以及一定时期经营成果信息和现金流量信息的一种专门方法。编制会计报表主要以账簿记录为依据,经过一定形式的加工整理,产生一套完整的指标体系,为会计信息使用者提供总括、完整的资料。

上述七种方法虽然各有其特定的含义和作用,但并不是相互独立的,而是相互联系的。在会计核算过程中,交易或事项发生后,首先要填制和审核凭证,然后按照规定采用复式记账的方法在有关的账簿中加以登记,并对生产经营过程中发生的各项费用进行必要的成本计算,期末进行财产清查,在账实相符的基础上编制会计报表。

【特别提醒】

在实际工作中,会计核算的各种方法并不是按固定顺序使用的,它们之间往往交叉使用。例如,在填制和审核凭证时必须考虑到设置会计科目和账户与复式记账的要求。设置会计科目和账户与复式记账是会计核算方法的核心,它们几乎贯穿会计核算工作的全过程。

第四节 会计环境与会计学科体系

一、会计环境

会计环境是会计所处的客观条件的总称。影响会计的环境因素,包括政治法律、经济、教育文化、科技、历史地理等,但最重要的还是经济因素。

(一) 政治法律因素

没有规矩不成方圆,会计活动总是在会计规范的指导下进行的。高层次的会计规范一般由国家机关制定,如法国财政部制定的《会计总方案》,我国财政部颁布的《企业会计准则》和《企业会计制度》,以及全国人民代表大会通过的《中华人民共和国会计法》。也有一些国家的较高层次的会计规范是由民间组织制定的,比如英国和美国,但是这些国家的会计规范的权威性得到了证券交易委员会等政府部门的大力支持。

(二) 经济因素

会计是对经济活动进行反映和监督,所以会计理论和方法的应用水平与发展水平受制于经济的发展水平和经济活动的特点。

没有工业化大生产,就不会产生计算产品成本的方法和折旧的概念;没有国家经济的对外开放和跨国公司的发展,就不会产生外币业务会计和国际会计协调;没有所有权与管理权的分离,就不会产生通用的财务报告和公认的会计准则;没有第二次世界大战后经济的高速发展、企业规模的扩大和经济活动的复杂化,就不会产生独立分支的管理会计;没有通货膨胀情况的发生,就不会产生通货膨胀会计。总之,会计的内容随着经济活动内容的变化而变化并得到了扩展。

（三）教育文化因素

会计工作所使用的复杂的会计方法是无法为素质较低的会计人员所应用的,而会计人员的素质高低受制于会计教育水平的高低。在我国,会计人员的素质已经有了很大提高,但是相对于发达国家还是较低的。因此,我国在发布《企业会计准则》的同时,还发布了内容详尽的《企业会计制度》来指导和帮助会计人员的工作。

（四）科技因素

最典型的科技因素的例子非计算机莫属。计算机及网络经济的产生与发展给传统会计的理论和方法带来了冲击,也改变了会计人员的工作方式。会计信息的生成方式由原来的手工记账改为使用电算化软件,实时的会计信息越来越多并且容易获取,会计工作能够更好地提供管理服务。

（五）历史地理因素

一些国家由于地理位置相邻或在历史上有着政治和经济的紧密联系,可能使用相同或类似的会计模式。例如,历史上的英联邦国家和地区,像印度、马来西亚、新加坡、澳大利亚、新西兰、南非等国家和中国香港地区等在会计实务中都受到了英国会计模式的影响。

二、会计学科体系

会计学是人们对会计实践进行科学总结而形成的知识体系。会计实践是不断发展和不断丰富的,相应地,会计学理论也在不断地发展和完善。随着会计学研究的深入发展,会计学分化出许多分支,每一分支都形成了一个独立的学科。这些学科相互促进、相互补充,构成了一个完整的会计学科体系。

【相关链接】

会计学科体系的不同分类

（1）按照应用行业不同,可以分为工业会计、商业会计、交通运输企业会计、施工企业会计、银行会计、旅游及饮食服务企业会计等。

（2）按照服务领域不同,可以分为服务于营利组织的企业会计和服务于政府和非营利组织的会计。

（3）按照服务对象不同,可以分为财务会计（也称对外会计）和管理会计（主要为单位内部经营管理需要提供信息服务,也称对内会计）。

（4）按照研究企业特殊问题的基本理论与方法不同,可以分为环境会计、人力资源会计、社会责任会计等特种会计。

从课程设置角度,会计学主干课程体系大致如图 1-2 所示。

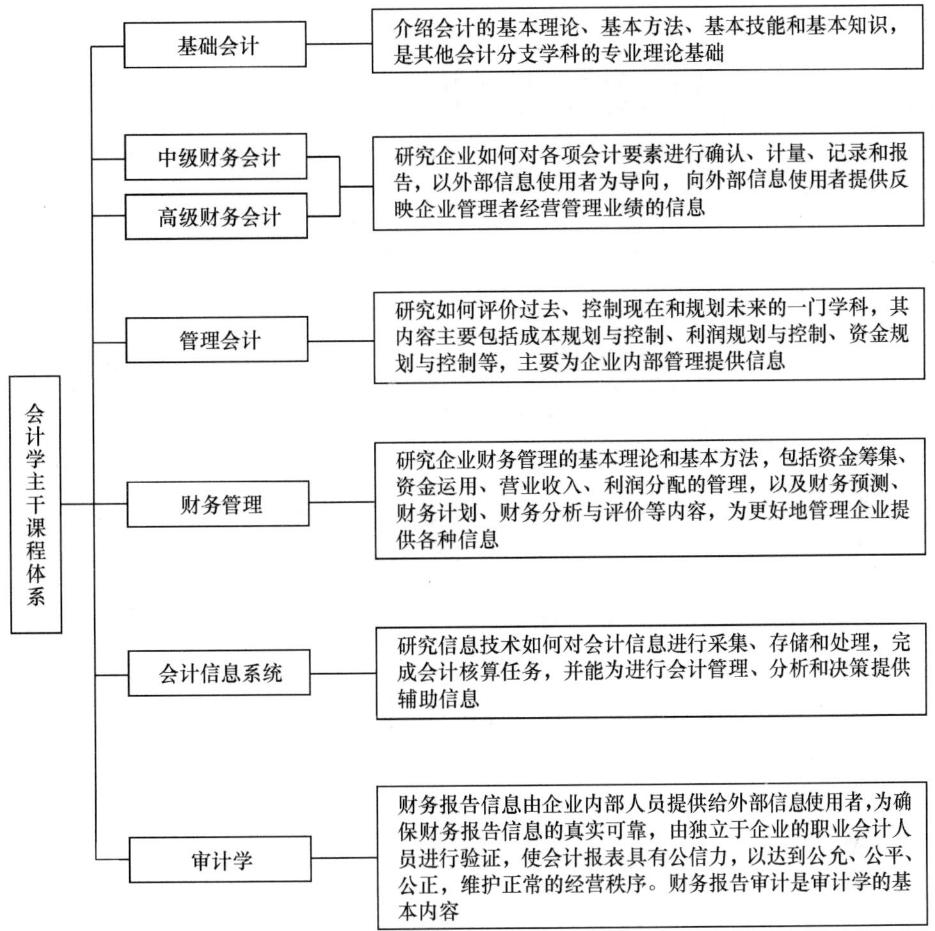

图 1-2　会计学主干课程体系

【特别提醒】

除上图所列主干课程外,“税法”“经济法”“西方经济学”“西方财务会计”“国际会计比较”“财务报表分析”等课程也属于会计学专业的重要课程。

第二章　会计核算基础

【本章导航】

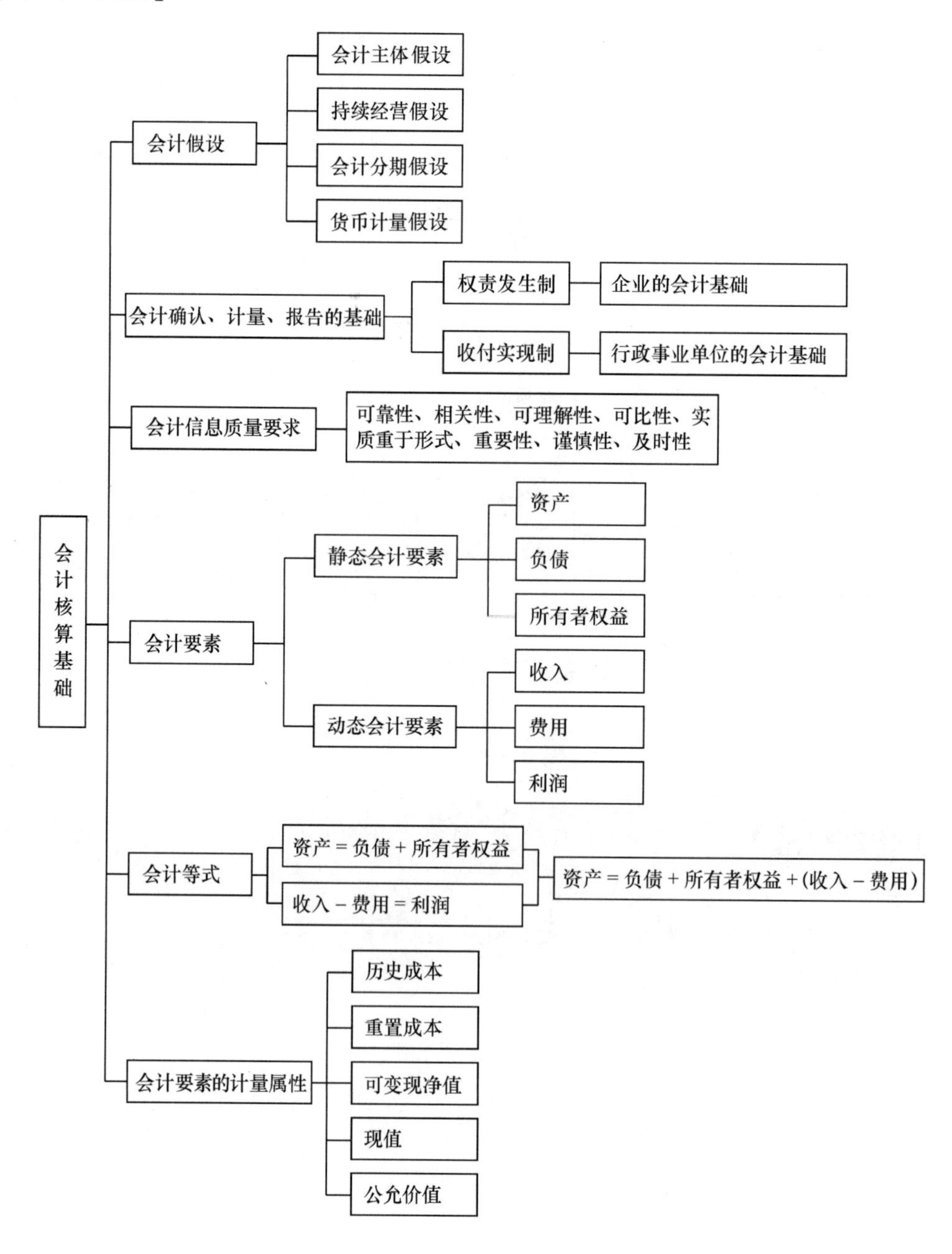

【知识目标】

1. 掌握会计基本假设和会计确认、计量、报告的基础。
2. 掌握会计信息质量要求。
3. 掌握会计要素的概念及其特征。
4. 掌握会计的基本等式。
5. 理解经济业务的类型与会计等式的关系。

【能力目标】

1. 能解释会计信息质量的主要特征和次要特征。
2. 能从会计的一般对象引申出会计要素。
3. 能理解会计要素及其相互之间的关系。
4. 能归纳出经济业务对会计等式影响的一般规律。

【导入案例】

学习数学的时候经常会用到公理、定义、定理这些概念。公理是一些显而易见、能被大家所接受的,但却无法证明的命题。任何一门数学学科都是在一个或几个公理的基础上演绎而成的。例如,平面几何建立在三个公理的基础上,其中一个是:过两点可以画并且只可以画一条直线。定义是对一些概念、名词、记号等作出的规定,是人们根据事物的特性作的界定,也是不需要证明的。定理就是经过证明的命题,用这些公理和定义按照一定的数学规则进行推导,得出的结论就是定理。公理、定义和定理是我们解决数学问题的基础。

实际上,会计假设和会计等式就是我们解决会计问题的"公理",它是从会计实践中总结出来的,是无法证明的。现代会计学就是在会计假设和会计等式的基础上演绎而成的。会计要素、权责发生制、收付实现制即是会计学上的"定义",是为了便于学习和研究会计问题而作出的规定。会计信息质量要求是对所有的会计处理制定的规则,是运用会计公理和会计定义解决会计问题所必须遵循的要求。它们共同构成了会计核算的基础。

第一节 会计假设与会计确认、计量、报告的基础

一、会计假设

由于会计主体进行经济活动的环境具有复杂性和不确定性，因此面对变化不定的经济环境，会计人员要对企业发生的各种经济活动有效地进行核算和监督，就必须对会计领域中的一些未知因素作出合理的假设。

会计假设（Accounting Assumptions）是指为了保证会计工作的正常进行和会计信息的质量，对会计核算的范围、内容、基本程序和方法所作的合理假定。会计假设绝不是毫无根据的主观臆断，而是人们在长期的会计实践中逐步认识和总结形成的。它代表了人们对正确开展会计工作所遵循若干要求的科学判断，是建立企业会计准则的理论基石。根据我国《企业会计准则》，会计基本假设包括会计主体假设（Accounting Entity Assumption）、持续经营假设（Going Concern Assumption）、会计分期假设（Periodicity Assumption）和货币计量假设（Monetary Measurement Assumption）。

（一）会计主体假设

会计主体是指会计为其服务的特定单位或组织。会计主体假设规定了会计确认、计量、记录和报告的空间范围，明确了会计人员为谁核算、核算谁的经济业务问题。在现代经济社会中，各个经济单位或组织之间并不是孤立存在的，它们之间会经常发生往来，产生联系。会计主体假设要求，在进行会计核算时，某一会计主体的经济活动应该与其他会计主体的经济活动相区分，同时还要与其所有者的经济活动相区分，仅就该会计主体的经济活动进行核算和监督。

会计主体与法律主体不是同一个概念。一般来说，法律主体必然是会计主体。例如，一家企业作为一个法律主体，应当建立财务会计系统，独立反映其财务状况、经营成果和现金流量。但会计主体不一定是法律主体。例如，企业集团中的母公司拥有若干子公司，母、子公司虽然是不同的法律主体，但是母公司对子公司拥有控制权，为了全面反映企业集团的财务状况、经营成果和现金流量，有必要将企业集团作为一个会计主体，编制合并财务报表。在这种情况下，尽管企业集团不属于法律主体，但却是会计主体。会计主体可以是一个有法人资格的企业，也可以是由若干家企业通过控股关系组成的企业集团，还可以是企业、单位下属的二级核算单位。

【双语链接】

An accounting entity is an organization or a section of an organization that stands apart from other organizations and individuals as a separate economic unit, for which accounting records are kept and about which accounting reports are prepared.

【问题与思考】

1. 比较一下会计主体、法律主体、法人,这三者之间有什么关系呢?

2. 我国一些企业推行了内部银行,实行内部经济核算。企业内的车间、班组是企业的内部核算单位,它们是会计主体吗?

(二)持续经营假设

持续经营是指会计主体的生产经营活动将无限期地延续下去,在可预见的未来不会因破产、清算、解散等而不复存在。持续经营假设是指会计核算应当以企业持续、正常的生产经营活动为前提,而不考虑企业是否破产、清算等,在此前提下选择会计程序和会计处理方法,进行会计核算。尽管客观上企业会因激烈的市场竞争而面临被淘汰的危险,但只有假定作为会计主体的企业是持续、正常经营的,会计原则、会计程序和会计处理方法才有可能建立在非清算的基础之上,而不采用破产、清算的一套处理方法,这样才能保持会计信息处理的一致性和稳定性。持续经营假设明确了会计核算的时间范围。

会计核算所使用的一系列原则和方法都是建立在会计主体持续经营的基础之上的。例如,只有在持续经营的前提下,企业的资产和负债才区分为流动的和非流动的,企业的资产计价才能采用历史成本原则,企业才有必要建立会计分期假设和权责发生制等会计原则。

【双语链接】

The going concern (continuity) assumption is the assumption that ordinarily an entity persists indefinitely.

【特别提醒】

在市场经济条件下,企业不能持续经营的可能性总是存在的。企业应定期对其持续经营假设作出分析和判断,如果可以判断企业不会持续经营,就应当改变会计核算的方法,并在企业的财务报告中作相应披露。

(三)会计分期假设

会计分期是指将一个会计主体持续的生产经营活动划分为若干个相等的会计期间,以便分期结算账目和编制财务报告。会计分期是以持续经营假设为前提的。在持续经营假设下,一个会计主体最终的经营成果应该在这家企业寿命结束时进行计量,但这样将无法定期给会计信息使用者提供会计信息。为了能够及时地核算与报告企业财务状况、经营成果和现金流量的有关信息,满足有关方面进行经济决策和内部管理的需要,将企业持续的生产经营活动人为地划分为相等的会计期间。正是持续经营假设与会计分期假设相结合，才产生了本期与以前期间、以后期间的差别，才使不同类型的会计主体有了记账的基准，进而出现了折旧、待摊等会计处理方法。

根据我国《企业会计准则》的规定，会计期间可以分为年度、半年度、季度和月度，它们均按公历起讫日期确定。以每年1月1日至12月31日为一个会计期间，被称为会计年度，它是最重要的会计期间。短于一年的会计期间被统称为会计中期，包括半年度、季度和月度。

【双语链接】

Periodicity assumption implies that a company can divide its economic activities into artificial time periods. These time periods vary. But the most common are monthly, quarterly and yearly.

【中外差异】

国际会计准则及美国会计准则中是没有会计分期假设的，但是有会计分期；另外，各国对会计年度的界定也是有差异的。以美国为例，其会计年度（Fiscal Year）不一定是公历年度，而会计中期（Interim Periods）的界定和我国是一致的。

Fiscal Year: The year established for accounting purposes, which may differ from a calendar year. Interim periods: The time spans established for accounting purposes that are less than 1 year.

（四）货币计量假设

货币计量是指会计主体在会计核算过程中，采用货币作为计量单位提供会计信息。会计报表提供综合反映会计主体财务状况、经营成果和现金流量的信息，以满足会计信息使用者的需要。以货币为计量单位可以将企业不同的交易和事项进行汇总，而其他计量单位则无法在量上进行直接汇总和比较，不便于进行会计核算。

货币计量假设包括两方面含义：一个是货币计量单位的选择，另一个是货币币值稳定与否的问题。

会计主体的交易或事项可能涉及不同的货币，这时就存在选用何种货币作为记账本位币的问题，即确定记账本位币。我国《会计法》第十二条规定，企业的会计核算以人民币为记账本位币，业务收支以人民币以外的货币为主的单位，可以选定其中一种货币作为记账本位币，但是年末编制财务会计报告时必须将其折算为人民币反映。

货币计量假设货币币值稳定或基本稳定。货币币值由于受到宏观环境诸多因素如汇率、利率、通货膨胀等的综合影响，实际上是经常变动的。按照国际惯例，当币值变动不大，或者币值上下波动的幅度不大而且可以相互抵消时，会计上可以不考虑这些影响，仍然假设币值是稳定的。但当宏观环境发生变化并引发恶性通货膨胀时，会计上就不应该再坚持币值稳定不变，而应该采取特殊的会计处理方法，如通货膨胀会计调整等。

【双语链接】

Monetary measurement assumption: Accountants record only those that can be measured in monetary items.

Stable monetary unit is simply one that is not expected to change in value significantly over time.

【中外差异】

我国的货币计量假设包括两方面含义：一是货币计量；二是币值稳定。而美国的 Monetary Measurement Concept 仅仅是指货币计量，币值稳定的含义体现在 Stable Monetary Unit 这一假设中。

二、会计确认、计量、报告的基础

如何进行会计确认、计量和报告，存在两种不同的基础，即权责发生制和收付实现制。根据我国《企业会计准则》的规定，企业会计的确认、计量和报告应当以权责发生制为基础。行政单位会计采用收付实现制，事业单位会计除经营业务可以采用权责发生制外，其他大部分业务采用收付实现制。

（一）权责发生制

权责发生制（Accrual Basis）以收入实现、费用发生为基础确认本期收入和费用，权责发生制从时间上界定了会计确认的基础。按照权责发生制的要求，凡是本期已经实现的收入和已经发生或应当负担的费用，不论款项是否收付，都应当作为本期的收入和费用；凡是不属于本期的收入和费用，即使款项已在本期收付，也不应当作为本期的收入和费用。在权责发生制下，应计入某一会计期间的收入和费用与款项的实际收付并不是一回事。例如，款项已经收到，但销售并未实现；或者款项已经支付，但并不是为本期生产经营活动而发生的。在权责发生制下，应以权利和责任的发生与否作为判断应计入某一会计期间的收入和费用的标准。

【双语链接】

Accrual Basis: Accounting method that recognizes the impact of transactions on the financial statements in the time periods when revenues and expenses occur.

举例说明如下：

（1）企业于7月10日销售商品一批，7月20日收到货款，存入银行，应作为7月份的收入记账。

（2）企业于7月10日销售商品一批，8月20日收到货款，存入银行，应作为7月份的收入记账。

（3）企业于7月10日收到购货单位一笔货款，存入银行，但按合同规定于9月份交付商品，应作为9月份的收入记账。

（4）企业于12月30日预付第二年全年的保险费，应作为第二年的费用记账。

（5）企业于12月30日用银行存款支付本月的水电费，应作为12月份的费用记账。

（6）企业于12月30日购入办公用品一批，但款项在第二年的3月份支付，应作为12月份的费用记账。

（二）收付实现制

收付实现制（Cash Basis）以收到或付出现金为确认本期收入和费用的依据，即收到现金时确认收入，支出现金时确认费用。按照收付实现制的要求，凡是本期实际收到款项和付出款项，不论其是否归属于本期，都应当作为本期的收入和费用处理；凡是本期没有收到款项和付出款项，即使其应当归属于本期，也不应当作为本期的收入和费用处理。以前面所举例子说明如下：

（1）款项在7月份收到，应作为7月份的收入记账；

（2）款项在8月份收到，应作为8月份的收入记账；

（3）款项在7月份收到，应作为7月份的收入记账；

（4）款项在12月份支付，应作为12月份的费用记账；

（5）款项在12月份支付，应作为12月份的费用记账；

（6）款项在第二年的3月份支付，应作为第二年3月份的费用记账。

【双语链接】

The cash basis recognizes the impact of transactions in the financial statements only when a company receives or pays cash.

第二节　会计信息质量要求

会计信息质量要求是对企业财务报告中所提供的会计信息质量的基本要求，是使财务报告中所提供的会计信息对使用者决策有用所应具备的质量特征。它包括可靠性、相关性、可理解性、可比性、实质重于形式、重要性、谨慎性和及时性等。其中，可靠性、相关性、可理解性和可比性是会计信息的首要质量要求，是企业财务报告中所提供的会计信息应具备的基本质量特征；实质重于形式、重要性、谨慎性和及时性是会计信息的次级质量要求，是对可靠性、相关性、可理解性和可比性等首要质量要求的补充与完善。

一、可靠性

可靠性(Reliability)要求企业应当以实际发生的交易或事项为依据进行会计确认、计量和报告，如实反映符合确认和计量要求的各项会计要素及其他相关信息，保证会计信息真实可靠、内容完整。具体包括以下要求：

(1) 企业应当以实际发生的交易或事项为依据进行会计确认、计量和报告，不能以虚构的交易或事项为依据进行会计确认、计量和报告。

(2) 企业应当在符合重要性和成本效益原则的前提下，保证会计信息的完整性，其中包括编制的报表及其附注等内容应当保持完整，不能随意遗漏或减少应予披露的信息，与财务报告使用者决策相关的有用信息都应当充分披露。

(3) 财务报告中的会计信息应当是客观中立的、无偏的。如果企业在财务报告中为了达到事先设定的结果或效果，通过选择或列示有关会计信息以影响决策和判断，那么这样的财务报告信息就不是中立的。

【双语链接】

Reliability is a quality of information that assures decision makers that the information captures the conditions or events it purports to represent.

二、相关性

相关性(Relevance)要求企业提供的会计信息应当与财务报告使用者的决策需要相关，有助于其对企业过去、现在或未来的情况作出评价或者预测。

衡量会计信息的价值，关键是看其与财务报告使用者的决策需要是否相关，是否有助于使用者进行决策或者提高决策水平。相关的会计信息应当有助于使用者评价企业过去的决策，证实或者修正过去的有关预测，因而具有反馈价值。相关的会计信息还应当具有预测价值，有助于使用者根据财务报告所提供的会计信息预测企业未来的财务状况、经营成果和现金流量。例如，区分收入和利得、费用和损失，区分流动资产和非流动资产、流动负债和非流动负债等，都可以提高会计信息的预测价值，进而提升会计信息的相关性。

【双语链接】

Relevance：The capability of information to make a difference to the decision maker.

为了满足会计信息质量的相关性要求，企业应当在确认、计量和报告会计信息的过程中，充分考虑使用者的决策模式和信息需要。当然，对于某些特定目的或用途的信息，财务报告可能无法完全提供，企业可以通过其他形式予以提供。

【特别提醒】

会计信息质量的相关性要求是以可靠性为基础的，两者之间是统一的，并不矛盾，不应将两者对立起来。也就是说，会计信息在可靠性的前提下，应尽可能地做到相关性，以满足投资者等财务报告使用者的决策需要。

三、可理解性

可理解性（Understandability）要求企业提供的会计信息应当清晰明了，便于财务报告使用者理解和使用。

企业编制财务报告、提供会计信息的目的在于使用，而要使使用者有效地使用会计信息，应当能让其了解会计信息的内涵，读懂会计信息的内容，这就要求财务报告所提供的会计信息应当清晰明了、易于理解。只有这样，才能提高会计信息的有用性，实现财务报告的目标，满足向使用者提供决策有用信息的要求。

鉴于会计信息是一种专业性较强的信息产品，因此在强调会计信息的可理解性要求的同时，还应当假定使用者具有一定的有关企业生产经营活动和会计核算方面的知识，并且愿意付出努力去研究这些信息。

【特别提醒】

虽然某些信息较为复杂，例如交易本身较为复杂或者会计处理较为复杂，但其与使用者的决策是相关的，那么也应当在财务报告中予以披露，企业不能仅仅以该信息会使某些使用者难以理解而将其排除在财务报告所应披露的信息之外。

四、可比性

可比性（Comparability）要求企业提供的会计信息应当能够可比。可比性具体包括两层含义：

1. 同一企业不同时期可比

为了便于使用者了解企业财务状况、经营成果和现金流量的变化趋势，比较企业在不同时期的财务报告信息，从而全面、客观地评价过去、预测未来，作出决策，会计信息质量的可比性要求同一企业不同时期发生的相同或相似的交易或者事项，应当采用一致的会计政策，不得随意变更。当然，满足会计信息可比性的要求，并不表明不允许企业变更会计政策，当企业按照规定变更会计政策后可以提供更可靠、更相关的会计信息时，就有必要变更会计政策，以向使用者提供更为有用的信息，但是有关会计政策变更的情况，应当在附注中予以说明。

【双语链接】

Comparability：Conformity across companies with respect to policies and procedures.

Consistency requires conformity within a company from period to period with unchanging policies and procedures.

2. 不同企业相同会计期间可比

为了便于使用者评价不同企业财务状况、经营成果的水平及其变化趋势，从而有助于使用者作出科学合理的决策，会计信息质量的可比性还要求不同企业发生的相同或相似的交易或者事项，应当采用规定的会计政策，确保会计信息口径一致、相互可比。也就是说，对于相同或相似的交易或者事项，不同企业应当采用一致的会计政策，以使不同企业按照一致的确认、计量和报告基础提供有关会计信息。

五、实质重于形式

实质重于形式（Substance over Form）要求企业应当按照交易或事项的经济实质进行会计确认、计量和报告，不应仅以交易或事项的法律形式为依据。如果企业仅以交易或事项的法律形式为依据进行会计确认、计量和报告，那么就容易导致会计信息失真，无法如实反映经济现实。

企业发生的交易或事项在多数情况下其经济实质与法律形式是一致的，但在有些情况下也会出现不一致。在实务中，交易或事项的法律形式并不总能完全真实地反映其实质内容。所以，会计信息要想反映其应反映的交易或事项，就必须根据交易或事项的经济实质来进行判断，而不能仅仅根据它们的法律形式。

例如，企业以融资租赁方式租入固定资产，虽然从法律形式来讲，企业并不拥有其所有权，但是由于租赁合同中规定的租赁期相当长，接近于该资产的使用寿命，企业在租赁期内有权支配该资产并从中受益，并在租赁期结束时有优先购买该资产的选择权，因此，从其经济实质来看，企业能够控制融资租入固定资产所创造的未来经济利益，在进行会计确认、计量和报告时，应当将以融资租赁方式租入的固定资产视为企业的资产，反映在企业的资产负债表上。

【双语链接】

Substance over form is an accounting principle used to ensure that the financial statements reflect the complete, relevant and accurate picture of the transactions and events.

六、重要性

重要性(Materiality)要求企业提供的会计信息应当反映与企业财务状况、经营成果和现金流量有关的所有重要交易或事项。

如果财务报告中提供的会计信息的省略或错报会影响使用者据此作出经济决策,那么该信息就具有重要性。重要性的应用需要依赖职业判断,企业应当根据其所处环境和实际情况,从项目的性质和金额大小两个方面来判断其重要性。

【双语链接】

Materiality: A convention asserts that an item should be included in a financial statement if its omission or misstatement would tend to mislead the reader of the financial statements under consideration.

【特别提醒】

会计信息质量的重要性要求是相对的,同一交易或事项在两个规模不同的企业,其重要性和范围是不同的。

七、谨慎性

谨慎性(Conservatism)要求企业对交易或事项进行会计确认、计量和报告时应当保持应有的谨慎,不应高估资产或收益、低估负债或费用。

在市场经济环境下,企业的生产经营活动面临许多风险和不确定性,例如应收款项的可收回性、固定资产的使用寿命、无形资产的使用寿命、售出存货可能发生的退货或返修等。会计信息质量的谨慎性要求,需要企业在面临不确定性因素的情况下作出职业判断时,保持应有的谨慎,充分估计到各种风险和损失,既不高估资产或收益,也不低估负债或费用。

【双语链接】

Conservatism: Selecting the methods of measurement that yield lower net income, lower assets, and lower stockholders' equity.

【特别提醒】

谨慎性的应用不允许企业设置秘密准备,如果企业故意低估资产或收益,或者高估负债或费用,那么将不符合会计信息的可靠性和相关性要求,会损害会计信息质量,扭曲企业实际的财务状况和经营成果,从而对使用者的决策产生误导,这是《企业会计准则》所不允许的。

八、及时性

及时性(Timeliness)要求企业对已经发生的交易或事项,应当及时进行会计确认、计量和报告,不得提前或延后。

会计信息的价值在于帮助使用者作出经济决策,因而具有时效性。即使是可靠、相关的会计信息,如果不及时提供,那么也就失去了时效性,对于使用者的效用就大大降低,甚至不再具有任何意义。在会计确认、计量和报告的过程中贯彻及时性,一是要求及时收集会计信息,即在经济交易或事项发生后,及时收集整理各种原始单据或凭证;二是要求及时处理会计信息,即按照《企业会计准则》的规定,及时对经济交易或事项进行确认或者计量,并编制财务报告;三是要求及时传递会计信息,即按照国家规定的有关时限,及时将编制的财务报告传递给财务报告使用者,便于其及时使用和决策。

【特别提醒】

及时性是会计信息相关性和可靠性的制约因素,企业需要在相关性和可靠性之间寻求一种平衡关系,以确定信息及时披露的时间。

第三节　会计要素与会计等式

一、会计要素的含义和内容

(一) 会计要素的含义

前已述及,会计对象是社会再生产过程中的资金运动,即能够用货币表现的各项经济业务。但这只是对会计对象的一般描述,比较抽象,而且无法从整体上把握会计的内容。在实务中,为了进行分类核算,从而提供各种分门别类的会计信息,就有必要对会计对象的具体内容进行适当的分类,会计对象的具体分类就是会计要素。

会计要素是会计对象的具体化,是反映会计主体财务状况和经营成果的基本单位。

为了做好会计核算工作,正确地进行会计确认、计量、记录和报告,就需要将会计对象的具体内容划分为不同的会计要素。合理地划分会计要素,有利于明晰企业的产权关系和经营中的财务关系。我国《企业会计准则》将会计要素划分为资产、负债、所有者权益、收入、费用和利润六大类。

这六大会计要素又可以被划分为两大类:

(1) 反映财务状况的会计要素(静态会计要素),又称资产负债表要素,是构成资产负债表的基本单位,包括资产、负债和所有者权益。

(2) 反映经营成果的会计要素(动态会计要素),又称利润表要素,是构成利润表的基本单位,包括收入、费用和利润。

(二) 会计要素的内容

1. 资产

资产(Assets)是指企业过去的交易或事项形成的、由企业拥有或控制的、预期会给企业带来经济利益的资源。

(1) 资产的特征。根据定义,资产具有以下特征:

第一,资产是由企业过去的交易或事项形成的。资产应当由企业过去的交易或事项形成,企业过去的交易或事项包括购买、生产、建造行为或者其他交易或事项。换句话说,只有过去的交易或事项才能形成资产,企业预期在未来发生的交易或事项不形成资产。例如,企业有购买某存货的意愿或计划,但是购买行为尚未发生,就不符合资产的定义,不能因此而确认资产。

【特别提醒】

交易是指以货币为媒介的商品或劳务的交换,如购买材料物资等;事项是指没有实际发生货币交换的经济业务,如企业完工产品验收入库等。

第二,资产应为企业拥有或控制的资源。资产作为一项资源,应当由企业拥有或控制,具体是指企业享有某项资源的所有权,或者虽然不享有某项资源的所有权,但该资源能被企业控制。一般而言,当判断资产是否存在时,所有权是首要考虑的因素。有些情况下,资产虽然不为企业所拥有,即企业并不享有其所有权,但企业控制了这些资产,同样表明企业能够从资产中获取经济利益,符合会计上对资产的定义。例如,某企业以融资租赁方式租入一项固定资产,尽管企业并不拥有其所有权,但是如果租赁合同规定的租赁期相当长,接近于该资产的使用寿命,则表明企业控制了该资产的使用权及其所能带来的经济利益,应当将其作为企业资产予以确认、计量和报告。

第三,资产预期会给企业带来经济利益。资产预期会给企业带来经济利益,是指资产直接或间接导致现金和现金等价物流入企业的潜力。这种潜力可以来自企业日常的生产经营活动,也可以来自非日常活动;带来经济利益的形式可以是现金或现金等价物,也可以是能转化为现金或现金等价物,还可以是减少现金或现金等价物的流出。

资产预期能为企业带来经济利益是资产的重要特征。例如,企业采购的原材料、购置的机器设备等可以用于生产经营、制造产品,对外出售后收回货款,货款即为企业所获得的经济利益。

【相关链接】

现金等价物是指期限短、流动性强、易于转换为已知金额的现金及价值变动风险很小的投资。期限短,通常指购买的投资三个月内即到期。

(2) 资产的分类。资产按照流动性可分为流动资产(Current Asset)和非流动资产(Non-current Asset)。

流动资产是指预计在一个正常的营业周期中变现、出售或耗用,或者主要为交易目的而持有,或者预计在资产负债表日起一年内(含一年)变现的资产,以及自资产负债表日起一年内交换其他资产或清偿负债的能力不受限制的现金或现金等价物。流动资产主要包括货币资金、交易性金融资产、应收及预付款项、应收利息、应收股利和存货等。

【相关链接】

一个正常的营业周期是指企业从购买用于加工的资产起至收回现金或现金等价物的期间。

货币资金是指企业拥有的以货币形态存在的资产,包括库存现金、银行存款和其他货币资金。其中,其他货币资金包括外埠存款、银行汇票存款、银行本票存款、信用证存款、信用卡存款、存出投资款等。交易性金融资产主要是指企业为了近期内出售而持有的金融资产,例如企业以赚取差价为目的,从二级市场购入的股票、债券、基金等。应收及预付款项是指企业在日常生产经营过程中发生的各项债权,包括应收票据、应收账款、其他应收款和预付账款等。应收票据是指企业在生产经营过程中由于销售商品或提供劳务等而收到的商业汇票,包括银行承兑汇票和商业承兑汇票。应收账款是指企业在销售商品或提供劳务等经营过程中形成的债权。其他应收款是指除应收票据、应收账款、预付账款等以外的其他暂付或应收的款项。预付账款是指企业按照合同规定预先向供货单位支付的货款。应收利息是指企业因债权投资而应收取的一年内到期收回的利息。应收股利是指企业因股权投资而应收取的现金股利及应收其他单位的利润。存货是指企业在日常生产经营活动中持有以备出售的产成品或商品、处在生产过程中的在产品,以及在生产过程或提供劳务过程中耗用的材料和物料等,包括原材料、在产品、半成品、产成品或库存商品、周转材料（包装物和低值易耗品）等。

非流动资产是指流动资产以外的资产，主要包括债权投资、其他债权投资、其他权益工具投资、长期股权投资、投资性房地产、固定资产和无形资产等。

债权投资是指企业购入的以摊余成本计量的债券投资，而且企业购买的目的不是短期获利。其他债权投资是指企业购入的以公允价值计量且其变动计入其他综合收益的债券投资。其他权益工具投资是指企业购入的以公允价值计量且其变动计入其他综合收益的非交易性权益工具投资。长期股权投资是指企业以直接或间接的方式拥有的对其他企业的股权投资，包括对被投资单位有控制、共同控制或重大影响的股权投资，以及没有重大影响但在活跃市场中没有报价的股权投资。投资性房地产是指企业为赚取租金或资本增值，或者两者兼有而持有的房地产，包括用于出租或资本增值的土地使用权，或者用于出租的建筑物。固定资产是指为生产商品、提供劳务、出租或经营管理而持有的，使用寿命超过一个会计年度的有形资产，包括机器设备、房屋建筑物、运输设备等。无形资产是指企业拥有或控制的、没有实物形态的、可辨认的非货币性资产，包括专利权、商标权、特许经营权等。

【双语链接】

(IASB) Asset: A resource controlled by the entity as a result of past events and from which future economic benefits are expected to flow to the entity.

(ASB) Asset: Assets are rights or other access to future economic benefits controlled by an entity as a result of past transactions or events.

(FASB) Asset: Assets are probable future economic benefits obtained or controlled by a particular entity as a result of past transactions or events.

(Textbook) Asset: Economic resources that a company expects to help generate future cash inflows or help reduce future cash outflows.

我国各类会计教科书中对会计要素等概念的定义一般采用《企业会计准则——基本准则》中的定义；而国外的会计教科书中，关于会计要素等概念的定义是各不相同的。从上述准则与教科书就资产的定义可以看出：教科书中的定义更通俗易懂。为便于理解，后述要素均采用教科书中的定义。

2. 负债

负债（Liabilities）是指企业过去的交易或事项形成的、预期会导致经济利益流出企业的现时义务。

（1）负债的特征。根据定义，负债具有以下特征：

第一，负债是由企业过去的交易或事项形成的。负债应当由企业过去的交易或事项形成，换句话说，只有过去的交易或事项才形成负债。企业将在未来发生的承诺、签订的合同等交易或事项，不形成负债。

第二，负债是企业承担的现时义务。负债必须是企业承担的现时义务，这是负债的一个基本特征。其中，现时义务是指企业在现行条件下已承担的义务。未来发生的交易或事项形成的义务，不属于现时义务，不应当确认为负债。

第三，负债的清偿预期会导致经济利益流出企业。预期会导致经济利益流出企业也是负债的一个本质特征。只有企业在履行义务时会导致经济利益流出企业的，才符合负债的定义；不会导致经济利益流出企业的，就不符合负债的定义。在履行现时义务清偿负债时，导致经济利益流出企业的形式多种多样，例如以现金偿还，以实物资产偿还，以提供劳务偿还，以部分转移资产、部分提供劳务偿还等。

【双语链接】

Liabilities: Economic obligations of the organization to outsiders, or claims against its assets by outsiders.

(2) 负债的分类。负债按照流动性可分为流动负债(Current Liability)和非流动负债(Non-current Liability)。

流动负债是指预计在一个正常的营业周期中清偿，或者主要为交易目的而持有，或者自资产负债表日起一年内(含一年)到期应予以清偿，或者企业无权自主地将清偿义务推迟至资产负债表日后一年以上的负债。流动负债主要包括短期借款、应付及预收款项、应付职工薪酬、应付股利、应付利息、应交税费等。

短期借款是指企业从银行或其他金融机构借入的期限在一年以下的各种借款。应付及预收款项是指企业在日常生产经营过程中发生的各项债务，包括应付票据、应付账款、其他应付款和预收账款等。应付票据是指企业在生产经营过程中由于购买商品或接受劳务等承担债务而对外开出、承兑的商业汇票，包括银行承兑汇票和商业承兑汇票。应付账款是指企业在购买商品或接受劳务等经营过程中承担的债务。其他应付款是指除应付票据、应付账款、预收账款等以外的其他暂收或应付的款项。预收账款是指企业按照合同规定预先向购货单位收取的货款。应付职工薪酬是指企业在一定时期因获得职工提供的劳务而应支付给职工的各种形式的劳务报酬，包括短期薪酬、离职后福利、辞退福利、其他长期职工福利，其中短期薪酬包括工资、奖金、津贴、补贴、职工福利费、非货币性福利等。应付股利是指经企业董事会或股东大会，或者类似权力机构决议，确定应分配给投资者的现金股利或利润。应付利息是指企业按照合同约定应支付的各种利息，包括借款利息、债券利息等。应交税费是指企业按照税法等规定计算确定的应支付的各种税费。

非流动负债是指流动负债以外的负债，主要包括长期借款、应付债券和长期应付款等。

长期借款是指企业从银行或其他金融机构借入的偿还期限超过一年的各种借款。应付债券是指企业为筹集长期资金而发行的债券的本金和一次还本付息的债券的利息。长期应付款是指除长期借款和应付债券以外的其他各种长期应付款项，包括融资租入固定资产的应付款、以分期付款方式购买固定资产的应付款等。

3. 所有者权益

所有者权益（Owner's Equity）是指企业资产扣除负债后由所有者享有的剩余权益。公司的所有者权益也称股东权益。所有者权益是所有者对企业资产的剩余索取权，它是企业资产中扣除债权人权益后应由所有者享有的部分，既反映了所有者投入资本的保值增值情况，又体现了保护债权人权益的理念。

【双语链接】

Owner's Equity: The owners' claims on an organization's net assets or total assets less total liabilities.

【特别提醒】

在理解所有者权益的定义时，我们应注意两点：一是所有者权益是表明企业产权关系的会计要素；二是所有者权益与负债有着本质的不同，负债需要定期偿还，而所有者的投资则不能随便抽走。

（1）所有者权益的特征。所有者权益具有以下特征：

第一，它是一项永久性投资。除非发生减资或清算，所有者权益一般不需要返还给投资者。

第二，所有者仅对企业的净资产享有所有权。净资产是资产减去负债后的余额。

第三，所有者权益不是一个独立的要素，其非独立性表现在所有者权益金额的确认、计量需要依赖资产和负债。

【问题与思考】

为什么说所有者权益是一种剩余权益？

（2）所有者权益的内容。所有者权益的来源包括所有者投入的资本、直接计入所有者权益的利得或损失、留存收益等。所有者权益的内容包括实收资本（或股本）、其他权益工具、资本公积、其他综合收益、盈余公积和未分配利润。其中，盈余公积和未分配利润又合称为留存收益。

【相关链接】

利得是指由企业非日常活动所形成的、会导致所有者权益增加的、与所有者投入资本无关的经济利益的流入。损失是指由企业非日常活动所形成的、会导致所有者权益减少的、与向所有者分配利润无关的经济利益的流出。

实收资本是指投资者按照企业章程或合同、协议的约定实际投入企业的资本。其他权益工具主要是指企业发行的除普通股以外的归类为权益工具的各种金融工具,如企业发行的优先股。资本公积是指归所有者共有的、非利润转化而形成的资本,主要包括资本溢价(或股本溢价)以及其他资本公积。其他综合收益是指企业根据企业会计准则规定未在当期损益中确认的各项利得和损失。盈余公积是指企业按照有关规定从税后利润中提取的各种公积金,包括法定盈余公积和任意盈余公积。未分配利润是指企业留存于以后年度分配或待分配的利润。

【中外差异】

美国的所有者权益比较简单,主要由两部分构成:一部分是投资者投入形成的普通股和投入资本(Common Stock and Paid-in Capital);另一部分是企业经营形成的留存收益(Retained Earnings)。

4. 收入

收入(Revenue)是指企业在日常活动中形成的、会导致所有者权益增加的、与所有者投入资本无关的经济利益的总流入。

(1) 收入的特征。根据定义,收入具有以下特征:

第一,收入是企业在日常活动中形成的。日常活动是指企业为完成其经营目标所从事的经常性活动以及与之相关的活动。例如,工业企业制造并销售产品、商业企业销售商品、保险公司签发保单、咨询公司提供咨询服务、软件企业为客户开发软件、安装公司提供安装服务、商业银行对外贷款、租赁公司出租资产等,均属于企业为完成其经营目标所从事的经常性活动,由此产生的经济利益的总流入构成收入。再如,企业转让无形资产使用权、出售原材料、对外投资(收取的利息、现金股利)等,属于与经常性活动相关的活动,由此产生的经济利益的总流入构成收入。反之,非日常活动所形成的经济利益的流入不能确认为收入,而应当计入利得。例如,企业处置固定资产、无形资产等活动,不是企业为完成其经营目标所从事的经常性活动,也不属于与经常性活动相关的活动,由此产生的经济利益的总流入不构成收入,应当确认为利得。

第二,收入可能表现为资产的增加,也可能表现为负债的减少,或者两者兼而有之。

收入可能表现为资产的增加,如增加银行存款、应收账款等;也可能表现为负债的减少,如以商品抵偿债务;或者两者兼而有之,如销售商品取得的货款,部分收取现金,部分抵偿债务。

第三,收入会导致所有者权益的增加。与收入相关的经济利益的流入应当会导致所有者权益的增加,不会导致所有者权益增加的经济利益的流入不符合收入的定义,不应确认为收入。例如,企业向银行借入款项,尽管也导致了经济利益的流入,但该流入并不导致所有者权益的增加,而使企业承担了一项现时义务,不应将其确认为收入,而应确认为负债。

第四,收入是与所有者投入资本无关的经济利益的总流入。收入应当会导致经济利益的流入,从而导致资产的增加。例如,企业销售商品,只有收到现金或者在未来有权收到现金,才表明该交易符合收入的定义。但是,经济利益的流入有时是所有者投入资本的增加所致,所有者投入资本的增加不应当确认为收入,而应当将其直接确认为所有者权益。

第五,收入不包括为第三方或客户代收的款项。

【特别提醒】

会计上的收入不一定与现金有关。例如,向客户预收的货款,虽然企业的现金增加,但企业因尚未提供商品或劳务,因此不能作为收入确认,而是相应地增加了一项负债。

【双语链接】

(IASB) Revenue: Revenue is the gross inflow of economic benefits during the period arising in the course of the ordinary activities of an enterprise when those inflows result in increases in equity, other than increases relating to contributions from equity participants.

(Textbook) Revenue: Increases in owners' equity arising from increases in assets received in exchange for the delivery of goods or services to customers.

(2) 收入的分类。收入可以按照不同的标准进行分类:

第一,收入按照其性质可分为销售商品收入、提供劳务收入、让渡资产使用权收入及建造合同收入。

第二,收入按照企业经营业务的主次可分为主营业务收入和其他业务收入。

5. 费用

费用(Expenses)是指企业在日常活动中发生的、会导致所有者权益减少的、与向所有者分配利润无关的经济利益的总流出。

(1) 费用的特征。根据定义,费用具有以下特征:

第一,费用是企业在日常活动中形成的。费用必须是企业在其日常活动中所形成的,这些日常活动的界定与收入定义中涉及的日常活动的界定相一致。因日常活动所形成的费用通常包括销售成本、管理费用等,将费用界定为日常活动所形成的,目的是将其与损失相区分,企业非日常活动所形成的经济利益的流出不能确认为费用,而应当计入损失。

第二,费用的发生可能表现为资产的减少,也可能表现为负债的增加,或者二者兼而有之。费用的发生可能表现为资产的减少,如生产产品耗用材料等;也可能表现为负债的增加,如负担长期借款的利息等;或者二者兼而有之,如发生某笔费用,支付部分现金,同时承担部分债务等。

第三,费用会导致所有者权益的减少。与费用相关的经济利益的流出应当导致所有者权益的减少,不会导致所有者权益减少的经济利益的流出不符合费用的定义,不应确认为费用。

第四,费用导致的经济利益的流出与向所有者分配利润无关。企业向所有者分配利润也会导致经济利益的流出,但该经济利益的流出属于对投资者投资回报的分配,不应确认为费用。

(2) 费用的分类。费用可以按照不同的标准进行分类:

第一,费用按照其经济内容可分为外购材料、外购燃料、外购动力、工资薪酬、折旧费、利息支出、税金、其他费用等。

第二,费用按照其经济用途可分为营业成本、税金及附加、期间费用和所得税费用。营业成本包括主营业务成本和其他业务成本;期间费用包括销售费用、管理费用和财务费用。

【双语链接】

Expenses: Decreases in owners' equity that arise because a company delivers goods or services to customers.

6. 利润

利润(Profit)是指企业在一定会计期间的经营成果,包括企业在一定会计期间内实现的收入减去费用后的净额、直接计入当期利润的利得和损失。利润是评价企业管理层业绩的指标之一,也是投资者等财务报告使用者进行决策时的重要参考。

【双语链接】

Profit: The excess of revenues over expenses.

【特别提醒】

利得和损失：有计入所有者权益的利得和损失，有计入当期利润的利得和损失。

企业利润应有营业利润、利润总额和净利润三个层次。

(1) 营业利润。营业利润是指企业在销售商品、提供劳务等日常活动中所产生的利润。从数量上分析，营业利润是营业收入减去营业成本、税金及附加、销售费用、管理费用、研发费用、财务费用以及资产减值损失、信用减值损失后的余额，并在此基础上，加上(或减去)公允价值变动损益、投资收益、资产处置损益后所计算出的金额。

(2) 利润总额。营业利润加上营业外收入，减去营业外支出后的数额被称为利润总额。营业外收入与营业外支出是指企业发生的与其生产经营无直接关系的各项收入和支出。

(3) 净利润。利润总额减去所得税费用后的数额为企业的净利润。所得税费用是指企业确认的应从当期利润总额中扣除的所得税费用。

二、会计等式

会计等式(Accounting Equation)是表明各会计要素之间基本关系的等式。会计对象可以概括为资金运动，具体表现为每发生一笔经济业务，都是资金运动的一个过程。每一个资金运动过程都必然涉及相应的会计要素，从而使全部资金运动所涉及的会计要素之间存在一定的相互联系。会计要素之间的这种内在关系，可以通过会计平衡等式表现出来，这种平衡等式就是会计等式。

【双语链接】

Accounting Equation: The expression of the relationship between assets, liabilities, and owner's equity; it is most commonly stated as assets = liabilities + owner's Equity.

(一) 基本会计等式

企业经营需要一定的资金。一方面，企业从不同渠道获得了资金，将资金运用于经营所需的各种经济资源上，这些经济资源在会计上表现为资产；另一方面，作为资金的提供者拥有对这些经济资源的要求权，即权益。资产和权益分别从运用和来源两个角度描述了企业经营所需的资金，所以企业某日的资产总额一定等于权益总额，即：

资产 = 权益

企业一般从两个渠道获得经营所需的资金：企业所有者投入的资金和企业举债所得的资金。前者形成所有者对企业的要求权，即所有者权益；后者形成债权人对企业的要求权,即债权人权益,在会计上被称为负债。所以,权益由债权人权益(负债)和所有者权益构成。那么,企业某日的资产总额就等于负债总额与所有者权益总额之和,即:

资产 = 负债 + 所有者权益

由于在各个时点上等式关系都成立,因此会计等式是恒等式。这一等式反映了会计基本要素(资产、负债、所有者权益)之间的数量关系,反映了企业资产的产权关系,因而它是设置会计科目、复式记账和编制会计报表等会计核算方法建立的理论依据,在会计核算中具有非常重要的地位。

【相关链接】

负债和所有者权益虽然都是企业的权益,但并非两种平等的权益,债权人权益优先于所有者权益。例如,当企业解散清算时,其变现的资产首先应该用于偿还负债,清偿债务后余下的资产才能在企业所有者之间进行分配。

(二)经济业务发生对会计等式的影响

企业在生产经营过程中,不断地发生各种经济业务,这些经济业务的发生会对有关的会计要素产生影响,但却不会破坏会计等式的平衡关系。经济业务发生对会计等式的影响包括以下几种:

1. 经济业务的发生仅引起等式一方发生增减变化,但增减金额相等,总额不变

具体又可分为五种情形:

(1)经济业务的发生导致等式左方的资产项目此增彼减,但增减金额相等,故等式保持平衡。

(2)经济业务的发生导致等式右方的负债项目此增彼减,但增减金额相等,故等式保持平衡。

(3)经济业务的发生导致等式右方的所有者权益项目此增彼减,但增减金额相等,故等式保持平衡。

(4)经济业务的发生导致等式右方的负债项目增加,而所有者权益项目减少,但增减金额相等,故等式保持平衡。

(5)经济业务的发生导致等式右方的负债项目减少,而所有者权益项目增加,但增减金额相等,故等式保持平衡。

2. 经济业务的发生引起等式两方同时发生增加或减少的变化,但增加或减少的金额相等,等式保持平衡

具体又可分为四种情形:

(1)经济业务的发生导致等式左方的资产项目增加,同时导致等式右方的负债项目也增加相等的金额,故等式保持平衡。

(2)经济业务的发生导致等式左方的资产项目增加,同时导致等式右方的所有者权

益项目也增加相等的金额,故等式保持平衡。

(3) 经济业务的发生导致等式左方的资产项目减少,同时导致等式右方的负债项目也减少相等的金额,故等式保持平衡。

(4) 经济业务的发生导致等式左方的资产项目减少,同时导致等式右方的所有者权益项目也减少相等的金额,故等式保持平衡。

可以通过表 2-1 归纳出企业发生的 9 种典型的经济业务。

表 2-1　典型经济业务对会计等式的影响

典型经济业务	资产	=	负债	+	所有者权益
(1)	+/-				
(2)			+/-		
(3)					+/-
(4)			+		-
(5)			-		+
(6)	+		+		
(7)	+				+
(8)	-		-		
(9)	-				-

为了说明问题,现举例如下:

假设 M 企业 2019 年 10 月 31 日有关资产、负债和所有者权益的金额如表 2-2 所示。

表 2-2　M 企业资产、负债和所有者权益金额

2019 年 10 月 31 日　　单位:元

资产	金额	负债和所有者权益	金额
库存现金	3 000	短期借款	100 000
银行存款	2 400 000	应付账款	400 000
应收账款	760 000	应付股利	350 000
预付账款	150 000	长期借款	1 200 000
原材料	64 000	**负债小计**	**2 050 000**
固定资产	970 000	实收资本	1 800 000
		资本公积	117 000
		未分配利润	380 000
		所有者权益小计	**2 297 000**
资产合计	**4 347 000**	**负债和所有者权益合计**	**4 347 000**

M 企业 2019 年 11 月发生如下经济业务:

【例 2-1】　企业收到甲公司所欠货款 12 万元,存入银行。

这项经济业务的发生,使得企业的一项资产(银行存款)增加了12万元,同时使得企业的另一项资产(应收账款)减少了12万元。等式左方的资产项目此增彼减,而且增减金额相等,故等式保持平衡。

【例2-2】 企业将短期借款10万元转为长期借款。

这项经济业务的发生,使得企业的一项负债(短期借款)减少了10万元,同时使得企业的另一项负债(长期借款)增加了10万元。等式右方的负债项目此增彼减,而且增减金额相等,故等式保持平衡。

【例2-3】 企业经批准将资本公积10万元转增资本。

这项经济业务的发生,使得企业的一项所有者权益(资本公积)减少了10万元,同时使得企业的另一项所有者权益(实收资本)增加了10万元。等式右方的所有者权益项目此增彼减,而且增减金额相等,故等式保持平衡。

【例2-4】 企业宣告发放投资者现金股利15万元。

这项经济业务的发生,使得企业的一项负债(应付股利)增加了15万元,同时使得企业的一项所有者权益(未分配利润)减少了15万元。等式右方的负债和所有者权益项目一增一减,而且增减金额相等,故等式保持平衡。

【例2-5】 企业将本单位所欠货款40万元转为对方对本单位的投资。

这项经济业务的发生,使得企业的一项负债(应付账款)减少了40万元,同时使得企业的一项所有者权益(实收资本)增加了40万元。等式右方的负债和所有者权益项目一减一增,而且增减金额相等,故等式保持平衡。

【例2-6】 企业购买机器设备一台,价值23万元,款项尚未支付。

这项经济业务的发生,使得企业的一项资产(固定资产)增加了23万元,同时使得企业的一项负债(应付账款)增加了23万元。等式左方的资产项目和右方的负债项目同时增加,而且增加的金额相等,故等式保持平衡。

【例2-7】 企业用银行存款3万元偿还所欠甲公司货款。

这项经济业务的发生,使得企业的一项资产(银行存款)减少了3万元,同时使得企业的一项负债(应付账款)减少了3万元。等式左方的资产项目和右方的负债项目同时减少,而且减少的金额相等,故等式保持平衡。

【例2-8】 企业收到投资者投入的100万元,款项存入银行。

这项经济业务的发生,使得企业的一项资产(银行存款)增加了100万元,同时使得企业的一项所有者权益(实收资本)增加了100万元。等式左方的资产项目和右方的所有者权益项目同时增加,而且增加的金额相等,故等式保持平衡。

【例2-9】 投资者撤回投资20万元,企业以银行存款支付。

这项经济业务的发生,使得企业的一项资产(银行存款)减少了20万元,同时使得企业的一项所有者权益(实收资本)减少了20万元。等式左方的资产项目和右方的所有者权益项目同时减少,而且减少的金额相等,故等式保持平衡。

M企业2019年11月末有关资产负债变动表如表2-3所示。

表 2-3　M 企业资产负债变动表

2019 年 11 月 30 日

单位：元

资产	期初余额	本期发生额	期末余额	负债和所有者权益	期初余额	本期发生额	期末余额
库存现金	3 000	—	3 000	短期借款	100 000	-100 000	0
银行存款	2 400 000	+120 000 -30 000 +1 000 000 -200 000	3 290 000	应付账款	400 000	-400 000 +230 000 -30 000	200 000
应收账款	760 000	-120 000	640 000	应付股利	350 000	+150 000	500 000
预付账款	150 000	—	150 000	长期借款	1 200 000	+100 000	1 300 000
原材料	64 000	—	64 000	**负债小计**	**2 050 000**	—	**2 000 000**
固定资产	970 000	+230 000	1 200 000	实收资本	1 800 000	+100 000 +400 000 +1 000 000 -200 000	3 100 000
				资本公积	117 000	-100 000	17 000
				未分配利润	380 000	-150 000	230 000
				所有者权益小计	**2 297 000**	—	**3 347 000**
资产合计	**4 347 000**	—	**5 347 000**	**负债和所有者权益合计**	**4 347 000**	—	**5 347 000**

由此可见,经济业务的发生并不影响基本会计等式的平衡关系。

【问题与思考】

在九种不同类型的经济业务中,你能否判断出哪几种类型的经济业务既不破坏会计等式的平衡关系,又不影响资产和权益要素的总额?哪几种类型的经济业务虽然不破坏会计等式的平衡关系,但是影响资产和权益要素的总额?

(三) 扩展会计等式

企业在通过生产经营活动获得收入的同时,还要发生一定的费用。将一定会计期间内实现的收入和发生的费用进行对比,就可以确定该期间的经营成果。当收入大于费用时,表明企业实现了利润;当收入小于费用时,表明企业发生了亏损。在某一特定的会计期间,收入、费用和利润之间存在如下基本关系:

收入 - 费用 = 利润

收入、费用和利润之间的这种基本关系,代表了利润计量的基本模式。

【特别提醒】

广义的收入包括收入要素和直接计入利润的利得;广义的费用包括费用要素和直接计入利润的损失。所以,利润的金额通常取决于收入与费用、直接计入利润的利得和损失金额的计量。

随着企业生产经营活动的进行,在某一会计期间内,一方面,企业取得收入,导致资产的增加或负债的减少,最终导致所有者权益的增加;另一方面,企业发生费用,导致资产的减少或负债的增加,最终导致所有者权益的减少。收入和费用其实就是所有者权益的组成部分。如果考虑收入、费用和利润这三个会计要素,则基本会计等式就演变为:

资产 = 负债 + 所有者权益 + (收入 - 费用)
= 负债 + 所有者权益 + 利润

这一等式被称为扩展会计等式。下面考察企业经济业务的发生对扩展会计等式的影响:

(1) 企业收入的取得,或者表现为资产要素和收入要素同时同等金额的增加,或者表现为收入要素的增加和负债要素同等金额的减少,结果是等式仍然保持平衡。

(2) 企业费用的发生,或者表现为负债要素和费用要素同时同等金额的增加,或者表现为费用要素的增加和资产要素同等金额的减少,结果是等式仍然保持平衡。

(3) 在会计期末,将收入与费用相减,得出企业的利润。利润在按规定程序进行分配以后,留存企业的部分转化为所有者权益的增加(或减少),同时,要么是资产要素相应增加(或减少),要么是负债要素相应减少(或增加),结果是等式仍然保持平衡。

以上分析说明，资产、负债、所有者权益、收入、费用和利润这六大会计要素之间存在一种恒等关系。会计等式反映了这种恒等关系，因而它始终成立。任何经济业务的发生都不会破坏会计等式的平衡关系。

三、会计要素的计量属性及应用原则

（一）会计要素的计量属性

从会计的角度，计量属性反映的是会计要素金额的确定基础。根据我国《企业会计准则》，会计的计量属性主要包括历史成本、重置成本、可变现净值、现值、公允价值。

1. 历史成本

在历史成本（Historical Cost）计量下，资产按照购置时支付的现金或现金等价物的金额，或者按照购置资产时所支付的对价的公允价值计量；负债按照因承担现时义务而实际收到的款项或资产的金额，或者按照承担现时义务的合同金额，或者按照日常活动中为偿还负债预期需要支付的现金或现金等价物的金额计量。

2. 重置成本

在重置成本（Replacement Cost）计量下，资产按照现在购买相同或者相似资产所需支付的现金或现金等价物的金额计量；负债按照现在偿付该债务所需支付的现金或现金等价物的金额计量。

3. 可变现净值

在可变现净值（Net Realizable Value）计量下，资产按照其正常对外销售所能收到的现金或现金等价物的金额扣减该资产至完工时估计将要发生的成本、估计的销售费用及相关税费后的金额计量。

4. 现值

在现值（Present Value）计量下，资产按照预计从持续使用和最终处置中所产生的未来净现金流入量的折现金额计量；负债按照预计期限内需要偿还的未来净现金流出量的折现金额计量。

5. 公允价值

在公允价值（Fair Value）计量下，资产和负债按照在公平交易中，熟悉情况的交易双方自愿进行资产交换或债务清偿的金额计量。

（二）会计要素的应用原则

《企业会计准则——基本准则》规定，企业在对会计要素进行计量时，一般应当采用历史成本，采用重置成本、可变现净值、现值、公允价值计量的，应当保证所确定的会计要素金额能够取得并可靠计量。

【双语链接】

Historical Cost: The amount originally exchanged in the transaction; an amount assumed to reflect the fair market value of an item at the transaction date.

Replacement Cost: The cost at which an inventory item could be acquired today.

Present Value: The value today of a future cash inflow or out flow.

Fair value is the amount for which an asset could be exchanged, or a liability settled, between knowledgeable, willing parties in an arm's length transaction.

【中外差异】

在IASB中,可变现净值并没有单独作为计量属性来定义,它仅仅在存货这一具体准则中提到:

Estimates of net realizable value are based on the most reliable evidence available at the time the estimates are made as to the amount the inventories are expected to realize; estimates of net realizable value also take into consideration the purpose for which the inventory is held.

第三章　账户与复式记账

【本章导航】

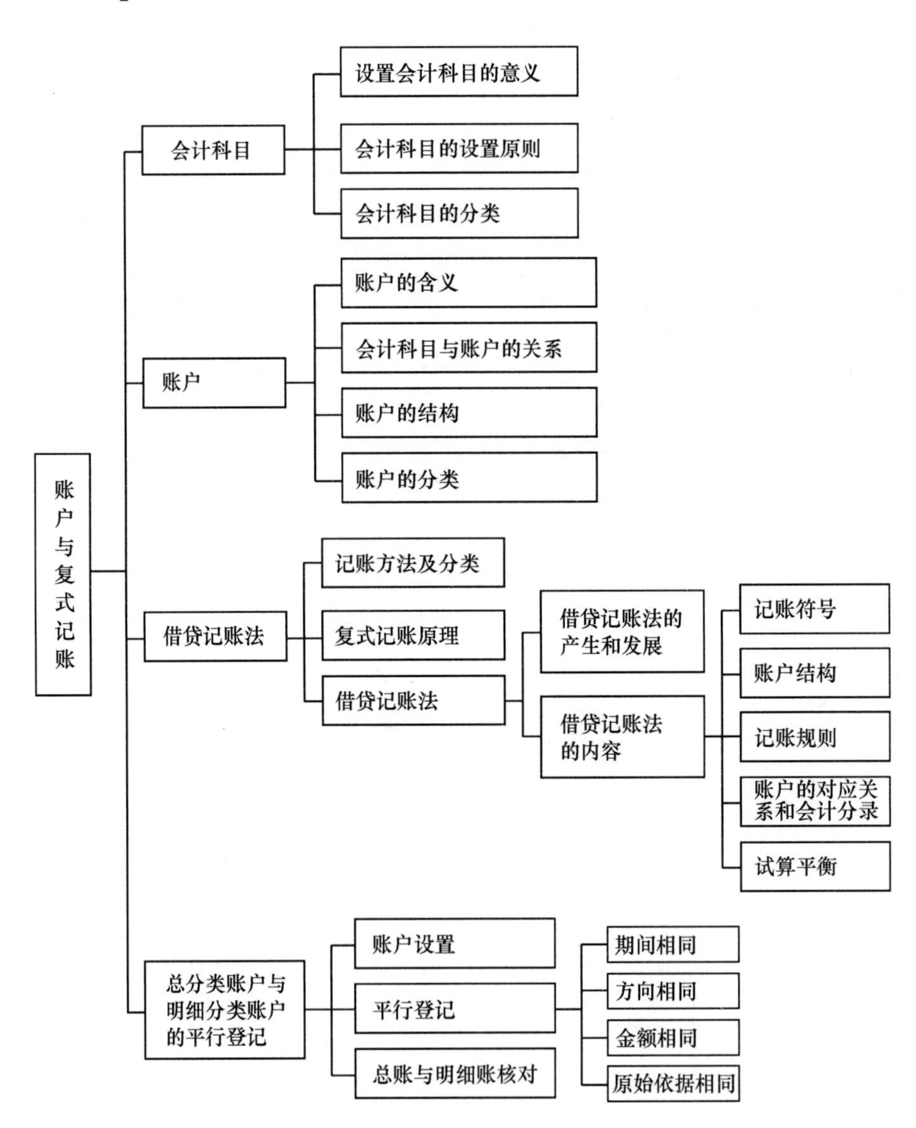

【知识目标】

1. 理解会计科目和账户的概念。
2. 理解复式记账的优越性。
3. 掌握借贷记账法的基本原理。

【能力目标】

1. 能解释会计科目和账户的关系。
2. 能说出账户的性质,写出账户的基本结构。
3. 能熟练运用借贷记账法记录企业的经济业务,包括编制会计分录和进行试算平衡。
4. 能处理总分类账户和明细分类账户的平行登记及核对工作。

【导入案例】

日常生活中,我们会有意无意地使用复式记账的方法。例如,你买了一套新房子、购置了新家具等,虽然你的银行账户少了几十万元,但你拥有了一个舒适的家。在这里,你的心中其实有这样一本账,账上反映出两个方面的内容:一方面你的银行存款少了,另一方面你的房产多了,并且两者的价值相等。

这个现象说明了一项经济业务的发生,往往会引起至少两个方面的内容发生变化。这就是复式记账存在的基石。

第一节　会计科目与账户

一、会计科目

（一）设置会计科目的意义

由于会计要素反映的经济内容有很大不同，在经营管理中当然也会有不同的要求，在会计核算中除了要按照各会计要素的不同特点，还应该根据经济管理的要求进行分类别、分项目的核算。因此，为了全面、连续、系统、分类地核算和监督企业的财务状况和经营成果，必须对会计要素的具体内容作进一步细分。

会计科目是对会计对象具体内容的科学分类，是按照会计要素进一步分类核算的项目。每一个会计科目都有一定的名称，反映特定的经济内容。例如，把企业的机器设备、房屋、建筑物等使用时间较长、价值较大的劳动资料归为一类，设置“固定资产”科目。

在会计核算的各种方法中，设置会计科目占有重要位置。它决定着账户开设、报表结构设计，是一种基本的会计核算方法。通过设置会计科目，可以对错综复杂的经济业务进行科学的分类，能够为正确组织会计核算提供条件，把价值形式的综合核算和财产物资的实物核算有机结合起来，从而有效地控制财产物资的实物形态。

（二）会计科目的设置原则

设置会计科目时，一般应当遵循以下几项原则：

1. 全面性原则

会计科目的设置，应能全面地反映企业的会计对象。为了全面、系统地反映企业各项经济业务引起的资产、负债和所有者权益的增减变动情况，完整地反映企业资金运动的状况和结果，必须对会计对象的具体内容进行全面、科学的分类界定，设置相应的会计科目。各科目之间既相互区别、界限分明，又彼此联系，共同构成一个完整的体系。

2. 简要性原则

会计科目名称的确定要做到含义准确、简明扼要、通俗易懂；同时，会计科目的设置，要便于记账、查账，并能满足会计核算技术现代化的要求，按照电子计算机的特点，对会计科目实行固定编码。

3. 稳定性原则

会计科目的设置要适应社会经济环境的变化和本单位经济业务发展的需要；同时，应保持相对稳定，不能经常变动，以使会计核算指标在一定范围内综合汇总和在不同时期对比分析利用。

4. 统一性与灵活性相结合原则

会计科目的设置，要兼顾宏观调控和微观决策的需要。一方面，要充分考虑到国家进行宏观调控和综合平衡的要求;另一方面,要满足企业经营管理和决策的需要,做到统一性与灵活性相结合。

我国目前使用的会计科目,是由财政部统一规定的。这样可以使企业提供的会计核算资料口径一致,便于统计和分析。但是,各单位可以根据本单位的具体情况和经济管理需要,在不影响会计核算要求和会计报表指标汇总的前提下,作必要的增设、合并和删减。

(三)会计科目的分类

1. 会计科目按其反映的经济内容分类

我国《企业会计准则——应用指南》将会计科目按照其反映的经济内容不同,分为资产类、负债类、共同类、所有者权益类、成本类和损益类六大类。

(1) 资产类科目。按照资产的流动性和经营管理的需要划分,又分为反映流动资产的科目和反映非流动资产的科目。

(2) 负债类科目。按照负债偿还的期限划分,又分为反映流动负债的科目和反映非流动负债的科目。

(3) 共同类科目,多为金融、保险、投资、基金等公司所使用。目前,《企业会计准则》规定的共同类科目有五个:清算资金往来、外汇买卖、衍生工具、套期工具、被套期项目。

(4) 所有者权益类科目。按照所有者权益的来源划分,又分为反映投入资本的科目、反映从利润中提取资金的科目和反映未分配利润的科目。

(5) 成本类科目。它是对企业生产产品、提供劳务的成本进行归集的会计科目。

(6) 损益类科目。按照利润的形成来源或构成情况划分,又分为反映经营损益的科目、反映期间费用的科目及反映利得和损失的科目。

【特别提醒】

- 由于利润是收入与费用相抵的结果,并最终归属于所有者权益,因此将利润归为所有者权益类科目。
- 成本类科目是制造业企业设置的特殊会计科目,就其性质而言,成本类会计科目属于资产类科目。

为了规范会计核算的流程,统一会计信息的口径,保证不同企业之间会计信息的可比性,财政部在《企业会计准则——应用指南》中,规定了企业会计核算运用的会计科目。为了便于核算和查阅,适应会计电算化的要求,《企业会计准则——应用指南》还统一规定了会计科目的编号。一般企业常用的会计科目如表3-1所示。

表 3-1　企业会计科目的编号和名称

顺序号	编号	会计科目名称	Accounting Title	备注
一、资产类				
1	1001	库存现金	Cash at Hand	
2	1002	银行存款	Cash at Bank	
3	1012	其他货币资金	Other Monetary Assets	
4	1101	交易性金融资产	Trade-for-Sale Asset	
5	1121	应收票据	Notes Receivable	
6	1122	应收账款	Accounts Receivable	
7	1123	预付账款	Expense Prepayments	
8	1131	应收股利	Dividend Receivable	
9	1132	应收利息	Interest Receivable	
10	1221	其他应收款	Other Accounts Receivable	
11	1231	坏账准备	Provision for Doubtful Debts	
12	1401	材料采购	Materials Procurement	
13	1402	在途物资	Materials in Transit	
14	1403	原材料	Raw Material	
15	1404	材料成本差异	Material Variance	
16	1405	库存商品	Merchandise Inventory	
17	1408	委托加工物资	Materials for Consigned Processing	
18	1411	周转材料	Revolving Materials	
19	1471	存货跌价准备	Reserve for Stock Depreciation	
20	1505	债权投资	Debt Investments	
21	1507	其他债权投资	Other Debt Investments	
22	1511	长期股权投资	Long-term Equity Investment	
23	1512	长期股权投资减值准备	Provision for Long-term Equity Investment	
24	1521	投资性房地产	Investment Real Estate	
25	1528	其他权益工具投资	Other Equity Instrument Investments	
26	1601	固定资产	Fixed Assets	
27	1602	累计折旧	Accumulated Depreciation	
28	1603	固定资产减值准备	Reserve for Fixed Assets Impairment	
29	1604	在建工程	Construction in Progress	
30	1605	工程物资	Engineer Material	
31	1606	固定资产清理	Disposal of Fixed Assets	
32	1701	无形资产	Intangible Assets	
33	1702	累计摊销	Accumulated Amortization	
34	1703	无形资产减值准备	Reserve for Intangible Assets Impairment	
35	1711	商誉	Goodwill	
36	1801	长期待摊费用	Long-term Deferred Expenses	
37	1901	待处理财产损溢	Unsettled Assets Profit and Loss	

（续表）

顺序号	编号	会计科目名称	Accounting Title	备注
二、负债类				
38	2001	短期借款	Short-term Debt Securities	
39	2201	应付票据	Notes Payable	
40	2202	应付账款	Accounts Payable	
41	2203	预收账款	Income Prepayment	
42	2211	应付职工薪酬	Payroll Payable	* A
43	2221	应交税费	Tax Payable	* B
44	2231	应付利息	Accrued Interest Payable	
45	2232	应付股利	Dividend Payable	
46	2241	其他应付款	Other Accounts Payable	
47	2501	长期借款	Long-term Borrowing	
48	2502	应付债券	Bond Payable	
49	2701	长期应付款	Long-term Accounts Payable	
三、共同类				
50	3101	衍生工具	Derivatives	
51	3201	套期工具	Arbitrage Tool	
52	3202	被套期项目	Arbitraged Items	
四、所有者权益类				
53	4001	实收资本	Paid-in Capital	
54	4002	资本公积	Additional Paid-in Capital	
55	4101	盈余公积	Earned Surplus	
56	4103	本年利润	Full-year Profit	
57	4104	利润分配	Allocation of Profits	
五、成本类				
58	5001	生产成本	Production Costs	
59	5101	制造费用	Manufacturing Expenses	
60	5201	劳务成本	Service Costs	
61	5301	研发支出	R&D Expenditure	
六、损益类				
62	6001	主营业务收入	Prime Operating Revenue	
63	6051	其他业务收入	Other Revenue	
64	6101	公允价值变动损益	Profit and Loss from Fair Value Changes	
65	6111	投资收益	Investment Income	
66	6301	营业外收入	Non-business Revenue	
67	6401	主营业务成本	Cost of Goods Sold	
68	6402	其他业务成本	Other Operational Costs	

（续表）

顺序号	编号	会计科目名称	Accounting Title	备注
69	6403	税金及附加	Business Taxes and Surcharges	
70	6601	销售费用	Marketing Costs	
71	6602	管理费用	Managing Costs	
72	6603	财务费用	Financing Expenses	
73	6701	资产减值损失	Assets Impairment Loss	
74	6711	营业外支出	Non-business Expenditure	
75	6801	所得税费用	Income Tax	
76	6901	以前年度损益调整	Previous Year Profit and Loss Adjustment	

注：* A 表示《企业会计准则》中应付职工薪酬所包含的内容，除应付工资以外，还包括职工福利、社会保险、住房公积金等。

* B 表示《企业会计准则》中应交税费所包含的内容，除应交税金以外，还包括教育费附加。

【相关链接】

会计科目按其反映的经济内容的分类和六大会计要素的分类为什么不完全一致，是不是它们的范围不同呢？

事实上，两者的内容是一致的，只是归类的标准不同而已。会计要素是根据会计报表的要素进行归类的，而会计科目是根据要素的性质进行归类的。会计科目的归类作了以下方面的调整：

（1）将会计要素费用类项目中的成本部分单独归为一类，称为成本类科目。

（2）将会计要素的其他费用类项目和收入类项目归为损益类科目。

（3）将会计要素的利润类项目归为所有者权益类科目。

（4）将既具有资产性质又具有负债性质的项目归为共同类科目。

由此形成了六大类会计科目。

2. 会计科目按照其提供核算指标的详细程度分类

会计科目按照其提供核算指标的详细程度，可以分为总分类科目和明细分类科目。

（1）总分类科目。总分类科目又称总账科目或一级科目。它是对会计要素的具体内容进行总括分类的会计科目，是反映总括性核算指标的科目。例如，“固定资产”“应收账款”等。

总分类科目是对外提供会计信息的基础，外界会计信息使用者为了作出经济决策，需要对不同企业之间的会计信息进行合理的比较，所以不同企业提供的会计信息必须具备可比性。为此，总分类科目的设置应该遵循国家统一会计制度的规定，企业不能随意更改。即使企业根据需要增设、删减或合并会计科目，也不应违背国家统一会计制度的规定，不能影响对外提供会计信息的内容和口径。

(2) 明细分类科目。明细分类科目又称明细科目,是对总分类科目进行进一步分类,提供更详细、更具体会计信息的会计科目。明细分类科目所提供的核算资料比较详细具体,是对总分类科目的具体化和详细说明。例如,在"应收账款"总分类科目下按具体应收单位分设明细科目,具体反映应收哪个单位的货款。按照我国现行会计制度的规定,明细分类科目除会计制度规定设置的以外,各单位可根据实际需要自行设置。

明细分类科目按照其分类的详细程度不同,又可分为子目和细目。子目又称二级科目,它是介于总分类科目与细目之间的科目,它所提供的核算资料比总分类科目详细,但比细目提供的核算资料概括;细目又称三级科目,它是对某些二级科目所作的进一步分类。

(3) 总分类科目与明细分类科目的关系。总分类科目概括反映会计对象的具体内容,而明细分类科目详细反映会计对象的具体内容;总分类科目对明细分类科目具有控制作用,明细分类科目是对总分类科目的补充和说明。

【问题与思考】

请以"固定资产"科目为例,简要列示其一级科目、二级科目及三级科目。

二、账户

(一) 账户的含义

会计科目仅仅是分类核算的项目或标志,若只有分类的项目,没有结构和格式,则不能把发生的经济业务连续、系统地记录下来。因此,设置会计科目以后,还必须根据规定的会计科目开设一系列反映不同经济内容的账户,用来对各项经济业务进行分类记录。账户(Account)是根据会计科目开设的,具有一定的结构和格式,是用来连续、系统、分类地记录经济业务内容的一种工具。会计科目就是账户的名称。

【双语链接】

Account: The form used to record additions and deductions for each individual asset, liability, owner's equity, revenue, and expense.

【中外差异】

英语中,没有与"会计科目"相对应的专有名词,如果有的话,也许是"Account Title",由此可以看出"科目"与"账户"的实质性差异,即"科目"仅仅是"账户"的名称(Title)而已。

（二）会计科目与账户的关系

会计科目与账户是既有联系又有区别的两个概念，它们都被用来分门别类地反映会计对象的具体内容。两者的关系如表 3-2 所示。

表 3-2　会计科目与账户的关系

联系	会计科目和账户都是对会计对象的具体内容所作的分类，两者口径一致、性质相同；账户是根据会计科目设置的，没有会计科目，账户便失去了设置的依据；没有账户，就无法发挥会计科目的作用
区别	会计科目仅仅是名称，不存在结构与记账方向问题；而账户既有名称又有结构，即具有一定的格式，能连续、系统地记录交易或事项引起某项会计要素具体项目增减变化的情况及其结果

（三）账户的结构

账户是根据会计科目设置的，为了全面、清晰地记录各项经济业务所引起的各个会计要素的增减变动情况及其结果，账户不仅要有明确的核算内容，而且要有一定的结构，即增加的数量记在哪里、减少的数量记在哪里、增减变动后的结果记在哪里。因此，账户的基本结构就是要反映各个会计要素的增加数、减少数和结余数。

一般来说，实际工作中使用的账户应包括以下内容：① 账户的名称，即会计科目；② 日期和摘要，即经济业务发生的时间和内容；③ 凭证种类和号数，即账户记录的来源和依据；④ 增加和减少的金额，记录交易或事项引起的该账户的本期增加发生额和本期减少发生额；⑤ 余额，记录增减变动后的结果。

一般账户的格式如表 3-3 所示。

表 3-3　账户名称（会计科目）

年		凭证		摘要	增加金额	减少金额	余额
月	日	种类	号数				

为了教学方便，在教学实践和教科书中，上述账户结构可简化为“T”字形（T-account），格式如图 3-1 所示。T 型账户，中外通用。

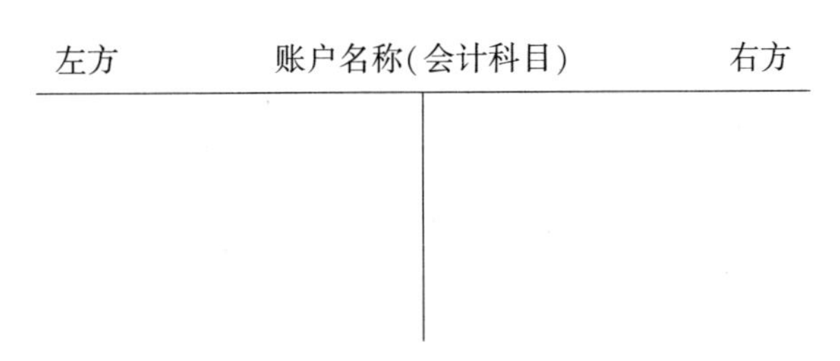

图 3-1 T 型账户结构

账户的基本结构由左右两方组成,左右两方是按相反方向来记录增加额和减少额的。也就是说,如果规定在左方记录增加额,那么就应该在右方记录减少额;反之,如果规定在右方记录增加额,那么就应该在左方记录减少额。哪一方记录增加额,哪一方记录减少额,取决于各账户所记录的经济业务内容和所采用的记账方法。

【双语链接】

T-account: Simplified version of ledger account that takes the form of the capital letter T.

登记的本期增加的金额,称为本期增加发生额,是一定时期内账户登记的增加金额的合计;登记的本期减少的金额,被称为本期减少发生额,是一定时期内账户登记的减少金额的合计;增加额和减少额相抵后的差额,被称为余额。余额按表示的时间不同,又分为期初余额和期末余额。通常情况下,余额登记的方向与本期增加发生额登记的方向一致。通过账户记录的金额,可以提供期初余额、本期增加发生额、本期减少发生额和期末余额四个方面的核算资料,其数量关系式可以表示为:

期末余额 = 期初余额 + 本期增加发生额 - 本期减少发生额

(四) 账户的分类

账户是根据会计科目开设的,因此账户的分类标志和分类内容同会计科目的分类标志和分类内容。也就是说,按照反映的经济内容,账户分为资产类账户、负债类账户、共同类账户、所有者权益类账户、成本类账户和损益类账户;按照提供核算指标的详细程度,账户分为总分类账户和明细分类账户。

第二节 借贷记账法

一、记账方法及分类

为了对会计要素进行核算与监督,在按一定原则设置会计科目,并以会计科目为户头开立账户后,就需要采用一定的记账方法将会计要素的增减变动情况登记在账户中。

记账方法是指按照一定的规则,使用一定的符号,在账簿中登记各项经济业务的技术方法。会计上最初采用的记账方法是单式记账法，随着社会经济的发展，人们逐渐对记账方法加以改进，从而演变为复式记账法。

（一）单式记账法

单式记账法（Simple-entry System）是指对发生的经济业务，只在一个账户中进行记录的一种记账方法。它一般只限于对现金、银行存款的收付业务以及有关债权、债务进行记录。例如，企业用银行存款购买原材料，只在账户中记录银行存款的支付，而对材料的取得不在账户中记录。又如，企业赊购一项设备，其所增加的固定资产不予记录，只是记录企业应付账款的增加。

单式记账法是一种比较简单、不完整的记账方法。采用这种方法，只是记录库存现金和银行存款的收付业务以及债权、债务方面发生的经济业务，而不记录实物的收付业务。因此，单式记账法不能反映经济业务的来龙去脉，不能全面、系统地反映经济业务，更不便于检查账户记录的正确性和完整性。随着社会经济活动的发展，经济活动越来越复杂，单式记账法已不能适应社会经济发展的需要，逐渐被复式记账法取代。

（二）复式记账法

复式记账法（Double-entry System）是指对发生的每一项经济业务，都必须以相等的金额，同时在两个或两个以上相互联系的账户中进行登记的一种记账方法。例如，企业用银行存款购买原材料，不仅要在“银行存款”账户中登记银行存款的减少，而且要在“原材料”账户中记录原材料的增加，同时，要求两个账户中登记的金额相等。这样，两个账户之间就形成了一种对应关系。又如，企业赊购一项设备，一方面要记录固定资产的增加，另一方面要记录应付账款的增加，于是在“固定资产”账户与“应付账款”账户之间也形成了一种对应关系。

与单式记账法相比，复式记账法不仅账户设置完整，而且相互联系地形成了一个系统的账户体系。复式记账法是一种比较科学、完善的记账方法，现代会计核算均采用复式记账法。复式记账法按其记账符号、记账规则、账户分类和试算平衡方法的不同，可分为借贷记账法、收付记账法、增减记账法。其中，借贷记账法是世界上最早产生，也是目前世界各国通用的一种记账方法，而且是我国《企业会计准则》中明确规定的企业应统一采用的记账方法。

【双语链接】

Double-entry system for recording transactions, based on recording increases and decreases in accounts so that debits always equal credits.

二、复式记账原理

复式记账以基本会计等式“资产＝负债＋所有者权益”为理论依据。根据这一平衡原理,任何一项经济业务的发生,至少会影响两个会计要素下的项目或者同一会计要素下的至少两个项目使其发生增减变化,而且增减金额相等。可见,一笔经济业务至少会影响两个账户,并且业务的发生额要分别在至少两个相互关联的账户中登记,以全面反映资金的变化,这就是复式记账的原理。

三、借贷记账法

借贷记账法是运用复式记账的原理,以资产和权益的平衡关系为理论依据,以“借”(Debit)“贷”(Credit)为记账符号,以“有借必有贷,借贷必相等”为记账规则,反映企业经济业务增减变动情况的一种记账方法。

【双语链接】

Debit: The left-hand side of double-entry accounting records.
Credit: The right-hand side of double-entry accounting records.

(一) 借贷记账法的产生和发展

借贷记账法最初产生于 12 世纪意大利的银行,“借”“贷”两字的含义,最初是从借贷资本家的角度来解释的,即用来表示债权(应收款)和债务(应付款)的增减变动。借贷资本家对于收进的存款,记在贷主的名下,表示债务;对于付出的放款,记在借主的名下,表示债权。这时,“借”“贷”两字表示债权、债务的变化。随着社会经济的发展,经济活动的内容日益复杂,“借”“贷”记录的经济业务已不再局限于货币资金的借贷业务,而逐渐扩展到财产物资、经营损益等。为了使账簿记录保持统一,对于非货币资金借贷业务,也以“借”“贷”两字记录增减变动情况。这样,“借”“贷”两字就逐渐失去其原来的含义,而转化为纯粹的记账符号,用以表明记账的方向。

【特别提醒】

作为会计记账符号的 Debit 和 Credit 已不再有字面的“借”和“贷”的含义,它们仅作为记账符号反映账户的左边和右边而已。

(二) 借贷记账法的内容

1. 记账符号

记账符号用以确定经济业务增减变动的记账方向,借贷记账法以“借”和“贷”为记账符号。在这里,“借”“贷”只用来表示“增”“减”的方向,而没有什么具体的意义。“借”“贷”两方,一方登记经济业务的增加,一方登记经济业务的减少。如果借方登记增加,则贷方必定登记减少;反之亦然。至于到底哪一方登记增加,哪一方登记减少,则取决于账户的性质。

2. 账户结构

借贷记账法下，账户的基本结构为借方、贷方、余额。“借”“贷”两字分别在账户的两边，一般“借”在左方，“贷”在右方，其格式如图3-2所示。

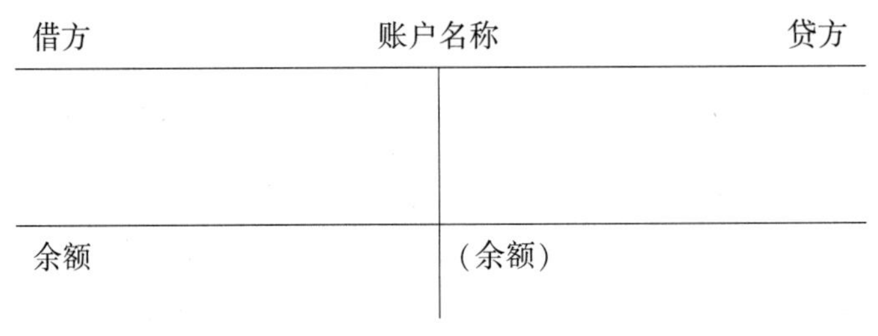

图3-2 账户的基本结构

每一类账户的结构是由账户的性质决定的，不同性质的账户有不同的账户结构。

（1）资产、成本类账户。资产类账户的结构是：借方登记增加额，贷方登记减少额，期初余额、期末余额一般在借方。

由于成本类账户的期末余额反映的是企业某种资产的结余状况，因此成本类账户的记账方向与资产类账户一致，借方登记成本的增加额，贷方登记成本的减少额，期初余额、期末余额一般在借方，如图3-3所示。

借方　　资产、成本类账户	贷方
期初余额 本期增加额	本期减少额
本期发生额	本期发生额
期末余额	

图3-3 资产、成本类账户结构

【特别提醒】

成本类账户中，“生产成本”账户的期末余额表示尚未完工的在产品成本；“制造费用”账户期末通常没有余额。

其计算公式如下：

资产、成本类账户期末余额

= 期初借方余额 + 本期借方发生额 − 本期贷方发生额

（2）负债及所有者权益类账户。负债及所有者权益类账户的结构与资产类账户正好相反，即其贷方登记负债及所有者权益的增加额，借方登记负债及所有者权益的减少额，期初余额、期末余额一般在贷方，如图3-4所示。

借方	负债及所有者权益类账户 贷方
	期初余额
本期减少额	本期增加额
本期发生额	本期发生额
	期末余额

图 3-4 负债和所有者权益类账户结构

其计算公式如下：

负债及所有者权益类账户期末余额

= 期初贷方余额 + 本期贷方发生额 - 本期借方发生额

(3) 损益类账户。损益类账户按照其反映的具体内容不同,又可分为反映各项收入的收入类账户和反映各项费用的费用类账户。而收入类账户和费用类账户又是所有者权益类账户派生的。费用是所有者权益减少的因素,所以费用的发生记入费用类账户的借方;收入是所有者权益增加的因素,所以收入的实现记入收入类账户的贷方。也就是说,收入类账户的结构与所有者权益类账户的结构基本相同,贷方登记收入的增加额,借方登记收入的减少额(转出额)。由于贷方登记的收入增加额,期末一般都要从借方转出,以便确定一定期间的利润,因此该类账户通常没有期末余额,如图 3-5 所示。费用类账户的结构与资产类账户的结构基本相同,借方登记费用的增加额,贷方登记费用的减少额(转出额)。由于借方登记的费用增加额,期末一般都要从贷方转出,以便确定一定期间的利润,因此该类账户通常也没有期末余额,如图 3-6 所示。

借方 收入类账户	贷方
本期减少额	本期增加额
本期发生额	本期发生额

期末一般无余额

图 3-5 收入类账户结构

借方 费用类账户	贷方
本期增加额	本期减少额
本期发生额	本期发生额

期末一般无余额

图 3-6 费用类账户结构

(4) 共同类账户。共同类账户既有资产类账户的性质,又有负债类账户的性质。当出现借方余额时,表现为资产类账户;当出现贷方余额时,表现为负债类账户。

另外,在借贷记账法下,可以设置双重性质的账户。双重性质的账户就是在一个账户中既反映资产又反映负债，如“其他往来”账户。该账户平时既登记债权又登记债务，账户的性质不固定，一般只能根据账户的余额来确定其性质，如果余额在借方，就是资产类账户；如果余额在贷方，就是负债类账户。双重性质账户的具体结构如图3-7所示。

借方　　　　其他往来账户	贷方
本期债权增加额 本期债务减少额	本期债务增加额 本期债权减少额
本期发生额	本期发生额
期末余额（表示债权）	期末余额（表示债务）

图3-7　双重性质账户结构

为了方便了解借贷记账法下的账户结构，现将各类账户的结构列示如表3-4所示。

表3-4　账户结构的总结

账户名称	借方	贷方	余额方向
资产类	增加	减少	借方
成本类	增加	减少	借方
负债类	减少	增加	贷方
所有者权益类	减少	增加	贷方
（损益）收入类	减少	增加	一般无余额
（损益）费用类	增加	减少	一般无余额

【问题与思考】

根据表3-4，能否对结构相同的账户作出总结？

3. 记账规则

借贷记账法的记账规则是“有借必有贷，借贷必相等”。根据这一规则的要求，对于发生的每一项经济业务，在一个账户记借方，则必须同时在另一个或几个账户记贷方；或者在一个账户记贷方，则必须同时在另一个或几个账户记借方，计入借方的金额与计入贷方的金额必须相等。

在企业的生产经营过程中，每天发生着大量的经济业务，这些经济业务虽然千差万别、错综复杂，但都不会违背记账规则。我们可以根据典型经济业务来说明借贷记账法的记账规则，如表3-5所示。

表 3-5 典型经济业务涉及账户的记账方向

典型经济业务	资产	=	负债	+	所有者权益
(1)	+借/-贷				
(2)			+贷/-借		
(3)					+贷/-借
(4)			+贷		-借
(5)			-借		+贷
(6)	+借		+贷		
(7)	-贷		-借		
(8)	+借				+贷
(9)	-贷				-借

由表 3-5 可以看出,任何典型经济业务的发生都会既涉及借方又涉及贷方,而且要保持"资产 = 负债 + 所有者权益"的恒等关系,借方金额合计与贷方金额合计必然相等。

我们再通过下列经济业务来进一步说明记账规则。

【例 3-1】 企业收到甲公司所欠货款 12 万元,存入银行。

这项经济业务,使企业资产要素中的银行存款增加,应记入"银行存款"账户的借方;同时,使资产要素中的应收账款减少,应记入"应收账款"账户的贷方,如图 3-8 所示。

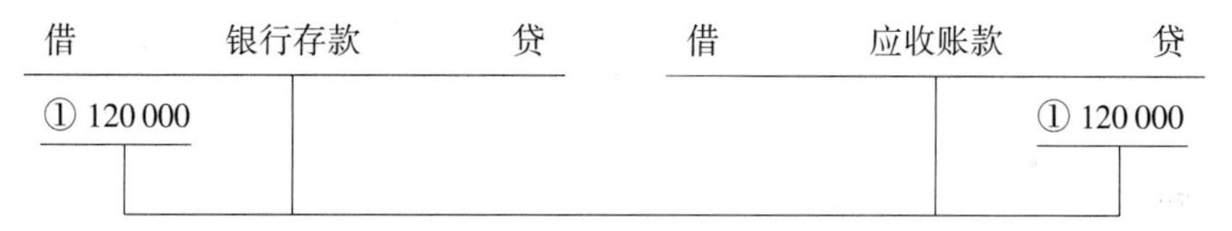

图 3-8 典型经济业务(1)

【例 3-2】 企业将短期借款 10 万元转为长期借款。

这项经济业务,使企业负债要素中的短期借款减少,应记入"短期借款"账户的借方;同时,使负债要素中的长期借款增加,应记入"长期借款"账户的贷方,如图 3-9 所示。

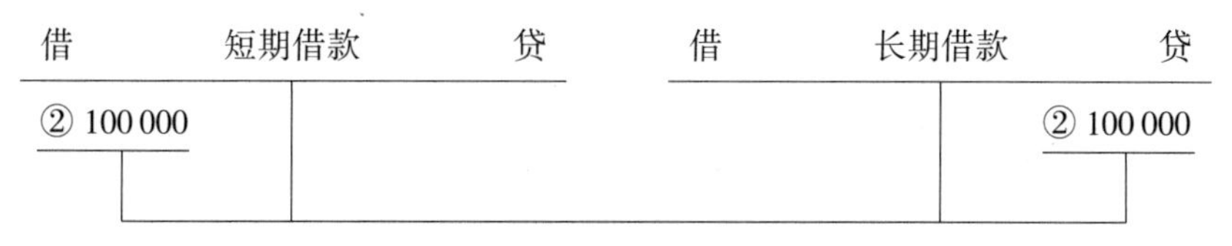

图 3-9 典型经济业务(2)

【例 3-3】 企业经批准将资本公积 10 万元转增资本。

这项经济业务,使企业所有者权益要素中的资本公积减少,应记入"资本公积"账户的借方;同时,使所有者权益要素中的实收资本增加,应记入"实收资本"账户的贷方,如图 3-10 所示。

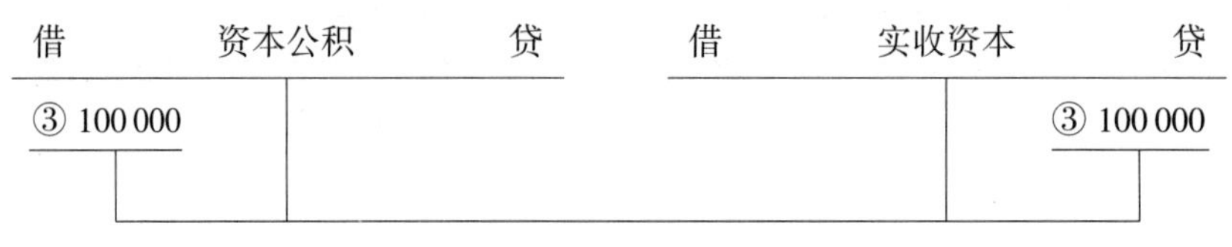

图 3-10　典型经济业务(3)

【例 3-4】　企业宣告发放投资者现金股利 15 万元。

这项经济业务,使企业负债要素中的应付股利增加,应记入“应付股利”账户的贷方;同时,使利润减少,应记入“利润分配”账户的借方,如图 3-11 所示。

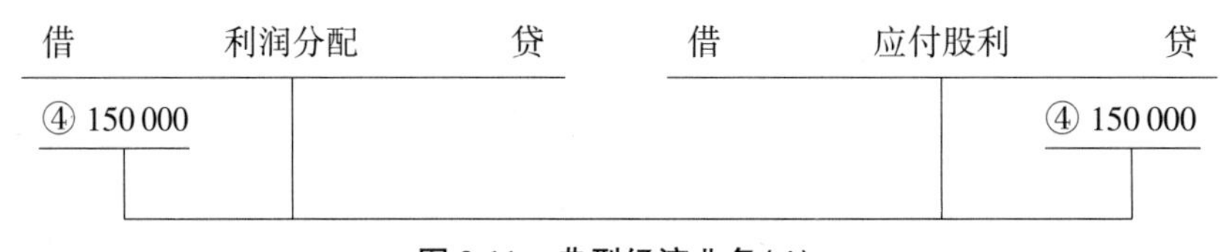

图 3-11　典型经济业务(4)

【例 3-5】　企业将本单位所欠货款 40 万元转为对方对本单位的投资。

这项经济业务,使企业负债要素中的应付账款减少,应记入“应付账款”账户的借方;同时,使所有者权益要素中的资本增加,应记入“实收资本”账户的贷方,如图 3-12 所示。

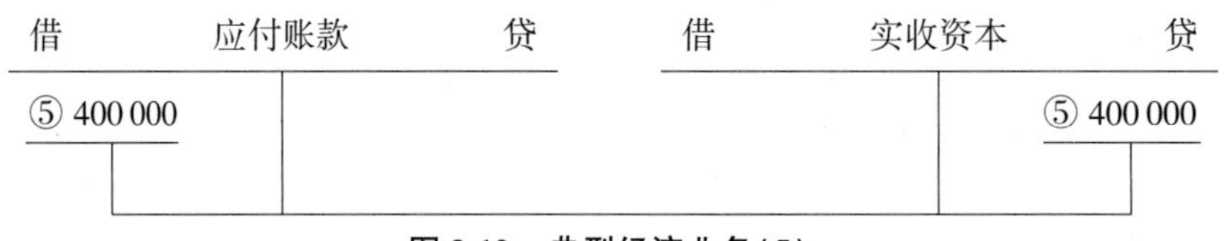

图 3-12　典型经济业务(5)

【例 3-6】　企业购买机器设备一台,价值 23 万元,款项尚未支付。

这项经济业务,使企业资产要素中的固定资产增加,应记入“固定资产”账户的借方;同时,使负债要素中的应付账款增加,应记入“应付账款”账户的贷方,如图 3-13 所示。

图 3-13　典型经济业务(6)

【例 3-7】　企业用银行存款 3 万元偿还所欠甲公司货款。

这项经济业务,使企业资产要素中的银行存款减少,应记入“银行存款”账户的贷方;同时,使负债要素中的应付账款减少,应记入“应付账款”账户的借方,如图 3-14 所示。

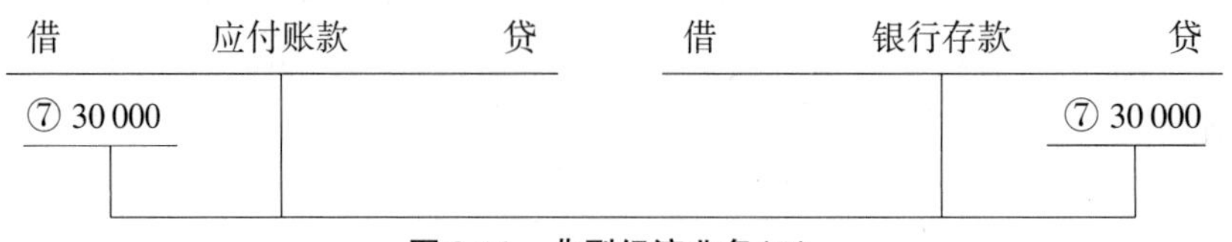

图 3-14　典型经济业务(7)

【例 3-8】 企业收到投资者投入的 100 万元,款项存入银行。

这项经济业务,使企业资产要素中的银行存款增加,应记入“银行存款”账户的借方;同时,使所有者权益要素中的资本增加,应记入“实收资本”账户的贷方,如图 3-15 所示。

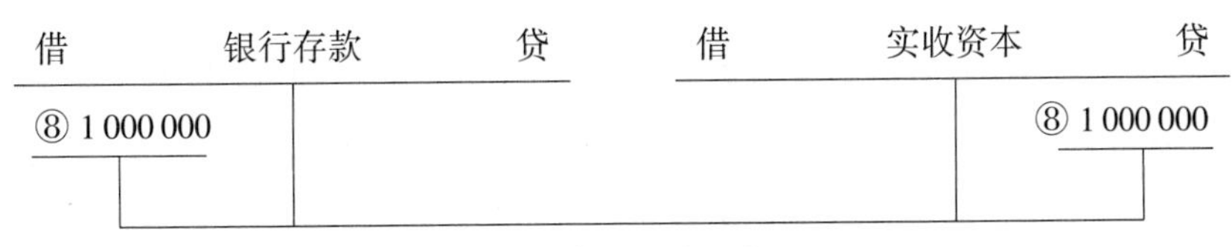

图 3-15 典型经济业务(8)

【例 3-9】 投资者撤回投资 20 万元,企业以银行存款支付。

这项经济业务,使企业资产要素中的银行存款减少,应记入“银行存款”账户的贷方;同时,使所有者权益要素中的实收资本减少,应记入“实收资本”账户的借方,如图 3-16 所示。

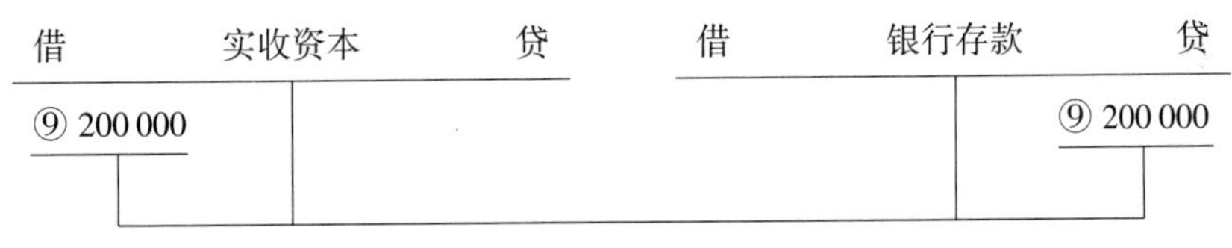

图 3-16 典型经济业务(9)

从以上经济业务可以看出,每笔业务都至少涉及两个账户,一个账户记在借方,而另一个账户记在贷方,同时借方金额与贷方金额相等。这正好符合“有借必有贷,借贷必相等”的记账规则,掌握记账规则是学习借贷记账法的基础。

4. 账户的对应关系和会计分录

(1) 账户的对应关系及对应账户。在运用借贷记账法记录经济业务时,在有关账户之间形成了应借、应贷的相互关系。账户之间的这种相互关系通常被称为账户的对应关系,而存在对应关系的账户则被称为对应账户。

通过账户的对应关系,可以了解经济业务的内容。例如,从银行提取现金 10 000 元。对于这项经济业务,应记入“库存现金”账户借方 10 000 元和“银行存款”账户贷方 10 000 元。于是“库存现金”和“银行存款”这两个账户之间就形成了对应关系,这两个账户就叫作对应账户。通过这两个账户的对应关系,可以了解:库存现金的增加,是因为银行存款减少;银行存款的减少,是因为库存现金增加。两者对照,就证明了是从银行提取了现金。

通过账户的对应关系,还可以检查对经济业务的账务处理是否合理、合法。例如,记入“应付账款”账户借方 100 000 元和“库存现金”账户贷方 100 000 元。这两个账户的对应关系表明:这项经济业务是以库存现金偿付应付账款。对这项经济业务所作的账务处理并无错误,但这项经济业务本身违反了现金管理制度的规定,因为偿付大额的货款,必须通过银行转账结算,不得直接以现金支付。

【问题与思考】

账户的对应关系是否意味着几个账户之间存在固定的对应关系?

(2) 会计分录。为了清晰地反映账户之间的对应关系,每笔经济业务登记入账时都要编制会计分录。

会计分录是指对某项交易或事项表明其应借、应贷账户名称及其金额的记录,简称分录。会计分录能完整、客观地反映交易或事项的内容,便于事后检查交易或事项的发生情况。会计分录由三部分构成:① 会计科目,即交易或事项涉及的账户名称;② 记账符号,即"借"和"贷";③ 应记金额,即经济业务的发生额。

例如,企业购买一台设备,价款 80 000 元,以银行存款支付。这笔业务发生后影响到"固定资产"和"银行存款"两个账户:使固定资产增加 80 000 元,固定资产是资产,增加应记入借方;使银行存款减少 80 000 元,银行存款同样是资产,减少应记入贷方。会计分录为:

借:固定资产　　80 000
　　贷:银行存款　　80 000

编制会计分录是会计工作中的一个难点,对于初学者来说,编制会计分录应该逐步分析,按以下步骤进行:① 一项经济业务发生后,分析这项经济业务涉及的会计要素的内容;② 分析经济业务是引起这些要素增加还是减少;③ 明确应记入账户的方向,是借方还是贷方;④ 确定应记入每个账户的金额。

【相关链接】

编制会计分录时,应注意会计分录书写的格式规范。① 先写借,后写贷,贷方记录写在借方记录的下面一行,贷字应对齐借方一级账户的第一个字;② 每行先写借或贷,再写账户名称,最后写金额,借贷金额应错开位置;③ 应借应贷的账户涉及明细账户的,在总分类账户后画一横线,写上明细账户;④ 金额用阿拉伯数字表示,金额后不写计量单位。

【例 3-10】 企业收到财政部门投入的资金 20 000 元,存入企业银行存款户。

借:银行存款　　20 000
　　贷:实收资本　　20 000

【例 3-11】 企业以银行存款偿还应付采购原材料的货款 1 200 元,归还其他应付款项 300 元。

借:应付账款　　1 200

　其他应付款　　300

　　贷:银行存款　　1 500

【例 3-12】 企业将现金 3 000 元存入企业银行存款户。

借:银行存款　　3 000

　　贷:库存现金　　3 000

【例 3-13】 企业开出商业汇票 6 000 元,抵付欠外单位的应付账款。

借:应付账款　　6 000

　　贷:应付票据　　6 000

【问题与思考】

编制下列经济业务的会计分录:

(1) 用银行存款 8 000 元偿付应付账款。

(2) 将资本公积 100 000 元转增资本。

(3) 借入短期借款 200 000 元,存入银行。

按照交易或事项所涉及账户的多少,会计分录可以分成简单会计分录和复合会计分录。简单会计分录是指只涉及两个账户的会计分录,又称一借一贷的会计分录。复合会计分录是指涉及两个以上(不包括两个)账户的会计分录,有一借多贷、一贷多借及多借多贷三种形式。

以上【例 3-10】【例 3-12】【例 3-13】为简单会计分录,【例 3-11】为复合会计分录,而且为一贷多借的复合会计分录。复合会计分录实际上是由几个简单会计分录复合而成的,一般来讲,复合会计分录可以分解为若干简单会计分录。【例 3-11】就是由两个简单会计分录组成的复合会计分录,即:

(1) 借:应付账款　　1 200

　　　贷:银行存款　　1 200

(2) 借:其他应付款　　300

　　　贷:银行存款　　300

编制复合会计分录,可以集中反映某项交易或事项的全貌,简化记账手续。复合会计分录一般只能采用一借多贷或一贷多借的形式,原则上不能采用多借多贷的形式。只有在能够清晰地反映交易或事项的内容时才能编制多借多贷的会计分录,否则应将其分解成简单会计分录。

【问题与思考】

为什么复合会计分录原则上不能采用多借多贷的账户对应关系？

5. 试算平衡

试算平衡(Trial Balance)是指为保证会计账务处理的正确性,依据会计等式和复式记账原理,对本期各账户的全部记录进行汇总和测算,以检查账户记录的正确性和完整性的一种方法。

【双语链接】

Trial Balance：A summary listing of the titles and balances of the accounts in the ledger.

(1) 试算平衡的种类。采用借贷记账法记录经济业务,要求对每一项发生的经济业务都按照借贷记账法"有借必有贷,借贷必相等"的记账规则,分别记入有关账户。这样,当一定会计期间内(月、季、年)的全部经济业务的会计分录都记入有关账户后,所有账户的借方发生额合计数必然等于所有账户的贷方发生额合计数,称为发生额平衡;期末结账后,所有账户的借方期末余额合计数与所有账户的贷方期末余额合计数也必然相等,称为余额平衡。无论是发生额平衡还是余额平衡,都是依据"资产 = 权益"这个会计恒等式及借贷记账法的记账规则推导出来的。试算平衡的方法如表 3-6 所示。

表 3-6　试算平衡的方法

方法	依据的原理	公式
发生额平衡法	记账规则："有借必有贷,借贷必相等"	所有账户本期借方发生额合计数 = 所有账户本期贷方发生额合计数
余额平衡法	会计恒等式："资产 = 权益"	(1) 所有账户期末借方余额合计数 = 所有账户期末贷方余额合计数 (2) 所有账户期初借方余额合计数 = 所有账户期初贷方余额合计数

在实际工作中,企业可通过编制试算平衡表的方式进行总分类账户本期发生额和余额的试算平衡。

现以前述(第二章)M 企业 2019 年 11 月初的资料和当月发生的 9 笔经济业务为例,编制总分类账户本期发生额和余额的试算平衡表,如表 3-7 所示。

表 3-7　总分类账户本期发生额和余额的试算平衡表

2019 年 11 月　　单位:元

账户名称	期初余额		本期发生额		期末余额	
	借方	贷方	借方	贷方	借方	贷方
库存现金	3 000				3 000	
银行存款	2 400 000		1 120 000	230 000	3 290 000	
应收账款	760 000			120 000	640 000	
预付账款	150 000				150 000	
原材料	64 000				64 000	
固定资产	970 000		230 000		1 200 000	
短期借款		100 000	100 000			0
应付账款		400 000	430 000	230 000		200 000
应付股利		350 000		150 000		500 000
长期借款		1 200 000		100 000		1 300 000
实收资本		1 800 000	200 000	1 500 000		3 100 000
资本公积		117 000	100 000			17 000
未分配利润		380 000	150 000			230 000
合计	4 347 000	4 347 000	2 330 000	2 330 000	5 347 000	5 347 000

【特别提醒】

试算平衡表中期初余额根据第二章表 2-2 中的资料填写,本期发生额根据 M 企业 2014 年 11 月发生的 9 笔经济业务计算分析填写,期末余额根据各账户期末余额的计算公式计算填写。

(2) 试算平衡的局限性。需要指出的是,如果发生额或余额不平衡,则说明账户记录或计算一定有错误,但平衡了也不能完全肯定账户记录或计算没有错误。不能通过试算平衡查出的记账错误主要包括:① 重记经济业务;② 漏记经济业务;③ 某项经济业务记错账户,把应借应贷的账户互相颠倒;④ 某项经济业务记入有关账户的借贷金额同时多记或少记。

以上错误需要采用其他会计检查方法进行检查。

【相关链接】

当以上试算平衡表中的借方栏与贷方栏的合计数不等时，可以采用一些数学上的方法来查找错账的来源。错账查找方法主要有差数法、除二法和除九法。三种方法如下表所示：

查找方法	含义	适用范围
差数法	首先确定错账的差数（即借方和贷方合计金额的差额），再根据差额查找错误的方法	在记账过程中只登记了借方或贷方而漏记了另一方
除二法	首先算出借方和贷方的差额，再将差数除以2得出商数，查找账户记录中有无与商数相同的金额的方法	借方金额错记入贷方（或相反）
除九法	首先算出借方和贷方的差额，再将差数除以9来查找错误的方法。如果能除尽，则可能有两种情况，即数字位移或数字颠倒	数字顺序错位，把应记的数字位数前移或后移，如将400写为40；或者相邻数字颠倒，如将89写成98

【问题与思考】

举例说明三种错账查找方法的应用。

第三节　总分类账户与明细分类账户的平行登记

一、总分类账户与明细分类账户的设置

总分类账户（General Ledger）简称总账账户，是根据一级会计科目设置的，对企业经济活动的具体内容进行总括核算的账户。它只能采用货币量度作为统一的计量单位。

明细分类账户（Subsidiary Ledger）简称明细账户，是根据明细分类科目设置的，对企业经济活动的具体内容进行明细核算的账户。其计量单位不仅可以采用货币量度，有时还可以采用实物量度等。

【双语链接】

General Ledger: The primary ledger, when used in conjunction with subsidiary ledgers, that contains all of the balance sheet and income statement accounts.

Subsidiary Ledger: A ledger containing individual accounts with a common characteristic.

总分类账户是明细分类账户的统驭、控制账户，对其所属明细分类账户起着统驭、控制作用。明细分类账户是总分类账户的从属账户、被控制账户，对其所隶属的总分类账户起着补充和说明的作用。

【特别提醒】

某一总分类账户与其所属明细分类账户所反映的对象和性质是相同的，登记的原始依据也是相同的，只是提供的核算资料详细程度不同而已。

二、总分类账户与明细分类账户的平行登记

总分类账户和明细分类账户的平行登记，是指对于发生的每一项经济业务，依据同一原始凭证按照不同的记账方式，分别在总分类账户及其所属明细分类账户中进行登记的方法。总分类账户和明细分类账户平行登记的方法可以归纳为同期间登记、同方向登记、同金额登记、同原始依据登记。

（一）同期间登记

每一项经济业务，应该在同一会计期间记入有关的总分类账户及其所属明细分类账户。

【问题与思考】

同期间能否看成是同一时间？为什么？

（二）同方向登记

在总分类账户及其所属明细分类账户进行登记时，其记账方向必须相同。也就是说，总分类账户记在借方，其所属明细分类账户也要记在借方；总分类账户记在贷方，其所属明细分类账户也要记在贷方。

（三）同金额登记

每一项经济业务，记入总分类账户的金额必须与记入其所属各个明细分类账户的金额之和相等。

（四）同原始依据登记

每一项经济业务，记入总分类账户所依据的原始凭证必须与记入其所属各个明细分类账户所依据的原始凭证是一致的。

下面以原材料和应付账款为例来说明总分类账户与明细分类账户的平行登记。

【例 3-14】 L 公司 2019 年 10 月“原材料”账户和“应付账款”账户的期初余额见表 3-8。

表 3-8　期初资料表

总账账户	明细账户	数量(公斤)	单价(元)	期初余额(元)
原材料	甲材料	3 000	5	15 000(借方)
	乙材料	2 000	15	30 000(借方)
	合计	5 000		45 000(借方)
应付账款	S 公司			35 000(贷方)
	M 公司			20 000(贷方)
	合计			55 000(贷方)

10 月份该公司发生下列经济业务(增值税税率 13%)：

(1) 10 月 2 日，向 S 公司购入甲材料 1 000 公斤，单价 5 元，材料已验收入库，货款尚未支付。

(2) 10 月 8 日，开出支票归还前欠 M 公司 20 000 元货款。

(3) 10 月 17 日，向 M 公司购入乙材料 400 公斤，单价 15 元，材料已验收入库，货款尚未支付。

(4) 10 月 22 日，生产 A 产品领用甲材料 800 公斤，单位成本 5 元；领用乙材料 200 公斤，单位成本 15 元。

要求：根据上述资料，采用平行登记的方法分别登记“原材料”和“应付账款”总分类账户及其所属明细分类账户。

具体做法如下：

第一，登记“原材料”和“应付账款”总分类账户及其所属明细分类账户 10 月份的期初余额，见表 3-9、表 3-10、表 3-11、表 3-12、表 3-13、表 3-14。

第二，根据 10 月份发生的经济业务编制会计分录：

(1) 借：原材料——甲材料　5 000
　　应交税费——应交增值税(进项税额)　650
　　贷：应付账款——S 公司　5 650

(2) 借：应付账款——M 公司　20 000
　　贷：银行存款　20 000

(3) 借：原材料——乙材料　6 000
　　应交税费——应交增值税(进项税额)　780
　　贷：应付账款——M 公司　6 780

(4) 借：生产成本——A 产品　7 000
　　贷：原材料——甲材料　4 000
　　　　——乙材料　3 000

第三，根据上述分录，平行登记“原材料”和“应付账款”总分类账户及其所属明细分类账户,并分别计算各账户的本期发生额和期末余额。登记结果如表 3-9、表 3-10、表 3-11、表 3-12、表 3-13、表 3-14 所示。

表 3-9 原材料总分类账

会计科目:原材料　　第　页

2019 年		凭证字号	摘要	借方	贷方	借或贷	余额
月	日						
10	1	略	期初余额			借	45 000
	2		购入甲材料	5 000		借	50 000
	17		购入乙材料	6 000		借	56 000
	22		生产领料		7 000	借	49 000
	31		本月合计	11 000	7 000	借	49 000

表 3-10 原材料明细分类账

材料名称:甲材料　　计量单位:公斤　　第　页

2019 年		凭证字号	摘要	收入			发出			结余		
月	日			数量	单价	金额	数量	单价	金额	数量	单价	金额
10	1	略	期初余额							3 000	5	15 000
	2		购入	1 000	5	5 000				4 000	5	20 000
	22		生产领用				800	5	4 000	3 200	5	16 000
	31		本月合计	1 000	5	5 000	800	5	4 000	3 200	5	16 000

表 3-11 原材料明细分类账

材料名称:乙材料　　计量单位:公斤　　第　页

2019 年		凭证字号	摘要	收入			发出			结余		
月	日			数量	单价	金额	数量	单价	金额	数量	单价	金额
10	1	略	期初余额							2 000	15	30 000
	17		购入	400	15	6 000				2 400	15	36 000
	22		生产领用				200	15	3 000	2 200	15	33 000
	31		本月合计	400	15	6 000	200	15	3 000	2 200	15	33 000

表 3-12 应付账款总分类账

会计科目:应付账款　　第　页

2019 年		凭证字号	摘要	借方	贷方	借或贷	余额
月	日						
10	1	略	期初余额			贷	55 000
	2		购入甲材料		5 650	贷	60 650
	8		归还欠款	20 000		贷	40 650
	17		购入乙材料		6 780	贷	47 430
	31		本月合计	20 000	12 430	贷	47 430

表 3-13 应付账款明细分类账

二级或明细科目:S 公司　　　　第　页

2019 年		凭证字号	摘要	借方	贷方	借或贷	余额
月	日						
10	1	略	期初余额			贷	35 000
	2		购入甲材料		5 650	贷	40 650
	31		本月合计	0	5 650	贷	40 650

表 3-14 应付账款明细分类账

二级或明细科目:M 公司　　　　第　页

2019 年		凭证字号	摘要	借方	贷方	借或贷	余额
月	日						
10	1	略	期初余额			贷	20 000
	8		归还欠款	20 000		平	0
	17		购入乙材料		6 780	贷	6 780
	31		本月合计	20 000	6 780	贷	6 780

三、总分类账户与明细分类账户的核对

在根据平行登记的方法登记总分类账户及其所属明细分类账户之后，为了检查账户记录是否正确，应当对总分类账户与其所属明细分类账户的结果进行相互核对。主要是通过编制总分类账户本期发生额和余额表，核对总分类账户与其所属明细分类账户的发生额及余额是否相等，以便及时发现和更正错误，保证账簿记录的正确性。

下面以前例“原材料”和“应付账款”总分类账户及其所属明细分类账户平行登记的结果，说明总分类账户与其所属明细分类账户相互核对的方法，如表 3-15、表 3-16 所示。

表 3-15 原材料明细账户本期发生额及余额对照表

明细账户	计量单位	单价	期初余额		本期发生额				期末余额	
					收入		发出			
			数量	金额	数量	金额	数量	金额	数量	金额
甲材料	公斤	5	3 000	15 000	1 000	5 000	800	4 000	3 200	16 000
乙材料	公斤	15	2 000	30 000	400	6 000	200	3 000	2 200	33 000
合计				45 000		11 000		7 000		49 000

表 3-16 应付账款明细账户本期发生额及余额对照表

明细账户	期初余额		本期发生额		期末余额	
	借方	贷方	借方	贷方	借方	贷方
S 公司		35 000	0	5 650		40 650
M 公司		20 000	20 000	6 780		6 780
合计		55 000	20 000	12 430		47 430

将上述两表中的期初余额、本期发生额、期末余额合计数,分别与“原材料”和“应付账款”总账的相应栏目进行核对。如果相符,则说明记账基本正确;如果不相符,则说明记账出现差错,应及时查找并更正错误。

第二单元

会计的基本业务

第四章　账户与复式记账法的应用

【本章导航】

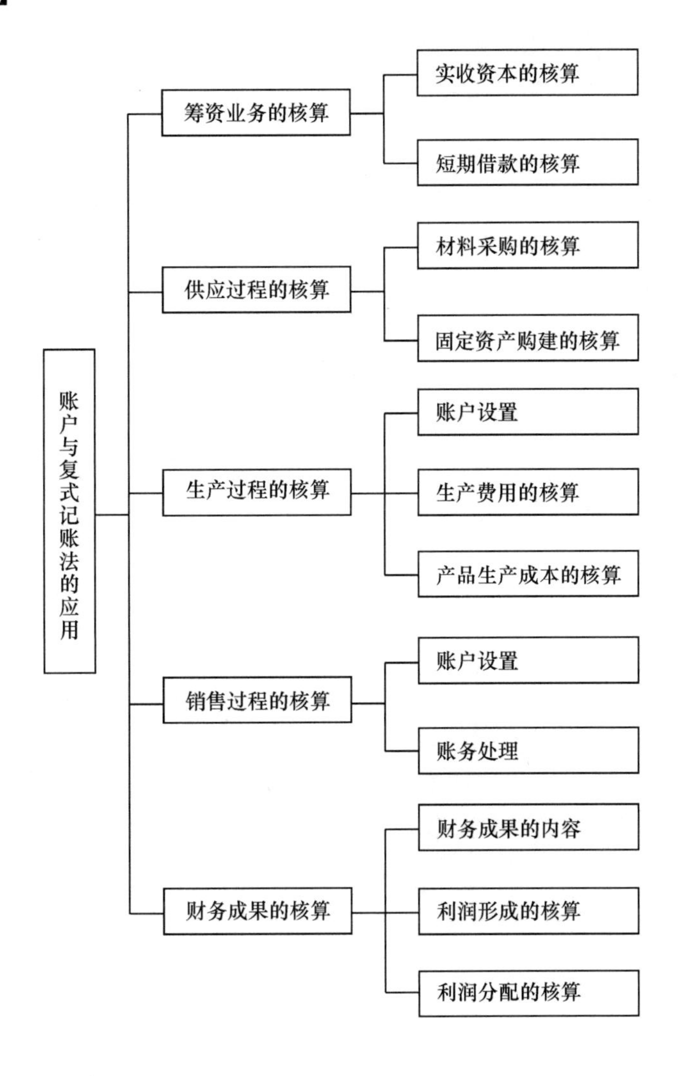

【知识目标】

1. 了解制造业企业主要的经营过程。
2. 掌握制造业企业主要经济业务的会计核算。
3. 掌握所有账户的性质、用途和结构。

【能力目标】

1. 能够说出制造业企业所涉及的主要经济业务。
2. 能够编制制造业企业主要经济业务的会计分录。

【导入案例】

王先生和李先生共同组建了一个家具制造公司，总投资50万元，王先生出资30万元，李先生出资20万元。王先生任董事长，李先生任总经理并负责公司的日常业务。由于两人不懂财务知识，聘请了一位资深的老会计张先生。公司成立后不久，李先生到财务室查看工作，张会计拿给李先生一张记账凭证，凭证后面还粘着两张单据。凭证内容如下：

借：银行存款　　　　500 000
　贷：实收资本——王先生　　　　300 000
　　　　　　——李先生　　　　200 000

李先生不明白，张会计解释说："公司注册成立，你们两个人共投入50万元资金，存入公司的账户，所以公司的银行存款增加了50万元，同时你们两个人投入的资金就是你们两个人在公司的权益，权益分别增加了30万元和20万元。至于是记在借方还是记在贷方，这是会计记账的方法规定的，是复式记账法的应用。为了证明这笔业务的发生，也为了让别人看清楚，将你们两个人的钱款存入银行后收到的两张银行进账单和你们投资时签订的协议也附在后面了。"李先生听得明白，心里叹服。

第一节 筹资业务的核算

筹集资金是企业进行生产经营活动的前提条件,是资金运动全过程的起点。企业进行生产经营活动,必须拥有一定数量的经营资金,从而才能购建厂房、设备,购买材料物资,支付职工薪酬,偿还到期债务等。没有资金,企业就不能运转。企业筹集资金有两个基本渠道:一是投资者投入的资本,即所有者投资,也称为实收资本;二是向债权人借入的资金。前者构成企业所有者权益的基本组成部分,后者形成企业的负债。

一、实收资本的核算

根据我国有关法律的规定,投资者设立企业首先必须投入资本。投资者按照企业章程或合同、协议的约定投入企业的资本即为企业的实收资本(Paid-in Capital)。实收资本按照投资主体的不同,分为国家资本金、法人资本金、外商资本金和个人资本金;按照投资形态的不同,分为货币投资、实物投资和无形资产投资等。企业对投资者投入的资本应当保全,除依法转让外,不得以任何方式抽回。

【双语链接】

Paid-in Capital: The total capital investment in a corporation by its owners both at and subsequent to the inception of business.

【相关链接】

注册资本

注册资本是企业设立时,在国家工商管理部门登记的投资者缴纳的出资额。我国设立企业采用注册资本制,投资者的出资达到法定注册资本的要求是企业设立的先决条件之一。我国《公司法》规定,有限责任公司注册资本的最低限额为人民币3万元,股份有限公司注册资本的最低限额为人民币500万元。

(一)账户设置

为了核算和监督企业实收资本的增减变动情况,企业应设置“实收资本”账户。“实收资本”账户属于所有者权益类账户,贷方登记实收资本的增加数额;借方登记实收资本的减少数额;期末余额在贷方,表示企业期末实收资本的实有数额。该账户应按投资者(国家资本金、法人资本金、外商资本金和个人资本金)设置明细账户,进行明细分类核算。

【特别提醒】

股份有限公司应将“实收资本”账户改为“股本”账户，公司收到投资者投入的资本称为“股本”。企业收到投资者的出资超过其在注册资本或股本中所占份额的部分，作为资本溢价或股本溢价，在“资本公积”账户核算。

（二）账务处理

【例4-1】 2019年12月5日，企业收到A公司作为资本投入的货币资金1 000 000元，款项已存入银行。

借：银行存款　　1 000 000

　贷：实收资本　　1 000 000

【例4-2】 2019年12月8日，企业收到B公司投入的全新设备一套，评估确认价值460 000元。不考虑纳税因素。

借：固定资产　　460 000

　贷：实收资本　　460 000

【特别提醒】

企业收到各方投资者投入的资本应按照实际收到的投资额入账。对于收到的货币资金投资，应以实际收到的货币资金额入账；对于收到的实物等其他形式的投资，应以投资各方确认的资产价值入账；对于实际收到的货币资金额或投资各方确认的资产价值超过其在注册资本中所占份额的部分，不应作为实收资本入账，而应作为资本公积处理。

【例4-3】 2019年12月12日，企业收到C公司投入的一项专利技术，投资合同约定价值为800 000元。不考虑纳税因素。

借：无形资产——专利权　　800 000

　贷：实收资本　　800 000

【问题与思考】

实收资本与注册资本是什么关系？

二、短期借款的核算

企业为筹集资金向银行或其他金融机构举借的款项，形成企业的短期借款和长期借款。短期借款（Short-term Debt Security）是指偿还期不超过一年的借款，借款的目的主要是满足生产经营对资金的短期需要;长期借款是指偿还期在一年以上的借款,借款的目的主要是满足扩大生产经营规模的资金需要。本书主要介绍短期借款的核算。

【双语链接】

Short-term Debt Security: Largely notes and bonds with maturities of 1 year or less.

!!【特别说明】

本章的双语链接仅仅是名词解释,各国会计具体账户的设置是有差异的,即便名称相同的账户在会计核算上也是有所区别的。

（一）账户设置

为了核算和监督企业短期借款的增减变动情况,企业应设置“短期借款”“财务费用”和“应付利息”账户。具体情况如表 4-1 所示。

表 4-1　短期借款核算的账户设置

账户名称	账户性质	账户用途	账务处理	明细账户
短期借款	负债类	核算企业借入期限在一年以内的各种借款	该账户贷方登记取得的短期借款;借方登记归还的短期借款;期末余额在贷方,表示企业期末尚未偿还的短期借款数额	该账户应按债权人设置明细账户,并按借款种类进行明细核算
财务费用	损益类	核算企业为筹集生产经营所需资金等而发生的费用	该账户借方登记企业为筹集生产经营所需资金而发生的财务费用,如利息支出、手续费等;贷方登记应冲减财务费用的利息收入以及期末转入“本年利润”账户的财务费用的净额;期末结转后该账户无余额	该账户应按费用项目设置明细账户,进行明细核算
应付利息	负债类	核算企业按照合同约定应支付的利息	该账户贷方登记按合同利率计算确定的应付未付利息;借方登记实际支付的利息;期末余额在贷方,表示企业应付未付的利息	该账户应按债权人设置明细账户,进行明细核算

（二）账务处理

短期借款的账务处理,涉及三个方面的问题:第一,取得借款的账务处理;第二,借款利息的账务处理;第三,归还借款的账务处理。

【例 4-4】 2019 年 7 月 1 日,企业向银行借入为期 6 个月的借款 120 000 元,款项已存入银行。

借:银行存款　　　　120 000

　贷:短期借款　　　　120 000

【例 4-5】 假如企业取得的该项借款的年利率为 8%,其核算利息的账务处理如下:

实际工作中,银行一般于每季度末收取短期借款利息,为此,短期借款的利息一般采用月末确认的方式进行核算。

(1) 7 月末确认利息的会计分录为:

借:财务费用　　　　800

　贷:应付利息　　　　800

(2) 8 月末编制同样的会计分录。

(3) 9 月末支付利息时,则编制如下会计分录:

借:财务费用　　　　800

　应付利息　　　　1 600

　贷:银行存款　　　　2 400

10 月、11 月和 12 月利息的账务处理同上。

【例 4-6】 借款到期,企业以银行存款 120 000 元偿还到期的短期借款。

借:短期借款　　　　120 000

　贷:银行存款　　　　120 000

第二节　供应过程的核算

企业从不同途径筹集到各种资金之后,就可以将这些资金投入企业正常的生产经营活动,发挥资金应有的作用,即通过资金在企业内部的循环和周转,为企业带来经济利益,使得资金增值。资金在企业经营过程中的不同阶段,由于其运动的方式和表现的形态不同,因而其核算的内容也就不同,一般将企业的经营过程划分为供应过程、生产过程和销售过程。其中,供应过程是为生产产品作准备的过程,即企业资金周转的第一个阶段,包括材料采购及固定资产购建等。

一、材料采购的核算

企业要进行正常的生产经营活动,就必须拥有一定品种和数量的原材料。原材料是制造业企业生产产品不可缺少的物质要素。在生产过程中,原材料经过加工而改变其原来的实物形态,构成产品实体的一部分。因此,产品制造企业要有计划地采购原材料,既要保证及时、按质、按量地满足生产上的需要,又要避免储备过多,不必要地占用资金。

对于制造业企业材料采购的核算,其中一个非常重要的问题就是材料采购成本的确定。不同的取得方式,材料采购成本的确定方法不同,成本的构成内容也就不同。其中,材料采购成本的构成如表 4-2 所示。

表 4-2 材料采购成本

项目	内容	
材料采购成本	买价	购货发票所注明的货款金额，不含可抵扣的增值税进项税额
	采购费用	采购过程中发生的运输费、装卸费、保险费、仓储费、包装费等，不含可抵扣的增值税进项税额
		材料在运输途中发生的合理损耗
		材料在入库之前发生的整理挑选费用
		按规定应计入成本的各种税金，如消费税、不可抵扣的增值税进项税额、进口材料支付的关税等
		其他费用

【特别提醒】

按照《企业会计准则》的规定，企业的材料可以按照实际成本计价组织收发核算，也可以按照计划成本计价组织收发核算，具体采用哪一种方法，由企业根据具体情况自行确定。本章均假定企业采用实际成本法进行材料的日常核算。

（一）账户设置

为了加强对材料采购业务的管理，反映库存材料的增减变动和结存以及货款的结算等情况，企业应设置“在途物资”“原材料”“应交税费”“应付账款”“应付票据”“预付账款”等账户。具体情况如表 4-3 所示。

表 4-3 材料采购业务核算的账户设置

账户名称	账户性质	账户用途	账务处理	明细账户
在途物资	资产类	核算企业采用实际成本进行日常核算、货款已付但尚未验收入库的在途材料物资的实际成本	该账户借方登记购入材料物资的实际成本；贷方登记验收入库材料物资的实际成本；期末余额在借方，表示企业在途的材料物资的实际成本	该账户应按材料物资的类别、品种、规格等设置明细账户，进行明细分类核算
原材料	资产类	核算企业库存的各种材料物资的增减变动及结存情况	该账户借方登记已验收入库材料物资的实际成本；贷方登记发出材料物资的实际成本；期末余额在借方，表示企业库存的材料物资的实际成本	该账户应按材料物资的类别、品种、规格等设置明细账户，进行明细分类核算
应交税费	负债类	核算企业按照税法规定计算应缴纳的各种税费，如增值税、消费税、所得税等	该账户贷方登记应缴纳的各种税费；借方登记已缴纳的税费；期末余额在贷方，表示企业尚未缴纳的税费	该账户应按税种设置明细账户，进行明细分类核算
应付账款	负债类	核算企业因采购材料、商品和接受劳务供应等而应付给供应单位的款项	该账户贷方登记应付给供应单位的款项及“应付票据”账户到期未支付而转入的款项；借方登记已经实际偿还的款项；期末余额在贷方，表示企业尚未支付的款项	该账户应按供应单位设置明细账户，进行明细分类核算

（续表）

账户名称	账户性质	账户用途	账务处理	明细账户
应付票据	负债类	核算企业因采购材料、商品和接受劳务供应等而开出、承兑的商业汇票，包括商业承兑汇票和银行承兑汇票	该账户贷方登记企业已开出、承兑的商业汇票；借方登记收到银行付款通知后实际支付的款项及到期未支付转入“应付账款”账户的款项；期末余额在贷方，表示企业尚未到期的应付票据款	该账户应按不同的单位设置明细账户，进行明细分类核算，并设置“应付票据备查簿”进行逐笔登记
预付账款	资产类	核算企业按照购销合同预付给供应单位的货款及其结算情况	该账户借方登记按照合同向供应单位预付的货款；贷方登记收到供应单位提供的材料物资而应冲销的预付款（即预付款的减少）；期末余额一般在借方，表示企业尚未抵付或收回的预付货款	该账户应按供应单位设置明细账户，进行明细分类核算

【特别提醒】

对于预付账款业务不多的企业，可以不单独设置“预付账款”账户，而将预付的款项直接记入“应付账款”账户，此时，“应付账款”账户就成为双重性质的账户。

【相关链接】

增值税是以货物和劳务在流转过程中产生的增值额为依据而征收的一种流转税，它是一种价外税。增值税的纳税义务人是在我国境内销售货物，提供加工修理修配劳务，销售服务、无形资产、不动产以及进口货物的单位和个人。我国根据纳税人的生产经营规模和财务健全程度，将增值税的纳税人分为一般纳税人和小规模纳税人。增值税的计税方法包括一般计税法和简易计税法；其中，增值税一般纳税人一般选择一般计税法，特殊情况下也可以选择简易计税法；而小规模纳税人只能选择简易计税法。在一般计税法下，增值税的计算公式为：

当期应纳税额 = 当期销项税额 − 当期进项税额

其中，销项税额是指纳税人销售货物，提供加工修理修配劳务，销售服务、无形资产和不动产时，按照不含税销售额和规定的税率计算并向购买方收取的增值税税额；进项税额是指纳税人购进货物，接受加工修理修配劳务，购进服务、无形资产和不动产时所支付或负担的增值税税额。

在会计核算上，为了反映增值税的计算和缴纳情况，一般纳税人应在“应交税费”账户下设置“应交增值税”“未交增值税”“预交增值税”“待抵扣进项税额”“待认证进项税额”“待转销项税额”“增值税留抵税额”“简易计税”“转让金融商品应交增值税”“代扣代交增值税”等明细科目。在“应交增值税”明细账中，借方应设置“进项税额”“销项税额抵减”“已交税金”“转出未交增值税”“减免税款”“出口抵减内销产品应纳税额”“销项税额”“出口退税”“进项税额转出”“转出多交增值税”等专栏。

(二)账务处理

【例4-7】 2019年12月3日,企业购入甲材料一批,取得增值税专用发票,货款10 000元,税款1 300元;另付运杂费500元,取得增值税普通发票。以上款项均已通过银行存款支付,材料已验收入库。

借:原材料——甲材料　10 500
　　应交税费——应交增值税(进项税额)　1 300
　　贷:银行存款　11 800

【特别提醒】

运杂费的税务处理

运杂费包括运输费、装卸费、保险费、包装费、仓储费等费用。企业提供运输服务,取得的运输收入,按照"交通运输服务",适用9%的税率缴纳增值税;取得的装卸收入和仓储收入,按照"物流辅助服务",适用6%的税率缴纳增值税。

当企业外购货物发生运杂费时,如果取得增值税专用发票,则按照注明的运杂费计入货物成本,注明的增值税税额作为增值税进项税额;如果取得增值税普通发票,则按照注明的价税合计金额计入货物成本,不得抵扣进项税额。

【例4-8】 2019年12月8日,企业向江海公司购入乙材料一批,取得增值税专用发票,货款200 000元,税款26 000元。材料已验收入库,款项尚未支付。

借:原材料——乙材料　200 000
　　应交税费——应交增值税(进项税额)　26 000
　　贷:应付账款——江海公司　226 000

【相关链接】

交通运输服务,是指使用运输工具将货物或旅客送达目的地,使其空间位置得到转移的业务活动。它包括陆路运输服务、水路运输服务、航空运输服务和管道运输服务。

物流辅助服务——仓储服务,是指利用仓库、货场或其他场所代客贮放、保管货物的业务活动。

物流辅助服务——装卸搬运服务,是指使用装卸搬运工具或人力、畜力将货物在运输工具之间、装卸现场之间或者运输工具与装卸现场之间进行装卸和搬运的业务活动。

【例4-9】 接【例4-8】,2019年12月8日,企业同时向江海公司购入丙材料一批,取得增值税专用发票,货款20 000元,税款2 600元。材料尚未到达企业,企业开出期限为6

个月的不带息商业承兑汇票一张。

借：在途物资——丙材料　　20 000
　应交税费——应交增值税（进项税额）　　2 600
　贷：应付票据　　22 600

【例 4-10】 2019 年 12 月 9 日，企业向宏大公司购入丁材料一批，按合同规定预付货款 30 000 元。

借：预付账款——宏大公司　　30 000
　贷：银行存款　　30 000

【例 4-11】 2019 年 12 月 19 日，宏大公司按照合同规定发来丁材料，发票账单开列货款 30 000 元，税款 3 900 元；另代垫运杂费 1 000 元，取得普通发票；共计 34 900 元。冲销原预付货款 30 000 元，其余用银行存款支付。材料已验收入库。

借：原材料——丁材料　　31 000
　应交税费——应交增值税（进项税额）　　3 900
　贷：预付账款——宏大公司　　30 000
　　银行存款　　4 900

【例 4-12】 2019 年 12 月 11 日，企业从江海公司购入乙材料 40 吨，单价 100 元；购入丙材料 60 吨，单价 900 元；取得增值税专用发票，税率 13%。另付运杂费 3 000 元，取得增值税普通发票。材料尚未到达企业，款项已付。假定本例按材料重量比例分配运杂费，则：

费用分配率 = 3 000/(40 + 60) = 30（元/吨）

乙材料应分配的运杂费 = 40 × 30 = 1 200（元）

丙材料应分配的运杂费 = 60 × 30 = 1 800（元）

乙材料、丙材料的实际采购成本计算如表 4-4 所示。

表 4-4　材料采购成本计算单　　单位：元

材料名称	单位	数量	单价	买价	运杂费	总成本	单位成本
乙	吨	40	100	4 000	1 200	5 200	130
丙	吨	60	900	54 000	1 800	55 800	930
合计	—	100	—	58 000	3 000	61 000	—

借：在途物资——乙材料　　5 200
　　——丙材料　　55 800
　应交税费——应交增值税（进项税额）　　7 540
　贷：银行存款　　68 540

【相关链接】

材料采购成本的计算，就是将企业采购材料所支付的买价和采购费用，按照购入材料的品种、类别加以归集，计算其采购总成本和单位成本。计算时，上述采购费用中，凡能分清的，可以直接计入各种材料的实际采购成本；不能分清的，应按材料的重量或买价等比例，分摊计入各种材料的实际采购成本。

【例 4-13】 2019 年 12 月 28 日，乙材料、丙材料到达并验收入库。

分录	借方	贷方
借：原材料——乙材料	5 200	
——丙材料	55 800	
贷：在途物资——乙材料		5 200
——丙材料		55 800

结转入库材料的采购成本时，除应根据会计分录，按照入库各种材料的实际采购成本登记“原材料”账户外，还应登记各种材料的明细账，既登记数量，又登记金额。

二、固定资产购建的核算

固定资产是指同时具有以下特征的有形资产：① 为生产商品、提供劳务、出租或经营管理而持有的；② 使用寿命超过一个会计年度。它包括房屋、建筑物、机器、机械、运输工具、设备、器具等。

固定资产一般应按取得时的实际成本作为入账价值。固定资产取得时的实际成本，是指企业购建固定资产达到预定可使用状态前所发生的一切合理的、必要的支出，包括买价、运输费、保险费、包装费、安装成本及相关税费（包括不得抵扣的增值税、消费税、进口关税等）。

【双语链接】

(IASB) Property, plant and equipment are tangible assets that: (a) are held by an enterprise for use in the production or supply of goods or services, for rental to others, or for administrative purposes; (b) are expected to be used during more than one period.

【相关链接】

固定资产“达到预定可使用状态”的认定条件

固定资产“达到预定可使用状态”，是指固定资产已达到购买方或建造方预定的可使用状态。当存在下列情况之一时，可认为所购建的固定资产已达到预定可使用状态：

（1）固定资产的实体建造（包括安装）工作已全部完成或者实质上已全部完成。

（2）所购建的固定资产已达到设计或合同的要求，或者与设计或合同的要求相符或基本相符，即使有个别地方与设计或合同的要求不相符，也不足以影响其正常使用。

（3）该项建造的固定资产上的支出金额很少或者几乎不再发生。

（一）账户设置

为了核算和监督企业固定资产的增减变动和结存情况，企业应设置“固定资产”“在建工程”等账户。具体情况如表4-5所示。

表4-5　固定资产核算的账户设置

账户名称	账户性质	账户用途	账务处理	明细账户
固定资产	资产类	核算企业固定资产的增减变动和结存情况	该账户借方登记固定资产的增加；贷方登记固定资产的减少；期末余额在借方，表示企业现有固定资产的价值	该账户按照固定资产的具体项目设置明细账户，进行明细分类核算
在建工程	资产类	核算企业进行基建工程、安装工程、技术改造工程、大修理工程等发生的全部支出，并据以计算确定工程成本	该账户借方登记工程支出的增加；贷方登记结转完工工程的成本；期末余额在借方，表示企业尚未完工工程的成本	该账户应按工程内容如建筑工程、安装工程、技术改造工程、大修理工程等设置明细账户，进行明细分类核算

（二）账务处理

企业购买的固定资产，有的在购买之后当即可以投入使用，也就是当即达到预定可使用状态，因而可以立即形成固定资产；有的在购买之后，还需要经过安装过程，安装之后方可使用，而这两种情况在核算上是有区别的。因此，在对固定资产进行核算时，一般将其区分为不需要安装的固定资产和需要安装的固定资产分别进行处理。

1. 购入不需要安装的固定资产

【例4-14】 2019年12月1日，企业购入一台不需要安装的生产用设备，取得增值税专用发票，买价40 000元，增值税税率为13%；另付运杂费1 200元，取得增值税普通发票。款项已经通过银行存款支付。

固定资产的入账价值 = 买价 + 运杂费 = 40 000 + 1 200 = 41 200(元)

借:固定资产　　41 200
　应交税费——应交增值税(进项税额)　　5 200
　贷:银行存款　　46 400

2. 购入需要安装的固定资产

购入需要安装的固定资产,应在购入的固定资产取得成本的基础上加上安装调试成本等,先记入“在建工程”账户,待安装完毕达到预定可使用状态时再转入“固定资产”账户。

【例 4-15】 2019 年 12 月 2 日,企业购入一台需要安装的生产用设备,取得增值税专用发票,买价 32 000 元,增值税税率为 13%;另付运杂费等 1 600 元,取得增值税普通发票。12 月 5 日,该项固定资产安装完毕,达到预定可使用状态,支付安装费 2 000 元,取得增值税普通发票。以上款项均通过银行存款支付。

固定资产的入账价值 = 买价 + 运杂费 + 安装费
= 32 000 + 1 600 + 2 000
= 35 600(元)

(1) 支付价款、运杂费及增值税:

借:在建工程　　33 600
　应交税费——应交增值税(进项税额)　　4 160
　贷:银行存款　　37 760

(2) 支付安装费:

借:在建工程　　2 000
　贷:银行存款　　2 000

(3) 设备安装完毕,达到预定可使用状态:

借:固定资产　　35 600
　贷:在建工程　　35 600

第三节　生产过程的核算

生产过程是指从材料投入生产开始,到产品完工入库为止的全过程。它是制造业企业生产经营活动的中心环节,也是企业资金周转的第二个阶段。在这个过程中,一方面,劳动者借助机器设备对各种原材料进行加工,生产出各种产品;另一方面,要消耗各种材料和动力,支付职工薪酬,发生房屋、设备等固定资产折旧费等费用支出。从实物形态来看,材料通过加工形成在产品,再从在产品加工成为产成品。从价值形态来看,资金形态相应地由货币资金、储备资金等形态转化为生产资金形态,产品完工入库后,又由生产资金形态转化为成品资金形态。

制造业企业在生产过程中发生的、用货币额表现的生产耗费叫作生产费用。这些费用虽然发生在生产过程的不同环节，但最终都要归集和分配到一定种类的产品上去，从而形成各种产品的生产成本。换言之，企业为生产一定种类、一定数量的产品所支出的各项生产费用的总和对象化于产品就形成了这些产品的成本。由此可见，费用与成本既有区别又有密切的联系，如表 4-6 所示。

表 4-6　费用与成本的区别和联系

区别	费用是在一定期间为了进行生产经营活动而发生的各项耗费，费用与发生的期间直接相关，即费用强调"期间"；而成本则是为生产某一产品或提供某一劳务所消耗的费用，成本与负担者直接相关，即成本强调"对象"
联系	费用的发生过程也就是成本的形成过程，因而费用是产品成本形成的基础

一、账户设置

为了全面核算企业产品生产过程中所发生的各项耗费，正确计算产品的生产成本，应设置"生产成本""制造费用""管理费用""累计折旧""应付职工薪酬""库存商品"等账户。具体情况如表 4-7 所示。

表 4-7　生产过程核算的账户设置

账户名称	账户性质	账户用途	账务处理	明细账户
生产成本	成本类	核算企业生产产品所发生的各项生产费用	该账户借方登记企业在产品生产过程中所发生的应计入产品生产成本的各项费用，包括直接计入产品生产成本的直接材料与直接人工，以及期末分配转入产品生产成本的制造费用；贷方登记结转完工入库产品的实际生产成本；期末余额在借方，表示企业尚未完工的在产品成本	该账户按照生产车间和产品品种、类别设置明细账户，进行明细分类核算
制造费用	成本类	核算企业各生产车间为生产产品或提供劳务而发生的各种间接费用，包括车间管理人员的薪酬、机器设备和厂房的折旧费、车间办公费、水电费、机物料消耗、劳动保护费、季节性或修理期间的停工损失等	该账户借方登记当期为生产产品和提供劳务而发生的各项间接费用；贷方登记企业按一定分配方法分配计入产品生产成本的制造费用；期末一般应无余额	该账户按照不同的车间、部门设置明细账户，并按费用项目设置专栏，进行明细分类核算

（续表）

账户名称	账户性质	账户用途	账务处理	明细账户
管理费用	损益类	核算企业为组织和管理生产经营活动所发生的管理费用，包括企业在筹建期间发生的开办费、董事会和行政管理部门在企业经营管理中发生的或者应由企业统一负担的公司经费（包括行政管理部门职工薪酬、物料消耗、低值易耗品摊销、办公费和差旅费等）、工会经费、董事会费（包括董事会成员津贴、会议费和差旅费等）、聘请中介机构费、咨询费（含顾问费）、诉讼费、业务招待费、技术转让费、矿产资源补偿费、研究费用、排污费等	该账户借方登记当期发生的各项管理费用数额；贷方登记转入“本年利润”账户的数额；期末一般应无余额	该账户按照费用项目设置明细账户，进行明细分类核算
累计折旧	资产类	核算企业固定资产的累计折旧额	该账户属于“固定资产”账户的备抵调整账户，其账户结构与“固定资产”账户相反，贷方登记计提的固定资产折旧额；借方登记因减少固定资产而注销的折旧额；期末余额在贷方，表示企业提取的固定资产折旧额的累计数	
应付职工薪酬	负债类	核算企业按规定应支付给职工的各种薪酬的分配、提取和发放情况	该账户贷方登记应付给职工的各种薪酬，包括工资、职工福利、社会保险费、住房公积金、工会经费、职工教育经费等；借方登记实际发放的职工薪酬；期末余额在贷方，表示企业尚未发放的职工薪酬	该账户可按“工资”“职工福利”“社会保险费”“住房公积金”“工会经费”“职工教育经费”等应付职工薪酬项目设置明细账户，进行明细分类核算
库存商品	资产类	核算企业库存的各种商品的实际成本	该账户借方登记企业生产完工并验收入库产成品的实际成本；贷方登记发出各种产品的实际成本；期末余额在借方，表示库存商品的实际成本	该账户应按库存商品的种类、品种和规格设置明细账户，进行明细分类核算

【问题与思考】

根据“生产成本”账户核算的经济内容，该账户能作为一个资产类账户吗？

【相关链接】

固定资产具有单位价值高、使用年限长，并且多次参加生产过程而不改变原来的实物形态的特点，但是其价值会随着它的使用而逐渐发生损耗。固定资产因损耗而减少的价值，被称为固定资产折旧。计提折旧，表明固定资产损耗价值增加，实际价值相应减少。而“固定资产”账户按固定资产的原始价值反映其增减变动和结存情况，为了计算和反映固定资产的账面净值，就需要专门设置一个用来反映固定资产损耗价值的账户，即“累计折旧”账户。

二、生产费用的核算

生产费用包括企业生产过程中消耗的材料费用、人工费用和间接费用。

（一）材料费用的账务处理

【例 4-16】 2019 年 12 月 10 日，仓库发出材料一批，名称、数量、金额和用途如表 4-8 所示。

表 4-8 材料耗用汇总表

2019 年 12 月 10 日

用途	甲材料			乙材料			合计
	数量（千克）	单价（元/千克）	金额（元）	数量（千克）	单价（元/千克）	金额（元）	
生产产品耗用	700	—	7 000	1 490	—	149 000	156 000
其中：——A 产品	400	10	4 000	800	100	80 000	84 000
——B 产品	300	10	3 000	690	100	69 000	72 000
车间一般耗用	100	10	1 000				1 000
管理部门耗用	20	10	200				200
合计	820	—	8 200	1 490	—	149 000	157 200

借：生产成本——A 产品　　84 000
　　　　　　——B 产品　　72 000
　　制造费用　　1 000
　　管理费用　　200

贷:原材料——甲材料 8 200

——乙材料 149 000

（二）人工费用的账务处理

【例 4-17】 2019 年 12 月 22 日,企业从银行提取现金 240 400 元用于发放职工工资。

借:库存现金 240 400

贷:银行存款 240 400

借:应付职工薪酬——工资 240 400

贷:库存现金 240 400

【例 4-18】 2019 年 12 月 31 日,企业结算本月应付职工工资 240 400 元,其中生产 A 产品工人工资 104 000 元,生产 B 产品工人工资 96 000 元,车间管理人员工资 20 000 元,厂部管理人员工资 20 400 元。

借:生产成本——A 产品 104 000

——B 产品 96 000

制造费用 20 000

管理费用 20 400

贷:应付职工薪酬——工资 240 400

（三）其他费用的账务处理

【例 4-19】 2019 年 12 月 14 日,企业以现金支付办公用品费 600 元,其中生产车间办公用品费 200 元,厂部办公用品费 400 元。

借:制造费用 200

管理费用 400

贷:库存现金 600

【例 4-20】 2019 年 12 月 16 日,企业采购员王涛因公出差预借差旅费 800 元。

借:其他应收款——王涛 800

贷:库存现金 800

【例 4-21】 2019 年 12 月 21 日,企业采购员王涛出差归来报销差旅费 760 元,余款以现金收回。

借:库存现金 40

管理费用 760

贷:其他应收款——王涛 800

【例 4-22】 2019 年 12 月 31 日,企业按规定计提本月固定资产折旧 24 540 元,其中生产车间固定资产折旧 16 800 元,厂部固定资产折旧 7 740 元。

借:制造费用 16 800

管理费用 7 740

贷:累计折旧 24 540

【特别提醒】

关于固定资产修理费

固定资产后续支出应遵循以下会计处理原则:(1) 与固定资产有关的更新改造等后续支出,符合固定资产确认条件的,应当计入固定资产成本;同时,应当终止确认被替换部分的账面价值。(2) 不符合固定资产确认条件的,应当计入当期损益。

(四) 制造费用的账务处理

制造费用是指企业各生产车间为生产产品和提供劳务而发生的各项间接费用。一定时期内发生的制造费用,平时通过"制造费用"账户归集,月末应按照生产工人工资、生产工人工时或产品机器工时等标准进行分配,转入"生产成本"账户。

【例 4-23】 2019 年 12 月 31 日,企业将本月发生的制造费用按本月发生的生产工人的工资比率分配计入 A、B 两种产品成本。

本月发生的制造费用 = 1 000 + 20 000 + 2 000 + 200 + 16 800 = 40 000(元)

$$制造费用分配率 = \frac{40\,000}{104\,000 + 96\,000} = 0.2$$

A 产品应分配的制造费用 = 104 000 × 0.2 = 20 800(元)

B 产品应分配的制造费用 = 96 000 × 0.2 = 19 200(元)

实际工作中,某一会计期间发生的制造费用的分配是通过编制"制造费用分配表"来进行的。企业 2019 年 12 月的制造费用分配表如表 4-9 所示。

表 4-9 制造费用分配表

2019 年 12 月 31 日　　单位:元

产品名称	分配标准(工资)	分配率	分配金额
A 产品	104 000	0.2	20 800
B 产品	96 000	0.2	19 200
合计	200 000	—	40 000

借:生产成本——A 产品　　20 800
　　　　　——B 产品　　19 200
　贷:制造费用　　40 000

三、产品生产成本的核算

产品生产成本一般由直接材料、直接人工和制造费用三部分组成。其中,直接材料费用和直接人工费用发生时直接计入"生产成本"账户和有关明细分类账户,平时发生的制造费用计入“制造费用”账户的借方,月末将本月发生的制造费用总额,采用一定的分配标准,转入“生产成本”账户和有关明细分类账户,如前例所示。

当某一会计期间所发生的生产费用全部汇总计入“生产成本”账户和有关明细分类账户后,即可进行产品生产成本的计算。如果月末某种产品全部完工,则该种产品生产成本明细账户所归集的费用即为该种完工产品的总成本,再除以该种产品的产量,即可计算出该种产品的单位成本。如果月末某种产品均未完工,则该种产品生产成本明细账户所归集的费用即为该种产品的在产品成本。如果月末某种产品既有完工产品又有在产品,则需要采用一定的方法将该种产品生产成本明细账户所归集的费用,在完工产品和在产品之间进行分配。根据上述资料登记生产成本明细账如表4-10、表4-11所示,编制完工产品生产成本计算表如表4-12所示。

表4-10 生产成本明细分类账

产品品种:A产品

2019年		凭证号数	摘要	借方				贷方	借或贷	余额
月	日			直接材料	直接人工	制造费用	合计			
12	10	略	领用材料	84 000			84 000		借	84 000
12	31		分配工资		104 000		104 000		借	188 000
12	31		提福利费		10 400		10 400		借	198 400
12	31		分配制造费用			20 800	20 800		借	219 200
12	31		结转完工产品成本					219 200	平	0
12	31		本期发生额和余额	84 000	114 400	20 800	219 200	219 200	平	0

表4-11 生产成本明细分类账

产品品种:B产品

2019年		凭证号数	摘要	借方				贷方	借或贷	余额
月	日			直接材料	直接人工	制造费用	合计			
12	10	略	领用材料	72 000			72 000		借	72 000
12	31		分配工资		96 000		96 000		借	168 000
12	31		提福利费		9 600		9 600		借	177 600
12	31		分配制造费用			19 200	19 200		借	196 800
12	31		本期发生额和余额	72 000	105 600	19 200	196 800		借	196 800

【例 4-24】 2019 年 12 月 31 日，A 产品 2 000 件全部完工，结转完工产品总成本 219 200 元，B 产品均未完工。

借：库存商品——A 产品　　　　219 200

　贷：生产成本——A 产品　　　　219 200

表 4-12　产品生产成本计算表

2019 年 12 月 31 日　　　　数量：2 000 件

成本项目	A 产品	
	总成本	单位成本
直接材料	84 000	42.0
直接人工	114 400	57.2
制造费用	20 800	10.4
产品生产成本	219 200	109.6

第四节　销售过程的核算

产品销售过程是指从生产过程的完工产品验收入库开始，到产品销售给买方收回货币资金为止的过程。它是企业资金周转的第三个阶段，也是企业产品价值的实现过程。在这一过程中，企业要将所生产的产品对外销售，同时办理结算并及时收回货款。资金形态由成品资金形态又转化为货币资金形态，完成了一次资金循环。在这一过程中，企业在取得产品销售收入的同时，还会发生销售成本和销售费用，产品销售后还要按照税法规定依法缴纳税费。

一、账户设置

为了核算和监督企业销售收入的取得、销售费用的发生，正确计算产品销售成本、产品销售税金等，企业应设置"主营业务收入""主营业务成本""税金及附加""销售费用""其他业务收入""其他业务成本""应收账款""应收票据""预收账款"等账户。具体情况如表 4-13 所示。

表 4-13　销售过程核算的账户设置

账户名称	账户性质	账户用途	账务处理	明细账户
主营业务收入	损益类	核算企业销售商品、提供劳务以及让渡资产使用权等主营业务实现的收入	该账户贷方登记实现的主营业务收入；借方登记期末转入"本年利润"账户的数额；期末结转后一般无余额	该账户应按照商品或劳务种类设置明细账户，进行明细分类核算

（续表）

账户名称	账户性质	账户用途	账务处理	明细账户
主营业务成本	损益类	核算企业确认销售商品、提供劳务以及让渡资产使用权等主营业务收入时应结转的成本	该账户借方登记已经实现销售的商品的成本；贷方登记期末转入“本年利润”账户的数额；期末结转后一般无余额	该账户应按照商品或劳务种类设置明细账户，进行明细分类核算
税金及附加	损益类	核算企业经营活动发生的消费税、城市维护建设税、资源税、教育费附加、房产税、印花税、城镇土地使用税、土地增值税等相关税费	该账户借方登记按规定计算确定的与经营活动相关的税费；贷方登记期末转入“本年利润”账户的数额；期末结转后一般无余额	
销售费用	损益类	核算企业销售过程中发生的各种费用，包括保险费、包装费、展览费和广告费、商品维修费、预计产品质量保证损失、运输费、装卸费等，以及为销售本企业商品而专设的销售机构（含销售网点、售后服务网点等）的职工薪酬、业务费、折旧费等经营费用	该账户借方登记企业发生的各项销售费用；贷方登记期末转入“本年利润”账户的数额；期末结转后一般无余额	该账户应按照费用项目设置明细账户，进行明细分类核算
其他业务收入	损益类	核算企业除主营业务以外的其他经营活动实现的收入，包括出租固定资产、出租无形资产、出租包装物、销售材料等实现的收入	该账户贷方登记本期实现的其他业务收入；借方登记期末转入“本年利润”账户的数额；期末结转后一般无余额	该账户应按其他业务收入的种类设置明细账户，进行明细分类核算
其他业务成本	损益类	核算企业除主营业务以外的其他经营活动所发生的支出，包括销售材料的成本、出租固定资产的累计折旧、出租无形资产的累计摊销、出租包装物的成本或摊销额等	该账户借方登记企业结转的有关成本或发生的其他业务支出；贷方登记期末转入“本年利润”账户的数额；期末结转后一般无余额	该账户应按其他业务成本的种类设置明细账户，进行明细分类核算

（续表）

账户名称	账户性质	账户用途	账务处理	明细账户
应收账款	资产类	核算企业因销售商品、产品,提供劳务等而应向购货单位或接受劳务单位收取的款项	该账户借方登记发生的应收款项、代垫费用以及应收票据到期未收到转入的款项等;贷方登记收回的应收账款;期末余额在借方,表示企业尚未收回的应收账款	该账户应按不同的购货单位或接受劳务的单位设置明细账户,进行明细分类核算
应收票据	资产类	核算企业因销售商品、产品,提供劳务等而收到的商业汇票,包括商业承兑汇票和银行承兑汇票	该账户借方登记企业因销售商品、产品,提供劳务等而收到的商业汇票面值及应计利息;贷方登记到期收回、转让、贴现以及到期收不回票款转入应收账款的商业汇票面值及应计利息;期末余额在借方,表示企业持有的商业汇票面值及应计利息	该账户应按不同的购货单位或接受劳务的单位设置明细账户,进行明细分类核算,并设置"应收票据备查簿"进行逐笔登记
预收账款	负债类	核算企业按照合同规定预收购买单位货款的变动及其结余情况	该账户贷方登记预收购买单位的货款;借方登记销售实现时冲减的预收账款;期末余额如果在贷方,则表示企业预收账款的余额;期末余额如果在借方,则表示期末购买单位应补付给本企业的款项	该账户应按购买单位设置明细账户,进行明细分类核算

【特别提醒】

对于预收账款业务不多的企业,可以不单独设置"预收账款"账户,而将预收的款项直接记入"应收账款"账户,此时,"应收账款"账户就成为双重性质的账户。

【相关链接】

收入的确认和计量

按照《企业会计准则第 14 号——收入》,企业确认收入的方式应当反映其向客户转让商品(或提供劳务)的模式,确认收入的金额应当反映企业因转让这些商品(或服务)而预期有权收取的对价金额,并设定了统一的收入确认和计量的五步模型,即:① 识别与客户之间的合同;② 识别合同中的单项履约义务;③ 确定交易价格;④ 将交易价格分配至单项履约义务;⑤ 在企业履行单项履约义务时确认收入。

【双语链接】

(IASB) Revenue from the sale of goods should be recognized when all the following conditions have been satisfied: (a) the enterprise has transferred to the buyer the significant risks and rewards of ownership of the goods; (b) the enterprise retains neither continuing managerial involvement to the degree usually associated with ownership nor effective control over the goods sold; (c) the amount of revenue can be measured reliably; (d) it is probable that the economic benefits associated with the transaction will flow to the enterprise; and (e) the costs incurred or to be incurred in respect of the transaction can be measured reliably.

二、账务处理

【例 4-25】 2019 年 12 月 20 日,企业销售 A 产品 1 000 件,每件 200 元,开出增值税专用发票,货款 200 000 元,增值税销项税额 26 000 元。货物已发出,款项已收到并存入银行。

借:银行存款　　226 000
　　贷:主营业务收入　　200 000
　　　　应交税费——应交增值税(销项税额)　　26 000

【例 4-26】 2019 年 12 月 23 日,企业向海丰公司销售 B 产品 1 000 件,每件 100 元,开出增值税专用发票,货款 100 000 元,增值税销项税额 13 000 元。货物已发出,款项尚未收到。

借:应收账款——海丰公司　　113 000
　　贷:主营业务收入　　100 000
　　　　应交税费——应交增值税(销项税额)　　13 000

【例 4-27】 2019 年 12 月 27 日,企业销售乙材料 800 千克,开出增值税专用发票,售价 100 000 元,增值税销项税额 13 000 元。收到期限为 3 个月、面额为 113 000 元的银行承兑汇票一张。

借:应收票据　　113 000
　　贷:其他业务收入　　100 000
　　　　应交税费——应交增值税(销项税额)　　13 000

【例 4-28】 2019 年 12 月 12 日,企业以银行存款支付广告费 3 290 元,取得普通发票。

借:销售费用　　3 290
　　贷:银行存款　　3 290

【相关链接】

文化创意服务的内容

文化创意服务，包括设计服务、商标和著作权转让服务、知识产权服务、广告服务和会议展览服务。

设计服务，是指把计划、规划、设想通过视觉、文字等形式传递出来的业务活动。它包括工业设计、造型设计、服装设计、环境设计、平面设计、包装设计、动漫设计、网游设计、展示设计、网站设计、机械设计、工程设计、广告设计、创意策划、文印晒图等。

广告服务，是指利用图书、报纸、杂志、广播、电视、电影、幻灯、路牌、招贴、橱窗、霓虹灯、灯箱、互联网等各种形式为客户的商品、经营服务项目、文体节目或者通告、声明等委托事项进行宣传和提供相关服务的业务活动。它包括广告代理和广告的发布、播映、宣传、展示等。

【例4-29】 2019年12月29日，企业收到海丰公司前欠款113 000元，存入银行。

借：银行存款　　113 000

　贷：应收账款——海丰公司　　113 000

【例4-30】 2019年12月31日，企业按本月应缴纳增值税的7%提取城市维护建设税91元，按3%提取教育费附加39元。

借：税金及附加　　130

　贷：应交税费——应交城市维护建设税　　91

　　　　　　——应交教育费附加　　39

【例4-31】 2019年12月31日，企业结转本月已售产品成本。A产品单位成本109.6元，B产品单位成本65.6元。

A产品销售成本 = 1 000 × 109.6 = 109 600（元）

B产品销售成本 = 1 000 × 65.6 = 65 600（元）

借：主营业务成本　　175 200

　贷：库存商品——A产品　　109 600

　　　　　　——B产品　　65 600

【例4-32】 2019年12月31日，企业结转本月已售材料成本80 000元。

借：其他业务成本　　80 000

　贷：原材料　　80 000

第五节 财务成果的核算

一、财务成果的内容

所谓财务成果,是指企业在一定会计期间所实现的最终经营成果,也就是企业所实现的利润或亏损总额。

利润是指企业在一定会计期间的经营成果,包括收入减去费用后的净额、直接计入当期利润的利得和损失等。利润是反映和评价企业经营业绩和获利能力的重要指标,是企业投入产出效率和经济效益的综合表现,也是企业投资者和债权人进行盈利预测、投资决策的重要依据。

企业的利润由营业利润、利润总额和净利润构成。

(一) 营业利润

营业利润的构成内容可以用计算公式表示:

营业利润 = 营业收入 - 营业成本 - 税金及附加 - 销售费用
- 管理费用 - 研发费用 - 财务费用 - 资产减值损失 - 信用减值损失
+ 公允价值变动收益(- 公允价值变动损失) + 投资收益(- 投资损失)
+ 其他收益 + 资产处置收益(- 资产处置损失)

其中,营业收入是指企业经营业务所确认的收入总额,包括主营业务收入和其他业务收入。营业成本是指企业经营业务所发生的实际成本总额,包括主营业务成本和其他业务成本。研发费用是指企业进行研究与开发过程中发生的费用化支出。资产减值损失是指企业计提各项资产减值准备所形成的损失。信用减值损失是指企业按照《企业会计准则第 22 号——金融工具确认和计量》的要求计提各项金融资产减值准备所形成的预期信用损失。公允价值变动收益(或损失)是指企业交易性金融资产等公允价值变动形成的应计入当期损益的利得(或损失)。投资收益(或损失)是指企业以各种方式对外投资所取得的收益(或发生的损失)。其他收益是指企业计入其他收益的政府补助等。

(二) 利润总额

利润总额的构成内容可以用计算公式表示:

利润总额 = 营业利润 + 营业外收入 - 营业外支出

其中,营业外收入是指企业发生的与其日常活动无直接关系的各项利得。营业外支出是指企业发生的与其日常活动无直接关系的各项损失。

（三）净利润

净利润的构成内容可以用计算公式表示：

净利润 = 利润总额 - 所得税费用

其中，所得税费用是指企业确认的应从当期利润总额中扣除的所得税费用。

所得税费用 = 应纳税所得额 × 所得税税率

【中外差异】

各国的利润核算过程存在一定的差异，但最终的结果“净利润”是相同的。

Net income, or net earnings is the famous “bottom line” on an income statement—the remainder after deducting all expenses from revenues.

【特别提醒】

按照税法的规定，企业应将实现的利润总额调整为应纳税所得额，然后以应纳税所得额为基础计算所得税费用。为简化计算，本教材所讲的利润总额无须进行调整，即为应纳税所得额。

二、利润形成的核算

（一）账户设置

为了核算和监督企业利润的形成情况，计算确定企业一定会计期间的经营成果，企业应在前面章节所设账户的基础上增设“营业外收入”“营业外支出”“所得税费用”“本年利润”等账户。具体情况如表4-14所示。

表4-14 利润形成核算的账户设置

账户名称	账户性质	账户用途	账务处理	明细账户
营业外收入	损益类	核算企业发生的与生产经营活动无直接关系的各项收入，如非流动资产处置利得、非货币性资产交换利得、债务重组利得、盘盈利得、捐赠所得、罚没利得等	该账户贷方登记企业取得的各项营业外收入；借方登记期末转入“本年利润”账户的数额；期末结转后应无余额	该账户应按照收入项目设置明细账户，进行明细分类核算

（续表）

账户名称	账户性质	账户用途	账务处理	明细账户
营业外支出	损益类	核算企业发生的与生产经营活动无直接关系的各项支出,如非流动资产处置损失、非货币性资产交换损失、债务重组损失、公益性捐赠支出、非常损失、盘亏损失、罚款支出等	该账户借方登记企业发生的各项营业外支出;贷方登记期末转入“本年利润”账户的数额;期末结转后应无余额	该账户应按照支出项目设置明细账户,进行明细分类核算
所得税费用	损益类	核算企业按照规定从本期损益中减去的所得税	该账户借方登记企业按规定计算的应交所得税;贷方登记期末转入“本年利润”账户的数额;期末结转后应无余额	
本年利润	所有者权益类	核算企业在本年度实现的净利润或发生的净亏损	该账户贷方登记期末从各收入类账户转入的本期实现的收入数和对外投资净收益数;借方登记期末从各费用类账户转入的成本、费用、支出数和对外投资净损失数。在没有结转所得税费用之前,该账户的贷方余额表示利润总额,借方余额表示亏损总额;在结转所得税费用之后,贷方余额则表示企业实现的净利润。年度终了,该账户无论是借方余额还是贷方余额,都应当全部转入“利润分配——未分配利润”账户,结转后应无余额	

(二) 账务处理

【例4-33】 2019年12月6日,企业收到罚款收入3 000元,存入银行。

借:银行存款　　3 000

　　贷:营业外收入　　3 000

【例4-34】 2019年12月18日,企业向老人院捐款2 000元,以银行存款支付。

借:营业外支出　　2 000

　　贷:银行存款　　2 000

【例4-35】 2019年12月31日,企业将本月损益类账户余额转入“本年利润”账户。损益类账户结账前余额如下:

主营业务收入　　300 000(贷)

主营业务成本　　175 200(借)

税金及附加　　130(借)

其他业务收入　　100 000(贷)

其他业务成本		80 000（借）
管理费用		31 540（借）
财务费用		800（借）
销售费用		3 290（借）
营业外收入		3 000（贷）
营业外支出		2 000（借）

（1）借：主营业务收入　　300 000
　　　其他业务收入　　100 000
　　　营业外收入　　3 000
　　　贷：本年利润　　403 000

（2）借：本年利润　　292 960
　　　贷：主营业务成本　　175 200
　　　　　税金及附加　　130
　　　　　其他业务成本　　80 000
　　　　　管理费用　　31 540
　　　　　财务费用　　800
　　　　　销售费用　　3 290
　　　　　营业外支出　　2 000

【特别提醒】

企业期末损益结转的方法一般有表结法和账结法两种。企业平时月末采用表结法，年末改用账结法，结清有关损益类账户。

【例4-36】 2019年12月31日，企业按25%的税率计算结转本月应交所得税。

企业本期的利润总额＝403 000－292 960＝110 040（元）

应交所得税＝应纳税所得额×适用税率＝110 040×25%＝27 510（元）

借：所得税费用　　27 510
　　贷：应交税费——应交所得税　　27 510

借：本年利润　　27 510
　　贷：所得税费用　　27 510

企业本期净利润＝110 040－27 510＝82 530（元）

三、利润分配的核算

利润分配是指企业净利润的分配。企业实现的净利润，要按照国家有关的法律、法规以及企业章程的规定，在企业和投资者之间进行分配。

(一) 利润分配的内容和顺序

企业实现的净利润,应按照国家的规定和投资者的决议进行合理的分配。企业的利润分配包括以下几项内容:

1. 提取法定盈余公积

法定盈余公积应按本年实现的净利润的一定比例提取。我国《公司法》规定,公司制企业按净利润的10%提取,其他企业可以根据需要确定提取比例,但不得低于10%。企业提取的法定盈余公积累计达到注册资本50%以上的,可以不再提取。

2. 提取任意盈余公积

公司制企业可以根据股东大会的决议按本年实现的净利润的一定比例提取任意盈余公积。非公司制企业经类似权力机构批准,也可以提取任意盈余公积。

【特别提醒】

法定盈余公积和任意盈余公积的区别在于其计提的依据不同。前者以国家法律、法规为依据;后者由企业的权力机构自行决定。但两者在计提时,都是以当年实现的净利润为基数的。

3. 向投资者分配利润

向投资者分配利润一般应以可供分配的利润为计算基数。可供分配的利润为当年实现的净利润减去企业已经提取的法定盈余公积和任意盈余公积,再加上年初未分配利润的数额。企业应根据有关协议或董事会的决议分配利润。

经过上述分配后,剩余部分即为企业留待以后分配的利润,即未分配利润。未分配利润是一种暂时未确定用途的利润,是企业留存收益的重要组成部分。

【相关链接】

企业如果发生亏损,则弥补亏损的途径主要有两条:一是用以前年度的盈余公积弥补;二是用以后年度实现的利润弥补。用利润弥补亏损时,在发生亏损后的五年内用所得税前利润弥补,超过五年后用净利润弥补。亏损未弥补完,企业不得提取法定盈余公积。

(二) 账户设置

为了核算和监督企业利润分配的过程及结果,企业应设置"利润分配""盈余公积""应付股利"等账户。具体情况如表4-15所示。

表 4-15　利润分配核算的账户设置

账户名称	账户性质	账户用途	账务处理	明细账户
利润分配	所有者权益类	核算企业利润分配（或亏损弥补）和历年利润分配（或亏损弥补）后的积存余额	该账户借方登记企业本期利润的分配数额及年终结转的亏损总额；贷方登记企业发生亏损的弥补数额及年终结转的利润总额。"利润分配"账户如有贷方余额，则表示年末未分配利润；如有借方余额，则表示年末未弥补亏损	该账户应按利润分配的具体项目设置"提取法定盈余公积""提取任意盈余公积""应付现金股利或利润""盈余公积补亏""未分配利润"等明细账户，进行明细分类核算
盈余公积	所有者权益类	核算企业按照有关规定从净利润中提取的积累资金	该账户贷方登记企业从利润中提取的盈余公积；借方登记盈余公积的使用数额，如弥补亏损、转增资本等；期末余额在贷方，表示企业盈余公积结存数额	该账户应按盈余公积的内容"法定盈余公积""任意盈余公积"设置明细账户，进行明细分类核算
应付股利	负债类	核算企业应支付给投资者的现金股利或利润	该账户贷方登记应支付给投资者的现金股利或利润数；借方登记实际支付给投资者的现金股利或利润数；期末余额在贷方，表示企业应付而尚未支付的现金股利或利润数	该账户应按投资者设置明细账户，进行明细分类核算

【特别提醒】

年末，企业将全年实现的净利润自"本年利润"账户借方转入"利润分配"账户（未分配利润）贷方；如果本年发生亏损，则将亏损总额自"本年利润"账户贷方转入"利润分配"账户（未分配利润）借方。期末分配后，企业应将"利润分配"账户下的其他明细账户的余额转入本账户的"未分配利润"明细账户，年终结转后，除"未分配利润"明细账户有余额外，本账户下的其他明细账户应无余额。

【特别提醒】

"应付股利"账户核算的只是企业分配给投资者的现金股利，企业分配给投资者的股票股利不在本账户核算。

（三）账务处理

【例 4-37】 2019 年 12 月 31 日，企业分别按照本年净利润的 10% 和 5% 提取法定盈余公积和任意盈余公积。假定全年实现净利润 1 200 000 元。其中，1—11 月实现 1 117 470 元，12 月实现 82 530 元。

借:利润分配——提取法定盈余公积　　120 000
　　　　　——提取任意盈余公积　　60 000
　贷:盈余公积——法定盈余公积　　120 000
　　　　　　——任意盈余公积　　60 000

【例 4-38】 2019 年 12 月 31 日,企业向投资者宣告分配现金股利 500 000 元。

借:利润分配——应付现金股利　　500 000
　贷:应付股利　　500 000

【例 4-39】 2019 年 12 月 31 日,企业年终结转全年实现的净利润 1 200 000 元。

借:本年利润　　1 200 000
　贷:利润分配——未分配利润　　1 200 000

【例 4-40】 2019 年 12 月 31 日,企业年终结转全年已分配利润。

借:利润分配——未分配利润　　680 000
　贷:利润分配——提取法定盈余公积　　120 000
　　　　　　——提取任意盈余公积　　60 000
　　　　　　——应付现金股利　　500 000

依据上述账务处理的结果,“利润分配——未分配利润”账户的贷方余额为 520 000 元,其中本年实现净利润 1 200 000 元,提取法定盈余公积 120 000 元,提取任意盈余公积 60 000 元,向投资者支付现金股利 500 000 元。该数额即为企业本年年末未分配利润,如果年初有余额,则需要将年初数加计。

第五章　账户分类

【本章导航】

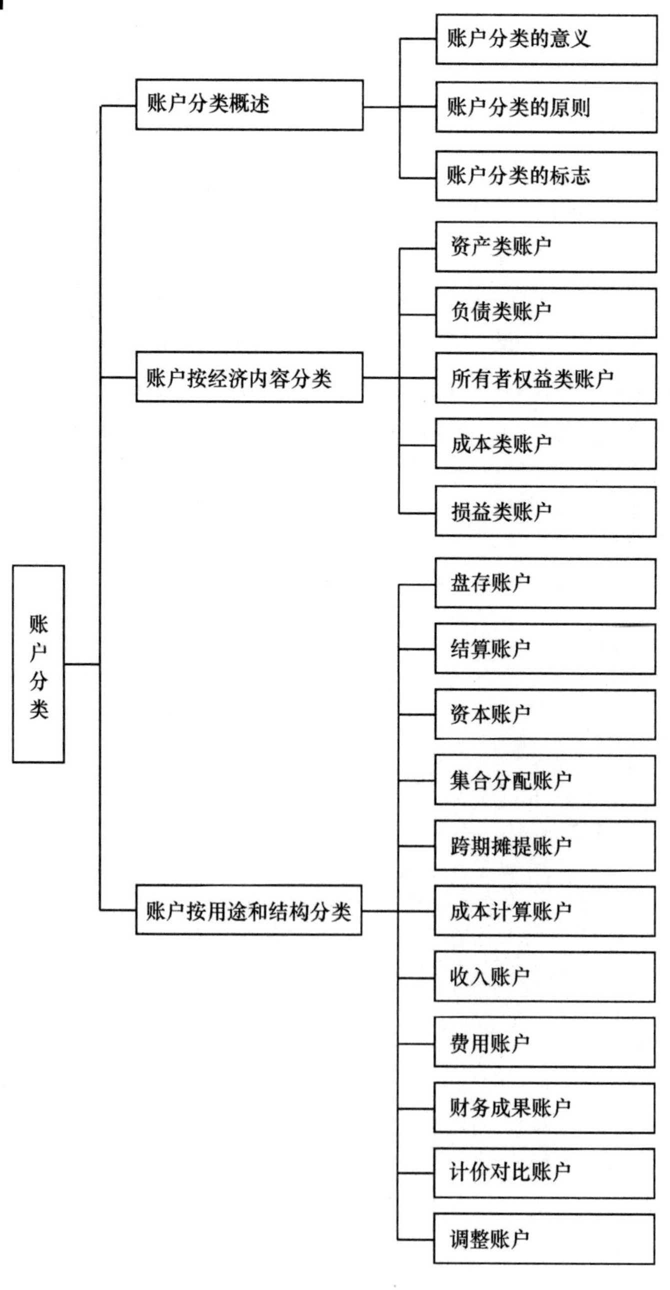

【知识目标】

1. 了解账户按经济内容的分类。
2. 掌握账户按用途和结构的分类。
3. 掌握各类账户在提供核算指标方面的规律性。

【能力目标】

1. 能理解各类账户的区别和联系。
2. 能正确运用账户登记经济业务。

【导入案例】

走进任何一家大型超市,你都会发现其商品的陈列具有一定的规律,如家电区、化妆品区、生活用品区、食品区等,这是对超市的所有商品作的一个基本分类。在此基础上,各类商品区域又会进行一些更细的分类,比如家电区可以分为小型家电区、大型家电区等。

如果现在你要购买一辆汽车,那么你首先要确定车的类型,可供你选择的有微型车、小型车、紧凑型车、中型车、中大型车、豪华车、跑车、MPV(商务车)、SUV(运动型实用汽车)等。这是对汽车作的一个基本分类。在此基础上,你可以选择某一个汽车品牌,进而选择某个品牌下的某一款车。

实际上,在现实生活中,任何复杂的事物都会存在一个分类问题,会计账户也不例外。对账户进行适当分类,可以加深对账户的认识,更好地运用账户对企业的经济业务进行反映。

第一节 账户分类概述

为了满足会计信息使用者使用会计信息的需求，就要根据会计科目在账簿中开设一系列的账户。每一个账户都有其特定的核算内容，只能对特定的经济业务进行核算，且只能从某一侧面反映会计要素的变化过程及其结果，一般不能用其他账户代替。正因为如此，每一个账户才有区别于其他账户的特征。同时，账户与账户之间又有其共性，不同的账户群有不同的共性，构成不同的账户类别。账户分类就是研究账户体系中各账户之间存在的共性，寻求其规律。对账户进行适当分类，可以完善和建立账户体系，明确每一个账户在账户体系中的地位和作用，以便加深对账户的认识，进一步掌握各类账户提供核算指标的规律性，更好地运用账户对企业的经济业务进行反映。

一、账户分类的意义

账户分类，就是按照账户的本质特性，依据一定的原则，将全部账户进行科学的概括和归类。对账户进行分类有以下几个方面的意义：

（1）有利于从理论上加深对账户的全面认识，了解账户体系的设置与运用在会计核算体系中的地位和作用，有助于正确运用设置账户这种会计核算的专门方法，建立起更加完善的会计核算体系。

（2）便于进一步了解账户体系中各类账户的共性和特性，以及各个账户内容之间的联系与区别，从使用账户的技术与方法角度研究账户的不同用途和结构，揭示账户使用中的规律性，不断提高账户使用技能，从而做到正确、熟练地使用账户。

（3）能够使我们正确认识各类会计要素的经济内容，通过对数据按报表信息的要求进行分类，形成报表所需要揭示的财务信息和其他经济信息，为经营管理提供系统的、分门别类的会计资料。

（4）能够揭示全部账户在反映会计内容上存在的既分工又协作的关系，当会计制度确定的会计账户随各个时期经济管理的不同要求而变动时能够尽快适应，并在统一会计制度许可的范围内，根据企业实际情况增设或合并会计账户。

二、账户分类的原则

企业设置的各个账户共同构成一个完整且严密的账户体系，它们之间既有区别又有联系。为了对账户进行更科学、更有意义的分类，在对账户进行分类时，应遵循以下几项原则：

1. 符合性原则

在对账户进行分类时，既要根据会计核算内容的特点，把反映同一性质、相同作用的账户归为同一类别；又要根据经营管理的要求，把反映某一阶段、处理某一方面数据的账户归为同一类别，从而建立起一个符合经济核算需要的、科学完善的账户分类体系。

2. 明晰性原则

账户分类必须清楚地揭示各有关账户的共性及其相互关系，做到主从分明、关系清楚，使所有账户在账户体系中所处的地位一目了然，各有关账户的经济内容、用途和结构也能清楚地展现出来，从而进一步深化对账户体系的认识，更好地运用账户进行会计核算和会计监督，实现会计的最终目的。

3. 有用性原则

账户分类必须能够对某种决策和管理产生比较重要的影响，有利于会计信息的处理、加工和会计报表的编制，使账户分类形成的会计信息经过一定的处理、加工后，直接成为某种决策和管理的相关信息要素，或直接成为表达财务状况、成本水平和经营成果的准确、可靠的数据资料。

4. 完整性和互斥性相结合的原则

账户分类要能够在同一分类标志下，概括出会计核算内容所涉及的一切账户，做到有一个账户就必有其归属的类别；同时，要求各类账户具有明确的界限，不致产生混淆不清的现象。

三、账户分类的标志

账户可以采用不同的标志进行分类，其主要的分类标志有：

（1）以账户的经济内容为分类标志。

（2）以账户的用途和结构为分类标志。

（3）以账户的统驭与被统驭关系为分类标志。

（4）以账户与会计报表的关系为分类标志。

（5）以不同性质的会计主体为分类标志。

本教材仅介绍其中最主要的两种分类标志：按照账户的经济内容分类和按照账户的用途和结构分类。

第二节　账户按经济内容分类

账户按经济内容分类，是账户最基本、最主要的分类标志。账户的经济内容是指账户所反映的会计对象的具体内容，如前所述，企业会计对象的具体内容实质上就是会计要素的内容。所以，按账户的经济内容对账户进行分类，就是按账户所反映的会计对象的具体内容对账户进行分类，也就是按账户所反映的会计要素的具体内容对账户进行分类。因此，账户按经济内容分类，可以分为资产类账户、负债类账户、所有者权益类账户、成本类账户和损益类账户，如图 5-1 所示。此外，《企业会计准则应用指南》中将具有资产和负债共同性质的账户单独归为共同类账户。

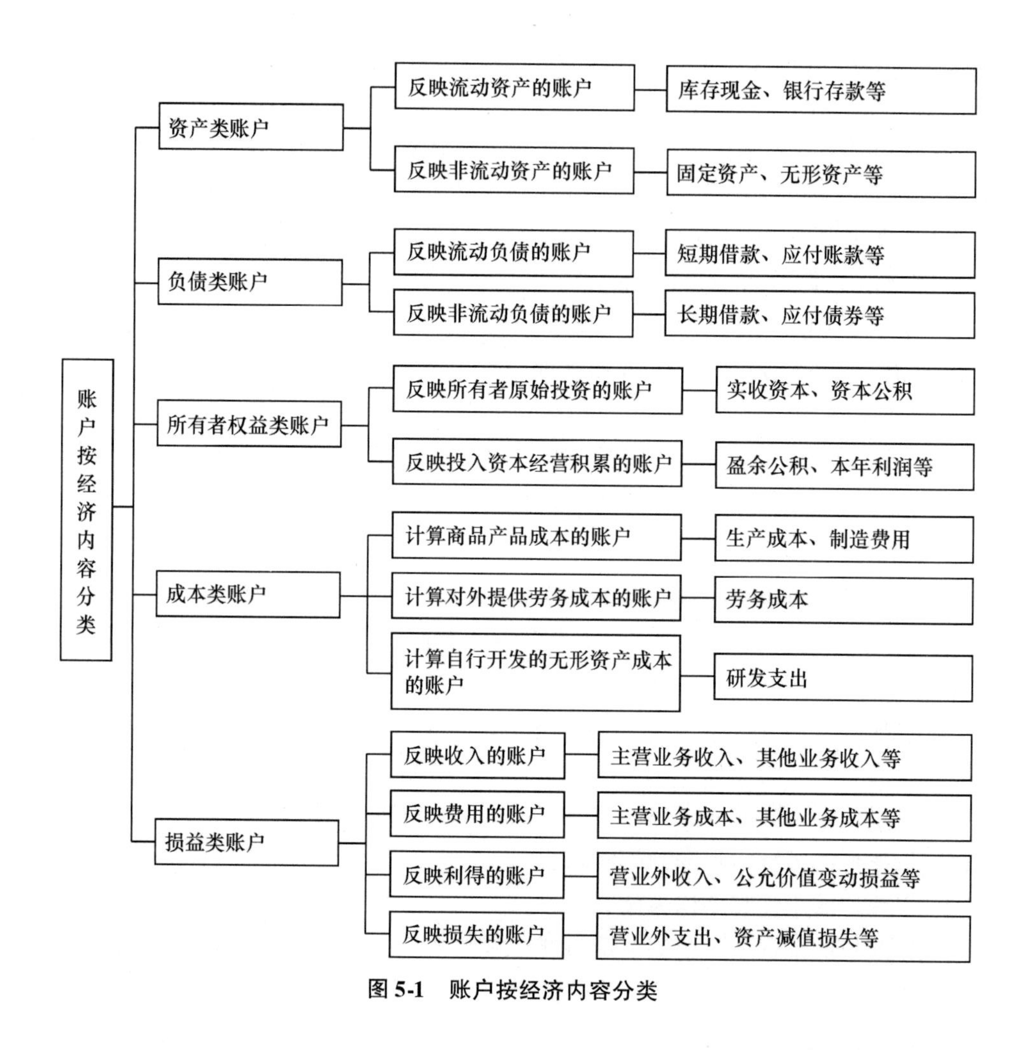

图 5-1　账户按经济内容分类

一、资产类账户

资产类账户是核算企业各种资产增减变动及结余额的账户。资产按流动性不同，可以分为流动资产和非流动资产两类，因而资产类账户也相应地分为反映流动资产的账户和反映非流动资产的账户两类。反映流动资产的账户，如“库存现金”“银行存款”“应收账款”“应收票据”“预付账款”“其他应收款”“应收股利”“应收利息”“材料采购”“在途物资”“原材料”“库存商品”等账户。反映非流动资产的账户，如“其他债权投资”“其他权益工具投资”“债权投资”“长期股权投资”“固定资产”“在建工程”“累计折旧”“无形资产”“累计摊销”等账户。

二、负债类账户

负债类账户是核算企业各种负债增减变动及结余额的账户。负债按照偿还期不同，可以分为流动负债和非流动负债两类，因而负债类账户也相应地分为反映流动负债的账户和反映非流动负债的账户两类。反映流动负债的账户，如“交易性金融负债”“短期借款”“应付票据”“应付账款”“预收账款”“其他应付款”“应付职工薪酬”“应交税费”“应付利润”等账户。反映非流动负债的账户，如“长期借款”“应付债券”“长期应付款”等账户。

三、所有者权益类账户

所有者权益类账户是核算企业所有者权益增减变动及结余额的账户。所有者权益类账户按照所有者权益的来源和构成的不同，可以分为反映所有者原始投资的账户和反映投入资本经营积累的账户。反映所有者原始投资的账户，如“实收资本”和“资本公积”账户。反映投入资本经营积累的账户，如“盈余公积”“本年利润”和“利润分配”账户。

四、成本类账户

成本类账户是核算企业在生产经营活动或其他活动中各种成本计算对象的费用归集、成本计算和结转情况的账户。成本类账户可以进一步划分为：① 计算商品产品成本的账户，如“生产成本”和“制造费用”账户。② 计算对外提供劳务成本的账户，如“劳务成本”账户。③ 计算自行开发的无形资产成本的账户，如“研发支出”账户。

【特别提醒】

成本类账户如果有余额，则表示尚未完工的产品、劳务成本等，也属于资产类账户。

五、损益类账户

损益类账户是核算企业实现的收入、利得，发生的费用、损失，以便配比计算利润，提供关于企业经营成果的会计信息的账户。损益类账户可以进一步划分为：① 反映收入的账户，如“主营业务收入”“其他业务收入”等账户。② 反映费用的账户，如“主营业务成本”“其他业务成本”“税金及附加”“管理费用”“财务费用”“销售费用”“所得税费用”等账户。③ 反映利得的账户，如“营业外收入”“公允价值变动损益”等账户。④ 反映损失的账户，如“营业外支出”“资产减值损失”“公允价值变动损益”等账户。

第三节 账户按用途和结构分类

通过对账户按经济内容进行分类，可以了解完整的账户体系包括哪些内容，以及各类账户所核算的会计对象的具体内容是什么。这对于正确区分账户的经济性质，合理地设置和运用账户，以满足经营管理的需要具有重要意义。但是，仅按经济内容对账户进行分类，还不能了解各种账户的作用，以及它们是如何向会计信息使用者提供信息的。为了理解和掌握账户在提供核算指标方面的规律性以及账户结构上的规律性，以便正确地运用账户，就需要在对账户按经济内容分类的基础上，进一步研究账户按用途和结构分类的问题。

账户的用途是指通过账户记录能够提供什么核算指标，也就是设置和运用账户的目的。账户的结构是指在账户中如何记录经济业务以取得必要的核算指标，包括账户借方和贷方核算的内容、期末余额的方向、余额所表示的内容。

账户按用途分类，可以了解其所提供的信息及所起的作用，解决在什么条件下使用该类账户的问题；账户按结构分类，可以明确账户的借方、贷方所登记的具体内容和余额表示的含义，有利于掌握各类账户的使用方法，解决各类账户具体提供何种信息的问题。

账户按用途和结构分类，可以分为盘存账户、结算账户、资本账户、集合分配账户、跨期摊提账户、成本计算账户、收入账户、费用账户、财务成果账户、计价对比账户、调整账户等，如图5-2所示。

一、盘存账户

盘存账户是用来核算与监督企业各项财产物资和货币资金的增减变动及结存情况的账户。这类账户的结构是：借方登记各项财产物资和货币资金的增加额；贷方登记各项财产物资和货币资金的减少额；期末余额在借方，表示各项财产物资和货币资金的实际结存额。这类账户一般都可以通过盘点的方式进行清查，以核对账实是否相符。盘存账户主要有“库存现金”“银行存款”“固定资产”“原材料”“库存商品”“在建工程”等账户。盘存账户的结构如图5-3所示。

【相关链接】

盘存账户的特点是：可以通过财产清查的方法，即实际盘点或对账的方法，核对财产物资和货币资金的实际结存数与账面结存数是否相符，并检查其经营管理和使用上是否存在问题。除“库存现金”和“银行存款”账户外，其他盘存账户普遍运用数量金额式明细账，可以提供实物和价值两种指标。

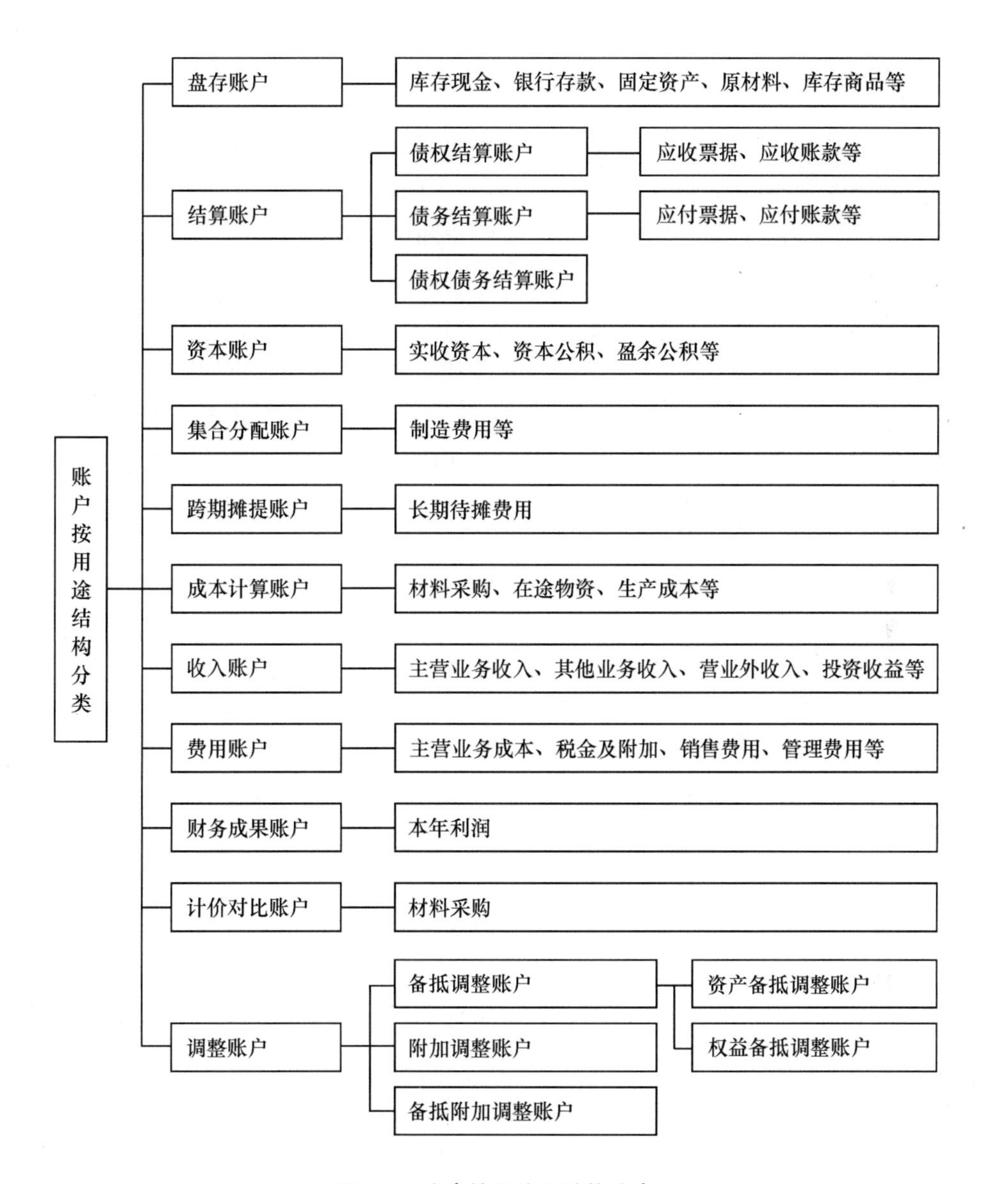

图 5-2 账户按用途和结构分类

借方	盘存账户 贷方
期初余额:财产物资和货币资金的实有额 发生额:本期财产物资和货币资金的增加额	发生额:本期财产物资和货币资金的减少额
期末余额:财产物资和货币资金的实有额	

图 5-3 盘存账户的结构

二、结算账户

结算账户是用来核算和监督企业同其他单位或个人之间往来账款结算业务的账户。由于结算业务性质的不同,决定了结算账户具有不同的用途和结构。结算账户按用途和结构分类,又可分为债权结算账户、债务结算账户和债权债务结算账户三类。

（一）债权结算账户

债权结算账户又称资产结算账户,是用来核算和监督企业同其他单位或个人之间的债权结算业务情况的账户。在这类账户中,借方登记债权的增加额;贷方登记债权的减少额;期末余额一般在借方,表示尚未收回债权的实有额。债权结算账户主要有"应收票据""应收账款""预付账款""其他应收款"等账户。债权结算账户的结构如图 5-4 所示。

借方　　　　债权结算账户	贷方
期初余额:期初尚未结算的应收款项或预付款项的实有额 发生额:本期应收款项或预付款项的增加额	发生额:本期应收款项或预付款项的减少额
期末余额:期末尚未结算的应收款项或预付款项的实有额	

图 5-4　债权结算账户的结构

（二）债务结算账户

债务结算账户又称负债结算账户,是用来核算和监督企业同其他单位或个人之间的债务结算业务的账户。在这类账户中,贷方登记债务的增加额;借方登记债务的减少额;期末余额一般在贷方,表示尚未偿还债务的实有额。债务结算账户主要有"应付票据""应付账款""预收账款""其他应付款"等账户。债务结算账户的结构如图 5-5 所示。

借方　　　　债务结算账户	贷方
发生额:本期借入款项、应付款项或预收款项的减少额	期初余额:期初结欠的借入款项、应付款项或尚未结算的预收款项的实有额 发生额:本期借入款项、应付款项或预收款项的增加额
	期末余额:期末结欠的借入款项、应付款项或尚未结算的预收款项的实有额

图 5-5　债务结算账户的结构

（三）债权债务结算账户

债权债务结算账户又称资产负债账户或往来结算账户，这类账户既核算债权结算业务，又核算债务结算业务，是双重性质的结算账户。在这类账户中，借方登记债权（应收款项和预付款项）的增加额和债务（应付款项和预收款项）的减少额；贷方登记债务的增加额和债权的减少额；期末余额可能在借方，也可能在贷方。期末余额如果在借方，则表示尚未收回的债权净额，即尚未收回的债权大于尚未偿付的债务的差额；如果在贷方，则表示尚未偿付的债务净额，即尚未偿付的债务大于尚未收回的债权的差额。这类账户所属明细账的借方余额之和与贷方余额之和的差额，应当与总账的余额相等。债权债务结算账户的结构如图 5-6 所示。

借方　　　　债权债务结算账户	贷方
期初余额：期初债权大于债务的差额 发生额：（1）本期债权增加额 （2）本期债务减少额	期初余额：期初债务大于债权的差额 发生额：（1）本期债务增加额 （2）本期债权减少额
期末余额：期末债权大于债务的差额	期末余额：期末债务大于债权的差额

图 5-6　债权债务结算账户的结构

【相关链接】

在借贷记账法下，可以将“其他应收款”账户和“其他应付款”账户合并，设置一个“其他往来”账户，用来核算其他应收款和其他应付款的增减变动情况及结果，此时，“其他往来”账户就是一个债权债务结算账户。在企业不单独设置“预付账款”“预收账款”账户时，“应付账款”“应收账款”账户同样可以成为债权债务结算账户。

三、资本账户

资本账户又称所有者权益账户，是用来核算和监督企业所有者权益的增减变动及其结存情况的账户。它是任何企业（单位）都必须设置的基本账户。在这类账户中，贷方登记所有者权益的增加额；借方登记所有者权益的减少额；期末余额在贷方，表示所有者权益的实有额。资本账户主要有“实收资本”“资本公积”“盈余公积”等账户。资本账户的结构如图 5-7 所示。

借方	资本账户　　　　贷方
发生额：本期所有者权益的减少额	期初余额：期初所有者权益的实有额 发生额：本期所有者权益的增加额
	期末余额：期末所有者权益的实有额

图 5-7　资本账户的结构

四、集合分配账户

集合分配账户是用来归集和分配经营过程中某个阶段所发生的某种费用，核算和监督有关费用计划执行情况以及费用分配情况，并按一定标准分配计入有关成本计算对象的账户。在这类账户中，借方登记各种费用的发生额；贷方登记按照一定标准分配计入各个成本计算对象的费用分配额；除季节性生产企业外，归集在这类账户借方的费用一般在当期全部分配出去，所以这类账户期末通常没有余额。可见，集合分配账户具有明显的过渡性质。集合分配账户主要有“制造费用”账户等。集合分配账户的结构如图 5-8 所示。

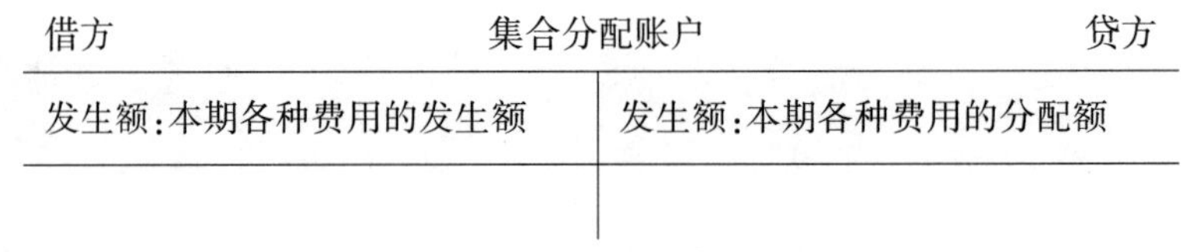

借方	集合分配账户　　　　贷方
发生额：本期各种费用的发生额	发生额：本期各种费用的分配额

图 5-8　集合分配账户的结构

五、跨期摊提账户

跨期摊提账户是用来核算和监督应由若干个会计期间共同负担的费用，并将这些费用摊配于各个会计期间的账户。企业在生产经营过程中发生的费用，有些是跨期的，即应由几个会计期间共同负担。按照权责发生制的要求，必须严格划分费用的归属期，即把应由若干个会计期间共同负担的费用，合理地分摊到各个会计期间。为此，需要设置跨期摊提账户来实现这一过程。在这类账户中，借方登记本期待摊费用的实际支付额；贷方登记应由某个会计期间负担的待摊费用摊配额；期末余额在借方，表示已支付但尚未摊配的待摊费用额。跨期摊提账户主要有“长期待摊费用”账户。跨期摊提账户的结构如图 5-9 所示。

借方	跨期摊提账户 贷方
期初余额:期初已支付但尚未摊配的待摊费用额 发生额:本期待摊费用支付额	发生额:本期待摊费用摊配额
期末余额:已支付但尚未摊配的待摊费用额	

图 5-9 跨期摊提账户的结构

六、成本计算账户

成本计算账户是用来核算和监督企业经营过程中某一阶段所发生的、应计入成本的费用,并确定该阶段各个成本计算对象实际成本的账户。在这类账户中,借方登记应计入成本的费用,包括直接计入各个成本计算对象的费用和按照一定标准分配计入各个成本计算对象的费用;贷方登记转出的已完成某一过程的成本计算对象的实际成本;期末余额在借方,表示尚未完成某一过程的成本计算对象的实际成本。成本计算账户主要有"材料采购""在途物资""生产成本"等账户。成本计算账户的结构如图 5-10 所示。

借方	成本计算账户 贷方
期初余额:期初尚未完成某一过程的成本计算对象的实际成本 发生额:生产经营过程中某一阶段所发生的应计入成本的费用	发生额:结转已完成某一过程的成本计算对象的实际成本
期末余额:尚未完成某一过程的成本计算对象的实际成本	

图 5-10 成本计算账户的结构

七、收入账户

收入账户是用来核算和监督企业在一定时期内形成本期损益的各项收入的账户。在这类账户中,贷方登记本期收入的增加额;借方登记本期收入的减少额和期末转入"本年利润"账户的收入额;期末结转后应无余额。收入账户主要有"主营业务收入""其他业务收入""营业外收入"和"投资收益"等账户。收入账户的结构如图 5-11 所示。

借方	收入账户 贷方
发生额:(1) 本期收入的减少额 (2) 期末转入"本年利润"账户的收入额	发生额:本期收入的增加额

图 5-11 收入账户的结构

八、费用账户

费用账户是用来核算和监督企业在一定时期内所发生的直接影响本期损益的各项费用,并计算最终财务成果的账户。在这类账户中,借方登记本期费用支出的增加额;贷方登记本期费用支出的减少额和期末转入“本年利润”账户的费用支出数额;期末结转后应无余额。费用账户主要有“主营业务成本”“税金及附加”“销售费用”“其他业务成本”“营业外支出”“管理费用”“财务费用”和“所得税费用”等账户。费用账户的结构如图5-12所示。

借方	费用账户　　　　贷方
发生额:本期费用支出的增加额	发生额:(1)本期费用支出的减少额 (2)期末转入“本年利润”账户的费用支出数额

图5-12　费用账户的结构

九、财务成果账户

财务成果账户是用来核算和监督企业某一会计期间(通常是一年)内全部经营活动最终成果的账户。在这类账户中,贷方登记期末从各收入账户转入的本期取得的各项收入;借方登记期末从各费用账户转入的本期发生的、与本期收入相配比的各项费用;期末余额可能在借方,也可能在贷方。期末如果为贷方余额,则表示本期收入大于费用支出的差额,即为企业本期实现的净利润;如果为借方余额,则表示本期费用支出大于收入的差额,即为企业本期发生的亏损总额。年末,本年实现的利润或发生的亏损都要转入“利润分配”账户,年终结转后应无余额。财务成果账户主要有“本年利润”账户。财务成果账户的结构如图5-13所示。

借方	财务成果账户　　　　贷方
发生额:应计入本期损益的各项费用	发生额:应计入本期损益的各项收入
期末余额:本期发生的亏损总额	期末余额:本期实现的净利润

图5-13　财务成果账户的结构

【特别提醒】

财务成果账户的特点是：借方和贷方所登记的内容应遵循权责发生制原则的要求，贷方所登记的各项收入额与借方所登记的各项费用额一方面要与相应的会计期间相配比，另一方面从事某类业务活动所取得的收入要与相应的费用相配比。也就是说，借方所登记的各项费用，是为取得贷方所登记的各项收入而发生的；相反，贷方所登记的各项收入，是因支付了借方所登记的各项费用而取得的。两者在时间和受益关系上相互配比，会计期间的财务成果才是真实准确的。

十、计价对比账户

计价对比账户是用来核算和监督企业经营过程中某一阶段、某项经济业务按照两种不同的计价标准进行核算对比，借以确定该阶段业务成果的账户。按计划成本进行材料日常收发核算的企业所设置的“材料采购”账户就属于计价对比账户。在这类账户中，借方登记材料的实际成本；贷方登记按照计划价格核算的材料的计划成本；通过借贷双方两种计价对比，可以确定材料采购业务成果（超支或节约）。计价对比账户的结构如图5-14所示。

借方　　计价对比账户	贷方
期初余额：期初未入库材料的实际成本 发生额：本期未入库材料的实际成本及转入“材料成本差异”账户贷方的实际成本小于计划成本的节约差	发生额：本期入库材料的计划成本及转入“材料成本差异”账户借方的实际成本大于计划成本的超支差
期末余额：未入库材料的实际成本	

图5-14　计划对比账户的结构

【特别说明】

对材料采购在采用计划成本法核算时，“材料采购”账户既是计价对比账户，又是成本计算账户；在采用实际成本法核算时，“材料采购”账户是成本计算账户，如果该账户有期末余额，那么也是盘存账户。

十一、调整账户

在会计核算过程中，由于管理上的需要，对某些会计要素内容的增减变化及结余情况,需要用几个不同的账户来反映:一个账户反映某项经济业务的原始数据,其他账户反映对原始数据的调整数据,将原始数据与调整数据相加或相减,就可以求得调整后的实有数额。反映原始数据的账户被称为被调整账户或主账户,反映原始数据调整数据的账户被称为调整账户。调整账户按其调整方式的不同,可以分为备抵调整账户、附加调整账户和备抵附加调整账户三类。

1. 备抵调整账户

备抵调整账户是用抵减的方式对被调整账户金额进行调整,以求得被调整账户实际余额的账户。其调整方式可用计算公式表示:

被调整账户余额 - 备抵调整账户余额 = 被调整账户的实际余额

由于备抵调整账户是对被调整账户的调整,即对被调整账户余额的抵减,因此被调整账户余额的方向与备抵调整账户余额的方向相反。如果被调整账户余额的方向在借方(或贷方),则备抵调整账户余额的方向一定在贷方(或借方)。

按照被调整账户的性质,备抵调整账户又可以分为资产备抵调整账户和权益备抵调整账户。

资产备抵调整账户是用来抵减某一资产账户的余额,以求得该资产账户调整后实际余额的账户。“累计折旧”“固定资产减值准备”“坏账准备”“存货跌价准备”等账户是比较典型的资产备抵调整账户。如“累计折旧”“固定资产减值准备”是用来调整“固定资产”账户的。用“固定资产”账户的账面余额(原始价值)与“累计折旧”“固定资产减值准备”账户的账面余额相抵减,就可以得出固定资产耗损和减值后的数据,其差额就是固定资产现有的实际价值(净额)。通过这三个账户余额的对比分析,可以了解固定资产的新旧程度、资金占用状况、减值情况和生产能力等信息。被调整账户与资产备抵调整账户之间的关系如图5-15所示。

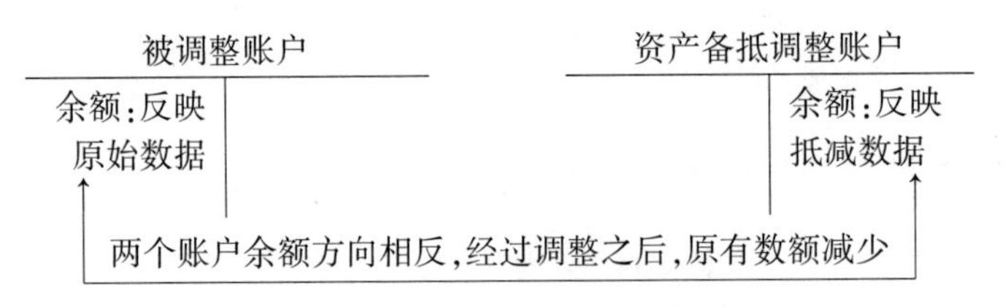

图5-15 被调整账户与资产备抵调整账户之间的关系

权益备抵调整账户是用来抵减某一权益账户的余额,以求得该权益账户实际余额的账户。“利润分配”账户就属于“本年利润”账户的权益备抵调整账户。“本年利润”账户的期末贷方余额反映企业期末已实现的净利润额,“利润分配”账户的期末借方余额反映企业期末已分配的利润额。将“本年利润”账户的贷方余额抵减“利润分配”账户的借方余额,其差额表示企业期末尚未分配的利润额。被调整账户与权益备抵调整账户之间的关系如图5-16所示。

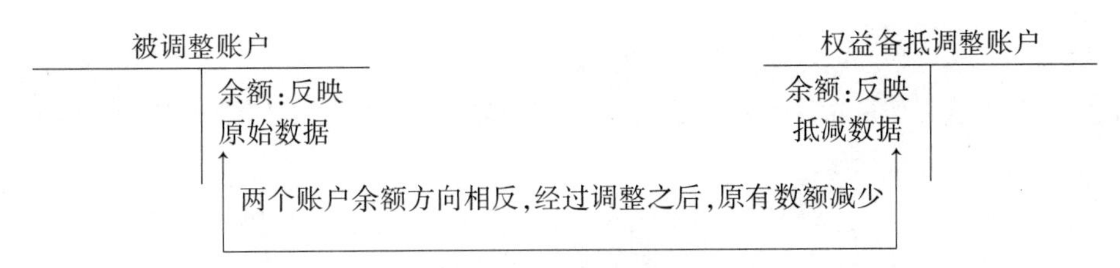

图 5-16 被调整账户与权益备抵调整账户之间的关系

2. 附加调整账户

附加调整账户是用增加的方式对被调整账户余额进行调整,以求得被调整账户实际余额的账户。其调整方式可用计算公式表示:

被调整账户余额 + 附加调整账户余额 = 被调整账户的实际余额

由于附加调整账户是对被调整账户的调整,即对被调整账户余额的增加,因此被调整账户余额的方向与附加调整账户余额的方向相同。如果被调整账户余额的方向在借方(或贷方),则附加调整账户余额的方向一定在借方(或贷方)。在实际工作中,纯粹的附加调整账户很少运用。

3. 备抵附加调整账户

备抵附加调整账户是指既可以用来抵减,又可以用来附加被调整账户的余额,以求得被调整账户实际余额的账户。备抵附加调整账户既可以作为抵减账户,又可以作为附加账户来发挥作用,兼有两种账户的功能。这类账户在某一时刻执行的是哪种功能,取决于调整账户的余额与被调整账户的余额在方向上是否一致。当调整账户与被调整账户的余额在同一方向时,这时的调整账户即为被调整账户的附加账户;当调整账户与被调整账户的余额不在同一方向时,这时的调整账户即为被调整账户的备抵账户。被调整账户与备抵附加调整账户之间的关系如图 5-17 所示。

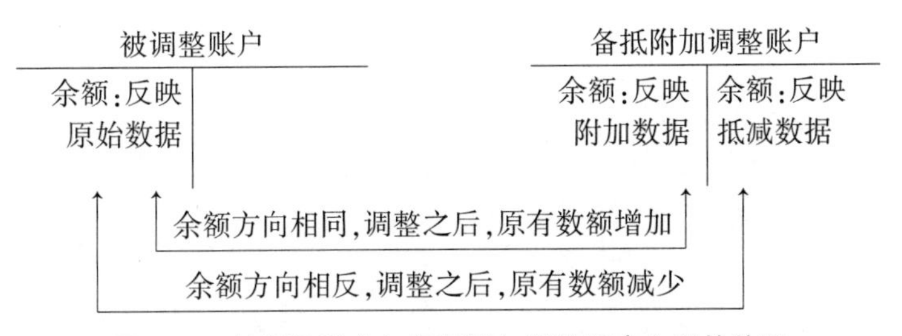

图 5-17 被调整账户与备抵附加调整账户之间的关系

采用计划成本进行材料日常核算情况下的“材料成本差异”账户就是“原材料”账户的备抵附加调整账户。当“材料成本差异”账户是借方余额时,表示实际成本大于计划成本的超支数,用“原材料”账户的借方余额加上“材料成本差异”账户的借方余额,就是库存材料的实际成本;当“材料成本差异”账户是贷方余额时,表示实际成本小于计划成本的节约数,用“原材料”账户的借方余额减去“材料成本差异”账户的贷方余额,其差额就是库存材料的实际成本。

【相关链接】

调整账户具有以下特点：

（1）调整账户与被调整账户反映的经济内容相同，也就是性质相同，但用途、结构不同。

（2）被调整账户反映的是会计要素的原始数据，而调整账户反映的是同一要素的调整数据，所以调整账户不能离开被调整账户而独立存在。

（3）调整方式是将原始数据与调整数据相加或相减，以求得具有特定含义的数据。当调整账户余额与被调整账户余额方向相同时，调整的方式是相加；反之，则相减。

第三单元

会计的基本技能

第六章　会计凭证

【本章导航】

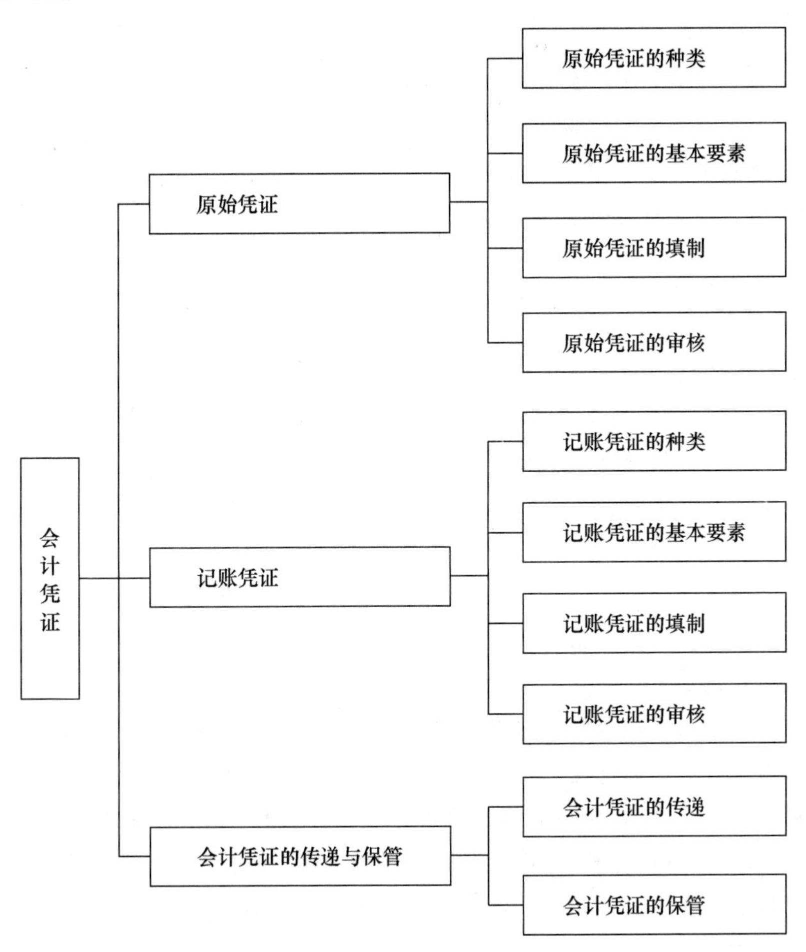

【知识目标】

1. 理解原始凭证、记账凭证的概念和种类。
2. 理解原始凭证、记账凭证的填制内容和填制要求。
3. 掌握原始凭证、记账凭证的填制和审核方法。
4. 了解会计凭证的传递和保管方法。

【能力目标】

1. 能区分不同类型的原始凭证和记账凭证。
2. 能正确填制和审核原始凭证。
3. 能正确填制和审核记账凭证。
4. 能正确装订各种原始凭证。

【导入案例】

小王是某名牌大学会计专业的高才生，具备比较扎实的会计知识。毕业前去某公司实习，带他的是公司的出纳。在实习过程中，小王遇到了一件事，使他对会计工作的严谨性有了深刻的体会。

公司员工老张向公司借了 3 万元现金。老张在归还借款时要求出纳将借条返还。老张认为，借条是自己欠公司钱的证据，在还款时必须收回。而出纳给出的答复是：借条是重要的原始单据，需要用来证实借款业务的真实性，不能再返还给老张。不过老张的担心也是有道理的，出纳可以给老张开个收据，证明老张已经还款了。

但是老张仍然认为归还借条要比开收据好，因为收据需要一直保存着，这样在他心里就始终感觉这件事情还没有完全了结。出纳继续耐心地跟他解释：老张的担心是多余的，因为出纳开的收据是有存根的，而且是连续编号、不能拆本，这保证了收据的完整性，即使老张把收据弄丢了，财务也是有据可查的。

通过这件事，小王深刻地体会到：财务工作是非常严谨的，对每一笔经济业务的处理都要做到有理有据。

会计凭证是记录经济业务、明确经济责任、登记账簿所依据的书面证明,是重要的会计资料。

填制和审核会计凭证是会计核算工作的起点和基础,也是会计核算的专门方法之一。为了保证会计信息的真实性和合法性,任何单位发生的每一项经济业务,都必须由经办该项业务的有关人员填制或取得能证明经济业务内容、数量和金额的有关凭证,并在凭证上签名或盖章,以明确经济责任。例如,企业在购买原材料时,要由供货方开出发票;在支付款项时,要由收款单位开出收据;在收进或发出材料时,要填制收料单、领料单等。上述发票、收据、收料单、领料单等都是会计凭证。企业取得或填制的会计凭证,还必须按一定的程序经有关人员进行严格的审核,确认无误后,才能作为登记账簿的依据。会计核算的一个重要特征就是一切会计记录都必须有凭有据,使会计核算资料具有可靠性,这也是满足会计信息质量方面的一项基本要求。

经济业务的复杂性决定了所涉及的会计凭证的多样性。会计凭证按照填制程序和用途的不同,可以分为原始凭证和记账凭证两大类。

第一节 原始凭证

原始凭证(Source Document)是在经济业务发生时取得或填制的,用以证明经济业务的发生或完成情况,并作为记账原始依据的会计凭证。它是进行会计核算的重要原始资料,是记账的原始依据,是会计核算中具有法律效力的一种证明文件。凡是不能证明经济业务已经发生或完成的凭证、文件,如购货合同、费用预算等,都不属于原始凭证,不能作为记账的原始依据。原始凭证的主要作用在于准确、及时、完整地反映经济业务的历史面貌,并据以检验有关业务的真实性、合法性和合理性。

【双语链接】

Source documents are original records of any transaction.

一、原始凭证的种类

(一)按照取得来源划分

原始凭证按照取得来源的不同,可以分为外来原始凭证和自制原始凭证。

1. 外来原始凭证

外来原始凭证是指本单位与外单位或个人发生经济业务时,从外单位或个人取得的原始凭证。例如,购货时取得的增值税专用发票,付款时收款单位开出的收据,上缴税金的收据,乘坐交通工具的票据等。其格式因业务性质的不同而各不相同。增值税专用发票、增值税普通发票和收据的格式如表 6-1、表 6-2 和表 6-3 所示。

表 6-1　增值税专用发票　　No.

机器编号：　　开票日期：　年　月　日

<table>
<tr><td rowspan="4">购货单位</td><td colspan="4">名称：</td><td rowspan="4">密码区</td><td colspan="3" rowspan="4"></td></tr>
<tr><td colspan="4">纳税人识别号：</td></tr>
<tr><td colspan="4">地址、电话：</td></tr>
<tr><td colspan="4">开户行及账号：</td></tr>
<tr><td colspan="2">货物或应税劳务、服务名称</td><td>规格型号</td><td>单位</td><td>数量</td><td>单价</td><td>金额</td><td>税率</td><td>税额</td></tr>
<tr><td colspan="2"></td><td></td><td></td><td></td><td></td><td></td><td></td><td></td></tr>
<tr><td colspan="2"></td><td></td><td></td><td></td><td></td><td></td><td></td><td></td></tr>
<tr><td colspan="2"></td><td></td><td></td><td></td><td></td><td></td><td></td><td></td></tr>
<tr><td colspan="2">合计</td><td></td><td></td><td></td><td></td><td></td><td></td><td></td></tr>
<tr><td colspan="2">价税合计(大写)</td><td colspan="7">(小写)</td></tr>
<tr><td rowspan="4">销货单位</td><td colspan="4">名称：</td><td rowspan="4">备注</td><td colspan="3" rowspan="4"></td></tr>
<tr><td colspan="4">纳税人识别号：</td></tr>
<tr><td colspan="4">地址、电话：</td></tr>
<tr><td colspan="4">开户行及账号：</td></tr>
</table>

税总函　号　公司

第三联：发票联　购买方记账凭证

收款人：　复核：　开票人：　销货单位：

【特别提醒】

增值税专用发票一般为三联，分别为记账联、抵扣联和发票联。

表 6-2　增值税普通发票　　No.

机器编号：　　开票日期：　年　月　日

<table>
<tr><td rowspan="4">购货单位</td><td colspan="4">名称：</td><td rowspan="4">密码区</td><td colspan="3" rowspan="4"></td></tr>
<tr><td colspan="4">纳税人识别号：</td></tr>
<tr><td colspan="4">地址、电话：</td></tr>
<tr><td colspan="4">开户行及账号：</td></tr>
<tr><td colspan="2">货物或应税劳务、服务名称</td><td>规格型号</td><td>单位</td><td>数量</td><td>单价</td><td>金额</td><td>税率</td><td>税额</td></tr>
<tr><td colspan="2"></td><td></td><td></td><td></td><td></td><td></td><td></td><td></td></tr>
<tr><td colspan="2"></td><td></td><td></td><td></td><td></td><td></td><td></td><td></td></tr>
<tr><td colspan="2"></td><td></td><td></td><td></td><td></td><td></td><td></td><td></td></tr>
<tr><td colspan="2">合计</td><td></td><td></td><td></td><td></td><td></td><td></td><td></td></tr>
<tr><td colspan="2">价税合计(大写)</td><td colspan="7">(小写)</td></tr>
<tr><td rowspan="4">销货单位</td><td colspan="4">名称：</td><td rowspan="4">备注</td><td colspan="3" rowspan="4"></td></tr>
<tr><td colspan="4">纳税人识别号：</td></tr>
<tr><td colspan="4">地址、电话：</td></tr>
<tr><td colspan="4">开户行及账号：</td></tr>
</table>

税总函　号　公司

第二联：发票联　购买方记账凭证

收款人：　复核：　开票人：　销货单位：

表 6-3 收据

年 月 日 No.

付款单位________________收款方式________________	第联
人民币(大写)________________¥________	
收款事由________________	

收款单位(盖章): 审核: 经手: 出纳:

2. 自制原始凭证

自制原始凭证是本单位内部发生经济业务时,由本单位内部有关部门或经办人根据经济业务的内容自行填制的、仅供本单位内部使用的原始凭证。例如,材料入库时,由仓库保管员填制的收料单;车间领料时,由车间材料员填制的领料单;会计人员填制的折旧计算表等。收料单和领料单的格式如表 6-4 和表 6-5 所示。

表 6-4 收料单

供货单位: 年 月 日 凭证编号:
发票号码: 收料仓库:

材料编号	材料规格及名称	计量单位	数量		价格		第联
			应收	实收	单价	金额	
备注					合计		

仓库负责人: 记账: 仓库保管员: 收料:

表 6-5 领料单

领料部门: 年 月 日 凭证编号:
用 途: 发料仓库:

材料编号	材料规格及名称	计量单位	数量		价格		第联
			请领	实领	单价	金额	
备注					合计		

记账: 发料: 审批: 领料:

【相关链接】

收料单一式三联，一联留仓库，据以登记材料物资明细账和材料卡片；一联随发票账单到会计部门报账；一联交采购人员存查。

领料单一式三联，一联留领料部门备查；一联留仓库，据以登记材料物资明细账和材料卡片；一联转会计部门或月末经汇总后转会计部门，据以进行总分类核算。

（二）按照填制方法划分

原始凭证按照填制方法的不同，可以分为一次凭证、累计凭证、汇总凭证。

1. 一次凭证

一次凭证是指用以记录一项经济业务或若干项经济业务的原始凭证。一次凭证是一次有效的凭证，其填制手续是一次完成的，如收料单、发料单等。在原始凭证中，大部分凭证的填制手续都是一次完成的，已填制的凭证不能重复使用。

2. 累计凭证

累计凭证是指为了简化填制手续，在一定时期内连续反映若干同类经济业务的原始凭证。其填制手续不是一次完成的，而是随着经济业务的发生多次进行的，如限额领料单、费用限额卡等。其特点是，在一张凭证内可连续登记若干同类经济业务。这样做既可以减少原始凭证的数量、简化会计核算工作，又可以随时结出累计数及结余数，便于同计划或定额进行比较，达到控制费用支出、节约开支的目的。限额领料单的一般格式如表 6-6 所示。

表 6-6　限额领料单

领料部门：　　　　　　　　　　　　　　　　　　凭证编号：

用　　途：　　　　　　　　　年　月　日　　　　　发料仓库：

<table>
<tr><td>材料类别</td><td colspan="2">材料编号</td><td>材料名称及规格</td><td>计量单位</td><td>领用限额</td><td>实际领用</td><td>单价</td><td>金额</td><td>备注</td></tr>
<tr><td></td><td colspan="2"></td><td></td><td></td><td></td><td></td><td></td><td></td><td></td></tr>
<tr><td colspan="5">供应部门负责人：</td><td colspan="5">生产计划部门负责人：</td></tr>
<tr><td rowspan="2">日期</td><td colspan="2">数量</td><td rowspan="2">领料人签章</td><td rowspan="2">发料人签章</td><td rowspan="2">扣除代用数量</td><td colspan="3">退料</td><td rowspan="2">限额结余</td></tr>
<tr><td>请领</td><td>实发</td><td>数量</td><td>收料人</td><td>发料人</td></tr>
<tr><td></td><td></td><td></td><td></td><td></td><td></td><td></td><td></td><td></td><td></td></tr>
<tr><td></td><td></td><td></td><td></td><td></td><td></td><td></td><td></td><td></td><td></td></tr>
</table>

3. 汇总凭证

汇总凭证是指根据若干同类性质的原始凭证或会计核算资料汇总编制的原始凭证。例如，发出材料汇总表、商品销货汇总表、差旅费报销单等。编制汇总凭证，一方面可以提供管理所需的总括指标，另一方面可以简化会计核算工作、提高核算效率。发出材料汇总表的一般格式如表6-7所示。

表6-7 发出材料汇总表

年 月 日

会计科目	领料部门	原材料	燃料	合计
基本生产成本	一车间			
	二车间			
	小计			
辅助生产成本	供电车间			
	锅炉车间			
	小计			
制造费用	一车间			
	二车间			
	小计			
合计				

会计负责人： 复核： 制表：

【特别提醒】

自制原始凭证按照其填制手续和完成情况的不同，可以分为一次凭证、累计凭证、汇总凭证。外来原始凭证一般都属于一次凭证。

（三）按照凭证格式和使用范围划分

原始凭证按照凭证格式和使用范围的不同，可以分为通用凭证和专用凭证。

1. 通用凭证

通用凭证是指由有关部门统一印制，在全国或某个地区、部门范围内使用的具有统一格式和使用方法的凭证。例如，全国统一使用的商业汇票，银行统一制定的托收结算凭证、汇兑结算凭证等。使用通用凭证，可以为加强业务领导和监督提供统一的核算指标，同时还可以减少核算费用。

2. 专用凭证

专用凭证是指由各单位自行设计、规定其格式和使用方法的凭证，如差旅费报销单、工资结算分配表等。

【特别提醒】

上述各种原始凭证一般都是以实际发生的经济业务为依据填制的，但也有例外情况。有些原始凭证是根据账簿记录，把某一项经济业务加以归类、整理而重新编制的。例如，月末制造费用分配表就是根据其明细账记录汇总编制的。

二、原始凭证的基本要素

由于经济业务的种类和内容不同以及经营管理的要求不同，实际工作中，原始凭证的格式和反映的内容也各不相同。但无论哪一种原始凭证，都必须客观、真实地反映经济业务的发生和完成情况，明确有关部门和人员的责任。因此，各种原始凭证都必须具备以下基本内容：

（1）原始凭证的名称。它表明原始凭证所记录的经济业务的种类，如领料单。

（2）原始凭证的填制日期。它一般是经济业务发生或完成的日期，若经济业务发生或完成时没有及时填制，则应以实际填制日期为准。

（3）原始凭证的编号。

（4）接受原始凭证单位的名称。

（5）经济业务的基本内容。它包括经济业务的内容摘要、实物数量、单价、金额等。

（6）填制原始凭证的单位或个人名称。

（7）经办人的签名或盖章。如果是外来原始凭证，那么还要有填制单位的财务专用章或公章。

实际工作中，原始凭证除具有以上基本内容外，还可以根据经营管理和特殊业务的需要，补充一些必要的内容，如合同号数等。有些特殊的原始凭证，可不加盖公章，但这种凭证一般有固定的特殊标志，如统一印制的火车票等。

三、原始凭证的填制

（一）原始凭证的填制要求

原始凭证是记账的原始依据，为了保证原始凭证能够正确、及时、清晰地反映各项经济业务的真实情况，提高会计工作质量，填制原始凭证时必须符合如下要求：

1. 记录真实、可靠

原始凭证填制的内容和数字，必须反映经济业务的实际情况，不得匡算和估算，更不能伪造，以确保提供的信息真实、可靠。对于遗失的或确实无法取得的经济业务的记录，由经办单位负责人批准，可编制代用原始凭证。

2. 内容完整、规范

原始凭证规定的各项内容，必须填写齐全，不得遗漏或省略不填。项目填列不全的原始凭证，不能作为经济业务的合法证明，也不能作为编制记账凭证的依据和附件。

3. 书写清楚、规范

原始凭证上的数字和文字必须规范填写，文字要简明，字迹要清楚，易于辨认。如果文字出现错误，则不得随意涂抹、刮擦或挖补，必须由出具单位重开或更正，更正处应当加盖出具单位的公章。如果金额出现错误，则必须由出具单位重开。有关现金、银行存款收付的原始凭证（如支票）如果填写失误，则不得在凭证上进行更正，只能按照规定手续作废，重新填写。

有关业务经办人员在填制原始凭证的金额数字和币种符号时,必须做到以下几点:

(1) 阿拉伯金额数字应一个一个地写,不得连笔写,阿拉伯金额数字前面应当书写货币币种符号或名称,如人民币符号为“¥”,币种符号与阿拉伯金额数字之间不得留有空白。凡阿拉伯金额数字前写有币种符号的,数字后面不再写货币单位。

(2) 所有以“元”为单位的阿拉伯金额数字,除表示单价等情况外,一律填写到角分;无角分的,角位和分位可写“00”,或者用符号“—”表示;有角无分的,分位应当写“0”,不得用符号“—”代替。

(3) 汉字大写金额数字,如壹、贰、叁、肆、伍、陆、柒、捌、玖、拾、佰、仟、万、亿、元、角、分、零、整等,应一律用正楷字或行书字书写,不得涂改,不得任意自造简化字。

(4) 汉字大写金额数字到元或角为止的,在“元”或“角”字之后应写“整”或“正”字;汉字大写金额数字到分的,分字后面不写“整”或“正”字。

(5) 汉字大写金额数字前未印有货币名称的,应当加填货币名称。货币名称与汉字大写金额数字之间不得留有空白。

(6) 阿拉伯金额数字中间有“0”时,汉字大写金额要写“零”字;阿拉伯金额数字中间连续有几个“0”时,汉字大写金额中可以只写一个“零”字;阿拉伯金额数字元位是“0”或者数字中间连续有几个“0”、元位也是“0”,但角位不是“0”时,汉字大写金额可以只写一个“零”字,也可以不写“零”字。例如¥39 000.75,汉字大写金额可以写成“人民币叁万玖仟元零柒角伍分”,也可以写成“人民币叁万玖仟元柒角伍分”。

【问题与思考】

“¥109.50”“¥1 008.56”“¥1 000.68”“¥10.00”和“¥2 500.00”的汉字大写金额如何书写?

4. 填制及时

原始凭证要在业务发生或完成时及时填制并按程序传递审核,做到不积压、不误时、不事后填补,以确保会计信息的时效性。

5. 手续齐备

凭证填制的手续必须齐备,符合内部控制制度的要求。有关业务经办人员在取得或填制原始凭证时,必须遵照有关规定执行,做到操作规范、手续齐备。例如,购买的货物,必须有验收证明;支付的货款,必须有收款单位和收款人的收款证明;等等。

6. 顺序使用

顺序使用要求收付款项或实物的凭证要顺序或分类编号,在填制时按照编号的次序使用,跳号的凭证应加盖“作废”戳记,不得撕毁。

(二) 原始凭证的填制方法

根据经济业务本身的性质不同,原始凭证填制的方法可以分为以下三种:

(1) 根据实际发生的经济业务直接填制。例如,收料单是在采购材料验收入库时,会计人员根据供货单位发票及实际验收入库的材料类别、名称规格、数量、价格等填制的。

(2) 根据账簿记录对有关经济业务加以归类、整理、计算填制。例如,制造费用分配表是会计人员在计算产品生产成本时,根据制造费用明细账的记录,按一定标准(如生产工时)计算分配各产品应承担的制造费用而填制的,如表6-8所示。

表6-8　制造费用分配表

年　月　日　　　　　　　　编号:

分配对象	分配标准(生产工时)	分配率(%)	分配金额(元)
合计			

会计主管:　　　　　　　　制表:

(3) 汇总原始凭证是以若干张反映同类交易或事项的原始凭证为依据加以汇总填制的。例如,发出材料汇总表是根据一定时期的领料单等领料凭证,按领料用途和材料类别分别归类汇总填制的。

四、原始凭证的审核

为了如实反映经济业务的发生和完成情况,充分发挥会计的监督职能,保证会计信息的真实性、可靠性,应由专门人员严格审核原始凭证。只有经审核无误的原始凭证,才能作为记账的依据。

原始凭证的审核主要包括以下几个方面的内容:

1. 真实性审核

真实性审核包括凭证日期、业务内容和数据是否真实;外来原始凭证是否有填制单位公章、填制人员签章;自制原始凭证是否有经办部门和经办人员的签名或盖章等。经办人员在审核中若发现假冒、伪造的凭证,则应拒绝办理。

2. 合法性、合理性审核

合法性、合理性审核包括审核所记录的经济业务是否有违反国家法律、法规的问题;是否符合规定的审核权限;是否履行了规定的凭证传递和审核程序;是否符合企业生产经营活动的需要;是否符合计划、预算;等等。

3. 完整性、正确性审核

完整性、正确性审核是指审核原始凭证所记录的经济内容是否完整、数字记录是否正确、手续是否齐全、有关经办人员是否都已签名或盖章等。

4. 及时性审核

及时性审核是指审核原始凭证是否是在经济业务发生或完成时及时填制的,传递是否及时,有无提前或拖后现象。尤其是支票、商业汇票等时效性较强的原始凭证,更应仔细验证签发日期。

【相关链接】

原始凭证审核后的有关处理

原始凭证审核完毕后，对于内容合法、合理、完整、正确的原始凭证，会计人员应及时进行账务处理，填制记账凭证并登记账簿；对于内容合法、合理，但是不够完整、正确的原始凭证，会计人员应暂缓办理会计手续，退还给有关责任人，责令其改正或补办；对于内容完整、正确，但是不合法、不合理的原始凭证，会计人员应拒绝受理，并制止、纠正不法行为。

原始凭证经审核无误后，才能作为填制记账凭证和登记账簿的依据。

第二节 记账凭证

记账凭证是会计人员根据审核无误的原始凭证，按照经济业务的内容加以归类，据以确定会计分录后所填制的、直接作为登记账簿依据的会计凭证。记账凭证是介于原始凭证与账簿之间的中间环节。它将原始凭证中的一般数据转化为会计语言，是登记明细分类账和总分类账的直接依据。会计人员要按照规定要求填制记账凭证，并根据审核无误的记账凭证登记账簿。

【特别提醒】

原始凭证和记账凭证虽然同属于会计凭证，但其性质截然不同。原始凭证记录的是经济信息，是编制记账凭证的依据和会计核算的基础；记账凭证记录的则是会计信息，是会计核算的起点。

一、记账凭证的种类

（一）按照反映的经济业务的内容划分

记账凭证按照其反映的经济业务的内容不同，可以分为专用记账凭证和通用记账凭证。

1. 专用记账凭证

专用记账凭证是指专门用来记录某一特定种类经济业务的记账凭证。按其所记录的经济业务是否与货币资金收付有关，又可以进一步分为收款凭证、付款凭证和转账凭证。

收款凭证是指用于记录货币资金收入业务的记账凭证。收款凭证的借方科目分别为“库存现金”和“银行存款”，所以收款凭证又可以分为库存现金收款凭证和银行存款收款凭证。根据库存现金增加业务的原始凭证填制的收款凭证，被称为库存现金收款凭证；根据银行存款增加业务的原始凭证填制的收款凭证，被称为银行存款收款凭证。收款凭证既可以作为登记库存现金和银行存款日记账及有关明细账的依据，又可以作为出纳人员收款的证明，由出纳人员根据审核无误的原始凭证填制。其一般格式如表 6-9 所示。

表 6-9　收款凭证

借方科目：银行存款　　　　　　　年　月　日　　　　　　　收字第　号

摘要	贷方总账科目	明细科目	记账	金额									
				千	百	十	万	千	百	十	元	角	分
合计													

附单据　张

财务主管：　　记账：　　出纳：　　审核：　　制单：

付款凭证是指用于记录货币资金付出业务的记账凭证。付款凭证的贷方科目分别为“库存现金”和“银行存款”，所以付款凭证又可以分为库存现金付款凭证和银行存款付款凭证。根据库存现金减少业务的原始凭证填制的付款凭证，被称为库存现金付款凭证；根据银行存款减少业务的原始凭证填制的付款凭证，被称为银行存款付款凭证。付款凭证既可以作为登记库存现金和银行存款日记账及有关明细账的依据，又可以作为出纳人员付款的证明，由出纳人员根据审核无误的原始凭证填制。其一般格式如表 6-10 所示。

表 6-10　付款凭证

贷方科目：库存现金　　　　　　　年　月　日　　　　　　　付字第　号

摘要	借方总账科目	明细科目	记账	金额									
				千	百	十	万	千	百	十	元	角	分
合计													

附单据　张

财务主管：　　记账：　　出纳：　　审核：　　制单：

转账凭证是指用于记录与货币资金收付无关的转账业务的记账凭证。凡是不涉及库存现金收付和银行存款收付的其他业务，均为转账业务。转账凭证是登记总账和明细账的依据，由会计人员根据审核无误的原始凭证填制。其一般格式如表 6-11 所示。

表 6-11 转账凭证

年 月 日 转字第 号

摘要	总账科目	明细科目	记账	借方金额										记账	贷方金额									
				千	百	十	万	千	百	十	元	角	分		千	百	十	万	千	百	十	元	角	分
合计																								

附单据 张

财务主管： 记账： 审核： 制单：

【问题与思考】

仅涉及货币资金之间的划转业务，如从银行提取现金或将现金存入银行，该填制哪种记账凭证呢？

2. 通用记账凭证

通用记账凭证是采用一种通用格式记录各种经济业务的记账凭证。这种通用记账凭证既可以反映收、付款业务，又可以反映转账业务。通用记账凭证的格式如表 6-12 所示。

表 6-12 通用记账凭证

年 月 日 第 号

摘要	总账科目	明细科目	借方金额										贷方金额										记账
			千	百	十	万	千	百	十	元	角	分	千	百	十	万	千	百	十	元	角	分	
合计																							

附件 张

会计主管： 记账： 出纳： 复核： 制单：

【相关链接】

上述凭证中，收款凭证、付款凭证、转账凭证的划分适用于规模较大，收、付款业务较多的单位，这样可以区别不同经济业务进行分类管理，便于进行经济业务的检查。但对于经济业务较为简单，规模较小，收、付款业务较少的单位，可不对记账凭证作上述划分，而采用通用记账凭证对所有经济业务进行记录，从而减少工作量。

（二）按照编制方式划分

记账凭证按照其编制方式的不同，可以分为单式记账凭证和复式记账凭证。

1. 单式记账凭证

单式记账凭证是指将一项经济业务所涉及的每个会计科目及其金额分别单独编制

记账凭证,每张记账凭证只填列一个会计科目,若一项经济业务涉及几个会计科目,就填列几张记账凭证。填列借方科目的凭证被称为借项记账凭证,其格式如表 6-13 所示;填列贷方科目的凭证被称为贷项记账凭证,其格式如表 6-14 所示。采用单式记账凭证,由于一张凭证只填列一个会计科目,因而便于分工记账,但在一张凭证上反映不出一项经济业务的全貌,也不便于查账。

表 6-13　借项记账凭证

对应科目：　　　　　　　　年　月　日　　　　　　　　编号

摘要	总账科目	明细科目	金额	记账

附件　张

会计主管：　　　记账：　　　出纳：　　　复核：　　　制单：

表 6-14　贷项记账凭证

对应科目：　　　　　　　　年　月　日　　　　　　　　编号

摘要	总账科目	明细科目	金额	记账

附件　张

会计主管：　　　记账：　　　出纳：　　　复核：　　　制单：

2. 复式记账凭证

复式记账凭证是指将一项经济业务所涉及的全部会计科目及其金额都填列在一张记账凭证上,前面提及的收款凭证、付款凭证、转账凭证都是复式记账凭证。复式记账凭证能够集中体现账户的对应关系,反映一项经济业务的全貌,便于检查会计记录的正确性,但不便于分工记账。目前,这种记账凭证是实际工作中应用最普遍的记账凭证。

【特别提醒】

为了简化登记总账的手续,还有一种汇总的记账凭证,它是将企业一定时期内编制的记账凭证进行整理,汇总编制而成的。汇总的记账凭证有科目汇总表和汇总记账凭证两种形式,其中汇总记账凭证又分为汇总收款凭证、汇总付款凭证和汇总转账凭证三种形式。科目汇总表的格式如下所示:

科目汇总表

年　月　日　　　　　　　　总字第　号

会计科目	借方金额	记账	贷方金额	记账
合计				

会计主管：　　　记账：　　　审核：　　　制表：

二、记账凭证的基本要素

记账凭证主要用于对原始凭证进行归类、整理,将原始凭证中所载有的原始数据通过会计分录转化为会计账簿所能接受的专有语言,从而成为登记账簿的直接依据。因此,作为登记账簿直接依据的记账凭证,虽然种类不同、格式各异,但一般要具备以下基本要素:

(1) 记账凭证的名称,如"收款凭证""付款凭证""转账凭证"等。

(2) 记账凭证的填制日期。

【特别提醒】

记账凭证的填制日期不一定是经济业务发生的日期。

(3) 记账凭证的编号。

(4) 经济业务的内容摘要。

【特别提醒】

记账凭证是对原始凭证直接处理的结果,所以只需将原始凭证上的内容简明扼要地在记账凭证中予以说明即可。

(5) 经济业务所涉及的会计科目及金额。

(6) 所附原始凭证的张数。

(7) 会计主管、审核、记账、出纳、制单等有关人员签章。

(8) 记账标记。

三、记账凭证的填制

(一) 记账凭证的填制要求

填制记账凭证是会计核算的重要环节,填制正确与否,关系到记账的真实性。为了便于登记账簿,会计人员必须按照规定的方法填制记账凭证,在填制时应当符合以下要求:

1. 依据真实

记账凭证必须根据审核无误的原始凭证填制,除结账和错账更正外,记账凭证必须附有原始凭证,并注明所附原始凭证的张数。

2. 内容完整

记账凭证应当具备各项基本要素,凡记账凭证中要求的内容必须填写齐全,并按规定的程序办理各项手续,不得简化。

【相关链接】

如果一张原始凭证涉及几张记账凭证，则可以把原始凭证附在一张主要的记账凭证后面，并在其他记账凭证上注明所附原始凭证的记账凭证的编号或者附原始凭证的复印件。所附原始凭证张数的计算，一般以原始凭证的自然张数为准。如果记账凭证中附有原始凭证汇总表，则应该把所附的原始凭证和原始凭证汇总表的张数一起计入附件的张数之内。但报销差旅费等零星票券，可以粘贴在一张纸上，作为一张原始凭证。

当一张原始凭证所列支出需要几个单位共同负担时，该原始凭证一般由主办单位保存，附在有关记账凭证后面；将其他单位负担的部分，开给对方原始凭证分割单，进行结算。

3. 分类正确

当经济业务发生时，会计人员要根据交易或事项的内容，区别不同类型的原始凭证，正确使用会计科目和记账凭证。

4. 连续编号

记账凭证的编号方法有多种，可以按所有业务统一编号，如总字第 8 号；也可以按业务类别分别编号，如收字第 10 号、付字第 12 号、转字第 18 号，或者现收字第 12 号、现付字第 8 号、银收字第 19 号、银付字第 31 号、转字第 28 号；还可以将统一编号与分类编号相结合。无论采用哪一种编号方法，都应该按月顺序编号，即每月都从 1 号编起，按自然数 1、2、3、4……顺序编至月末，不得跳号、重号。一项经济业务需要填制两张或两张以上记账凭证的，可以采用分数编号法。例如，有一项经济业务需要填制两张记账凭证，凭证顺序号为 9，则可以编成 9½号、9²⁄₂号。每月末最后一张记账凭证的编号旁应加注“全”字。

【特别提醒】

记账凭证无论采用哪一种编号方法，都不得按年或按季度顺序编号。

5. 书写清楚

填制记账凭证，字迹必须清晰、工整。

6. 空行注销

记账凭证填制完成后，如有空行，则应当在金额栏自最后一笔金额数字下的空行处至合计数上的空行处划斜线或“S”形线注销。

7. 机制记账凭证应符合记账凭证的一般要求

实行会计电算化的单位，其机制记账凭证应当符合记账凭证的一般要求。打印出的机制记账凭证要加盖制单人员、审核人员、记账人员及会计机构负责人、会计主管人员的印章或签字，以加强审核，明确责任。

【相关链接】

填制记账凭证时，如果发生错误，则应当重新填制。已经登记入账的记账凭证，在当年内发生填制错误时，可以用红字填制一张与原内容相同的记账凭证，在摘要栏内注明“注销某月某日某号凭证”字样，同时再用蓝字填制一张正确的记账凭证，注明“订正某月某日某号凭证”字样。如果会计科目没有错误，只是金额错误，那么可以将正确数字与错误数字之间的差额，另填制一张调整的记账凭证，调增金额用蓝字，调减金额用红字。

(二) 记账凭证的填制方法

记账凭证在不同的记账方法下其格式不同，现按借贷记账法的要求介绍其填制方法。

1. 收款凭证的填制方法

收款凭证是用来记录货币资金收款业务的凭证，它是由出纳人员根据审核无误的收款原始凭证编制的。在借贷记账法下，收款凭证左上方所填列的借方科目，应是“库存现金”或“银行存款”科目；记账凭证内所填列的贷方科目，应是与“库存现金”或“银行存款”相对应的科目。记账栏注明记入总账或明细账、日记账的页次，也可以画“√”表示已登记入账。金额栏填列经济业务实际发生的金额。在凭证的右侧填写所附原始凭证张数，并在出纳及制单处签名或盖章。

【例 6-1】 2019 年 12 月 2 日，企业销售商品一批，开给 H 公司增值税专用发票一张，价款 56 460 元，税额 7 339. 80 元，收到转账支票一张。出纳人员根据审核无误的原始凭证编制银行存款收款凭证，其内容与格式如表 6-15 所示。

表 6-15 收款凭证

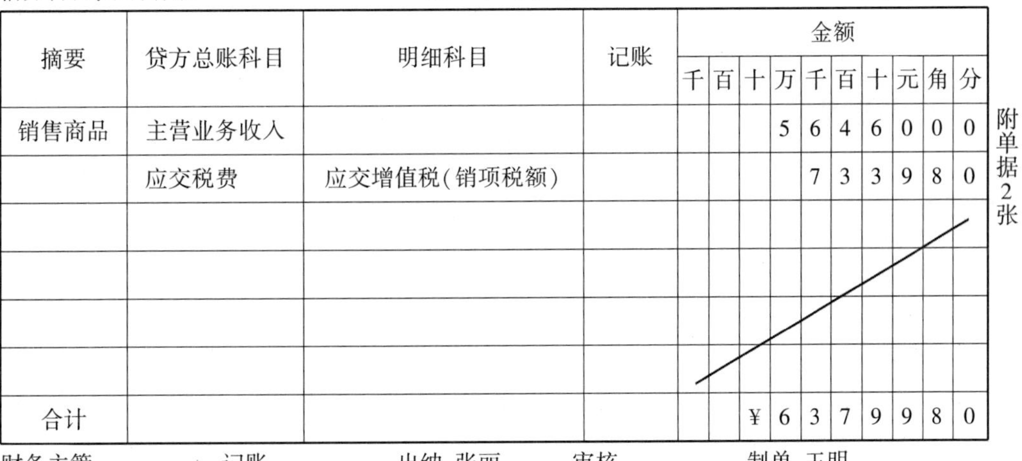

借方科目：银行存款　　2019 年 12 月 2 日　　银收字第 2 号

摘要	贷方总账科目	明细科目	记账	金额									
				千	百	十	万	千	百	十	元	角	分
销售商品	主营业务收入						5	6	4	6	0	0	0
	应交税费	应交增值税(销项税额)						7	3	3	9	8	0
合计						¥	6	3	7	9	9	8	0

附单据 2 张

财务主管：　　记账：　　出纳：张丽　　审核：　　制单：王明

【特别提醒】

在各种记账凭证中，记账栏只有在根据记账凭证登记账簿时才予以记载。

2. 付款凭证的编制方法

付款凭证是用来记录货币资金付款业务的凭证，它是由出纳人员根据审核无误的付款原始凭证编制的。在借贷记账法下，付款凭证左上方所填列的贷方科目，应是"库存现金"或"银行存款"科目；记账凭证内所填列的借方科目，应是与"库存现金"或"银行存款"相对应的科目。其他内容与收款凭证基本相同。

【例6-2】 2019年12月2日，企业供销科采购员刘军借差旅费1 000元。出纳人员根据审核无误的原始凭证编制库存现金付款凭证，其内容与格式如表6-16所示。

表6-16 付款凭证

贷方科目：库存现金　　2019年12月2日　　现付字第1号

摘要	借方总账科目	明细科目	记账	金额									
				千	百	十	万	千	百	十	元	角	分
刘军预借差旅费	其他应收款	刘军						1	0	0	0	0	0
合计							¥	1	0	0	0	0	0

附单据1张

财务主管：　记账：　出纳：张丽　审核：　制单：王明

【特别提醒】

对于货币资金之间的相互划转业务，如从银行提取现金或将现金送存银行等，在填制记账凭证时，一般只填制付款凭证，不填制收款凭证。这样可减少记账凭证的填制工作，同时可避免重复过账。

3. 转账凭证的填制方法

转账凭证是用来记录与货币资金收付无关的转账业务的凭证，它是由会计人员根据审核无误的转账原始凭证编制的。在借贷记账法下，转账凭证将经济业务所涉及的会计科目全部填列在凭证内，借方科目在先，贷方科目在后，将各会计科目所记应借、应贷的金额填列在借方金额或贷方金额栏内。借、贷方金额合计数应该相等。

【例6-3】 2019年12月2日,管理部门领用甲材料一批,该材料成本2000元。编制转账凭证,其格式与内容如表6-17所示。

表6-17 转账凭证

2019年12月2日　　　　转字第2号

摘要	总账科目	明细科目	记账	借方金额										记账	贷方金额									
				千	百	十	万	千	百	十	元	角	分		千	百	十	万	千	百	十	元	角	分
领用甲材料	管理费用							2	0	0	0	0	0											
	原材料	甲材料																	2	0	0	0	0	0
合计							¥	2	0	0	0	0	0					¥	2	0	0	0	0	0

附单据1张

财务主管:　　　　记账:　　　　审核:　　　　制单:王明

【特别提醒】

通用记账凭证的填制与转账凭证的填制方法基本相同。

四、记账凭证的审核

记账凭证是登记账簿的直接依据,为了保证账簿记录的正确性,任何记账凭证在登记入账前都应由专人对其进行认真、严格的审核。只有经审核无误的记账凭证,才能作为记账的依据。审核的主要内容有:

1. 会计科目的使用是否正确

要审核记账凭证应借、应贷的会计科目是否正确,是否符合会计制度的规定,明细科目是否齐全,对应关系是否清晰,金额计算是否正确等。

2. 各项目填写是否齐全

要审核记账凭证中的日期、凭证编号、摘要等项目是否填列齐全,有关人员是否签字或盖章等。

3. 记账凭证内容与所附原始凭证内容是否相符

要审核记账凭证是否以原始凭证为依据,所附原始凭证的内容是否与记账凭证的内容一致,记账凭证上填写的附件张数是否与实际原始凭证的张数相符。

对于审核过程中发现的问题,会计人员应根据规定区别具体情况进行处理。记账前发现记账凭证有差错的,应重新填写正确的凭证,将错误的凭证撕毁或作废;对已登记入账的记账凭证,在年内发现差错的,可用红字更正法或补充登记法等会计更正方法予以更正。

【中外差异】

在我国，从原始凭证到记账凭证是会计循环中最基本、最重要的一个环节，相关的会计制度对此有规范、严谨的要求。而在美国，记账凭证这一环节是由 journal 来体现的。我们看一下有关教科书中对这一环节的描述：

In the journal process, we place an analysis of the transaction, based on the source documents, in a book of original entry called the general journal. The general journal is a formal chronological listing of each transaction and how it affects the balances in particular accounts. It is basically a diary of all events in an entity's life.

第三节　会计凭证的传递与保管

一、会计凭证的传递

会计凭证的传递是指从凭证的取得或填制时起到归档保管时止，在本单位内部各有关部门和人员之间传递与办理有关手续的过程。

由于会计凭证记录的经济业务不同，要据以办理业务的手续和所需的时间也不同。为了及时反映和监督经济业务的执行、完成情况，促使经办业务的部门和人员及时、正确地办理凭证手续，加强内部会计监督及岗位责任制，需要对经常发生的由各有关部门共同办理的主要经济业务，明确规定其凭证传递的程序和时间。

各单位会计凭证的传递程序应当科学、合理，具体办法由各单位根据经济业务自行规定，一般应注意下列几个方面的问题：

（1）确定会计凭证的传递程序。各单位应当根据经济业务的特点、机构设置和人员分工情况，适应经济管理和内部控制的需要，具体规定会计凭证在有关部门和人员之间的传递程序，使各有关部门和人员能够了解经济业务的情况，及时办理凭证手续，同时应注意流程设计的合理性，以避免不必要的环节，提高工作效率。

（2）确定会计凭证的传递时间。各单位应当根据有关部门和人员办理经济业务的手续和要求，确定会计凭证在各个环节适当的停留时间，保证凭证及时传递，防止拖延积压。

（3）建立会计凭证交接的签收制度。为了保证会计凭证的安全、完整，各单位在会计凭证传递的各个环节应当指定专人办理交接手续，做到责任明确、严格有序。

会计凭证的传递程序和时间确定后，可以绘制成流程图或流程表，通知有关人员参照执行。执行中可随时根据实际情况加以修正。

二、会计凭证的保管

会计凭证是重要的经济档案和历史资料，各单位对会计凭证必须妥善保管，不得丢

失或任意销毁。会计凭证的保管,主要是指会计凭证在记账后所进行的整理、装订、编制目录和归档保管。保管的主要方法和要求是:

(1) 会计凭证记账完毕后,应当按照分类和编号顺序保管,不得散乱丢失。

(2) 单位记账后,应定期(一般按月)将会计凭证加以归类整理。将记账凭证连同所附的原始凭证等,按照编号顺序,折叠整齐,按期装订成册,并加具封面,注明单位名称、年度、月份和起讫日期、凭证种类、起讫号码,由装订人在装订线封签处签名或盖章。

对于原始凭证数量较多的记账凭证,可以将原始凭证单独装订保管,在封面上注明记账凭证日期、编号、种类,同时在记账凭证上注明"附件另订"和原始凭证名称及编号。各种经济合同、涉外文件等重要原始凭证,应当另编目录,单独登记保管,并在有关的记账凭证和原始凭证上相互注明日期和编号。

(3) 原始凭证不得外借,其他单位如因特殊情况需要使用原始凭证时,经本单位会计机构负责人、会计主管人员批准,可以复制。向外单位提供的原始凭证复制件,应当在专设的登记簿上登记,并由提供人员和收取人员共同签名或盖章。

(4) 从外单位取得的原始凭证如有遗失,则应当取得原开出单位盖有公章的证明,并注明原来凭证的号码、金额和内容等,由经办单位会计机构负责人、会计主管人员和单位负责人批准后,才能代作原始凭证。如果确实无法取得证明,如火车票、船票、飞机票等凭证,则由当事人写出详细情况,由经办单位会计机构负责人、会计主管人员和单位负责人批准后, 代作原始凭证。

(5) 当年的会计凭证,在会计年度终了后,可暂由会计部门保管 1 年,期满后,原则上应由会计部门编造清册移交本单位档案部门保管。按照《会计档案管理办法》的规定,会计凭证一般应保存 30 年。保存期满需要销毁时,须开列清单,按规定手续报经审批后方可销毁,任何单位和个人都不能随意销毁会计凭证。

【相关链接】

会计凭证装订前应怎样排序、粘贴和折叠?

对于纸张面积大于记账凭证的原始凭证,可按记账凭证的面积尺寸,先自右向左,再自下向上折叠两次。注意应把凭证的左上角或左侧面让出来,以便装订后,还可以展开查阅。

对于纸张面积过小的原始凭证,一般不能直接装订,可先按一定的次序和类别排列,再粘在一张同记账凭证大小相同的白纸上,粘贴时以胶水为宜。

对于纸张面积略小于记账凭证的原始凭证,可用回形针或大头针别在记账凭证后面,待装订凭证时,抽去回形针或大头针。

原始凭证附加记账凭证后的顺序应与记账凭证所记内容的顺序一致,不应按原始凭证的面积大小来排序。

所有汇总装订好的会计凭证都要加具封面。封面应用结实、耐磨、韧性较强的牛皮纸等。

《会计档案管理办法》规定，会计档案的保管期限分为永久、定期两类。定期保管期限一般分为10年和30年，具体如表6-18所示。

表6-18　会计档案保管期限表

序号	档案名称	保管期限	备注
一	**会计凭证**		
1	原始凭证	30年	
2	记账凭证	30年	
二	**会计账簿**		
3	总账	30年	
4	明细账	30年	
5	日记账	30年	
6	固定资产卡片		固定资产报废清理后保管5年
7	其他辅助性账簿	30年	
三	**财务会计报告**		
8	月度、季度、半年度财务会计报告	10年	
9	年度财务会计报告	永久	
四	**其他会计资料**		
10	银行存款余额调节表	10年	
11	银行对账单	10年	
12	纳税申报表	10年	
13	会计档案移交清册	30年	
14	会计档案保管清册	永久	
15	会计档案销毁清册	永久	
16	会计档案鉴定意见书	永久	

第七章　会计账簿

【本章导航】

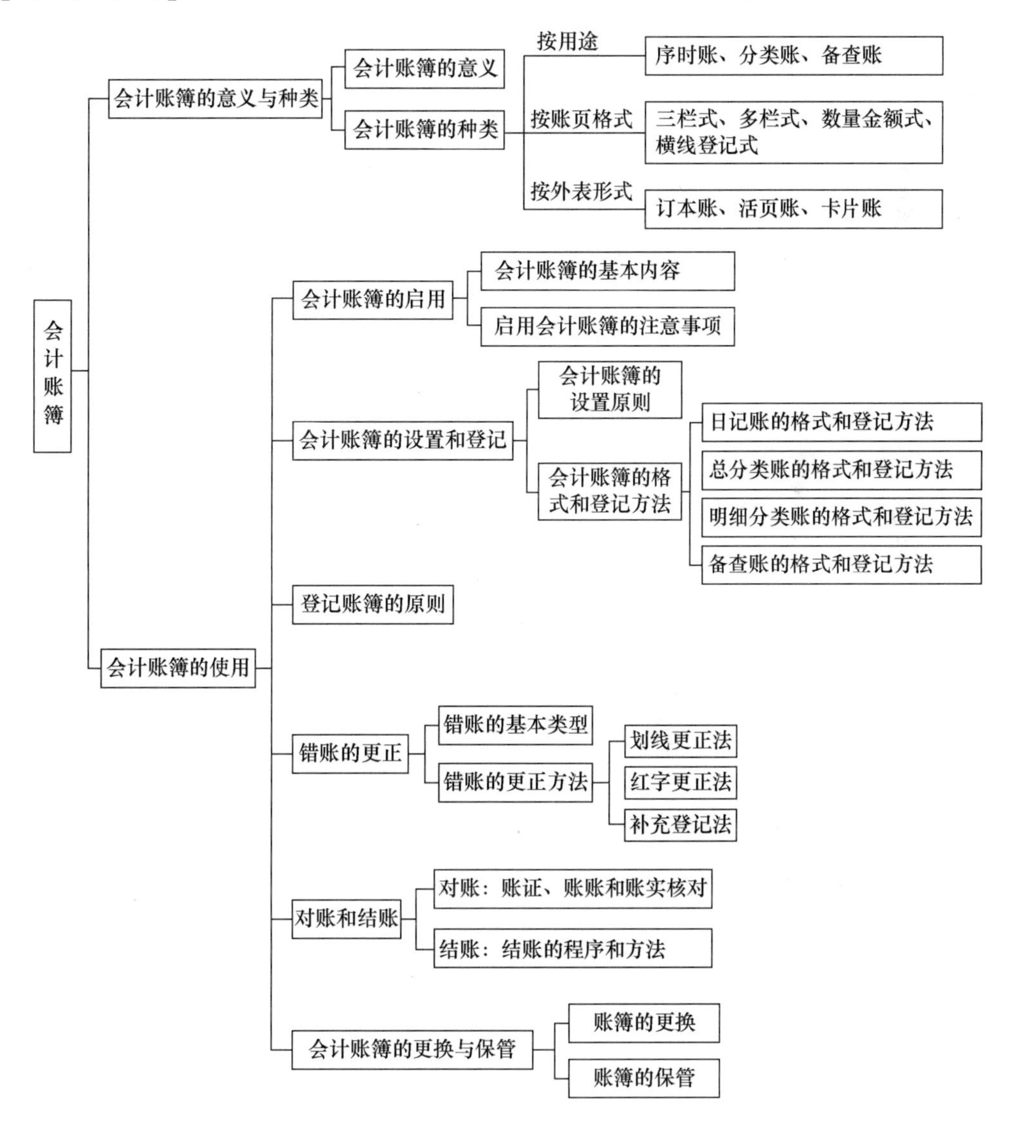

【知识目标】

1. 理解会计账簿与会计凭证之间的关系。
2. 理解会计账簿的概念和种类。
3. 掌握会计账簿的记账规则。
4. 了解各种会计账簿的基本格式。
5. 掌握对账和结账的方法。

【能力目标】

1. 能正确设置、启用和保管会计账簿。
2. 能熟练登记日记账、总分类账和明细分类账。
3. 能正确进行对账和结账工作。
4. 能运用正确方法进行错账更正。

【导入案例】

如果你是一家公司的管理者，经过一定时期（如月、季、半年或一年）的经营，你最想知道什么财务信息？你最想知道的是公司现在的资金状况、债权债务状况以及最近一段时间的效益情况。具体来讲，你想知道：现在账面上还有多少资金，还够不够下一阶段进货及日常的开销使用；公司现在的外欠款、应收款是多少；公司最近一段时间的收入是多少、成本费用是多少、利润又是多少等。

这些基本的财务信息都可以从会计账簿中找到答案。会计账簿是把分散在会计凭证上的零散资料加以集中和分类整理，全面、系统、连续地记录各项经济业务的簿籍。

第一节 会计账簿的意义与种类

一、会计账簿的意义

企业在经营过程中要发生各种各样的经济业务,对于这些经济业务,首先要由原始凭证作出最初的反映,然后会计人员按照会计信息系统的要求,采用复式记账方法,编制记账凭证。应该说,会计凭证能够比较全面地反映经济业务的发生和完成情况,其所记录的经济业务的内容也是非常详细、具体的。但是,由于会计凭证的数量繁多、比较分散,而且每张会计凭证只能记录单笔经济业务,提供的也只是个别的数据,不便于直接通过会计凭证取得综合的会计信息,也不便于日后查阅,因此,为了对经济业务进行连续、系统、全面的核算,企业应设置会计账簿,把分散在会计凭证上的零散资料加以集中和分类整理。

会计账簿是指由一定格式的账页组成的,以会计凭证为依据,全面、系统、连续地记录各项经济业务的簿籍。设置和登记账簿,是编制会计报表的基础,是连接会计凭证与会计报表的中间环节,在会计核算中具有重要意义。

(1) 通过会计账簿的设置和登记,可以分类和汇总会计信息。企业业务活动所涉及的会计要素的增减变动情况,应通过审核无误的会计凭证分类汇总在相应的账簿记录中。通过序时账簿的记录,可以反映企业在一定会计期间某类经济信息连续变化的详细情况。

(2) 通过会计账簿的设置和登记,可以全面、系统地反映会计信息。企业业务活动所涉及的会计要素都设有相应的账户进行记录,并能提供总括的和详细的会计信息,这些账户构成一个完整的会计簿籍体系。将簿籍体系中记录的内容汇集起来,就能够全面、系统地反映企业在一定会计期间的财务状况和经营成果,为企业加强经营管理提供原始数据资料。

(3) 通过会计账簿的设置和登记,可以检查和校正会计信息。由于账簿记录是对会计凭证的归类整理和汇总,可以分项反映某类会计信息,因此往往可以与实物盘点结果进行核对,并根据实际结存数额进行账务调整,以做到账实相符,从而为各方提供真实、可靠的会计信息。通过会计账簿的记录,可以为会计分析提供资料,有利于企业改善经营管理,也有利于进行会计检查。

(4) 通过会计账簿的设置和登记,可以编报和输出会计信息。通过定期的对账和结账工作,能够确保会计账簿记录准确无误。将核实无误的账簿资料进一步地加以汇总、整理,并据此设置报表项目,编制成会计报表,可以向各方提供真实有用的会计信息。

【相关链接】

会计账簿与账户的关系

会计账簿与账户是形式与内容的关系。账户存在于账簿之中，账簿中的每一页账页就是账户的存在形式和载体，没有账簿，账户就无法存在。账簿序时、分类地记录的交易或事项，是在各个账户中完成的。因此，账簿只是一个外在形式，账户才是它的真实内容，二者是相互依存、辩证统一的。

二、会计账簿的种类

由于各企业交易或事项的繁简不同，经济管理的要求不同，反映经济信息的内容不同，企业应根据需要设置不同种类的会计账簿，以便对企业全部的交易或事项信息进行连续的分类、归集、整理和加工。

（一）会计账簿按照用途分类

会计账簿按照用途的不同，可以分为序时账簿、分类账簿和备查账簿。

1. 序时账簿

序时账簿又称日记账，它是根据经济业务发生或完成的先后顺序，逐日逐笔进行登记的账簿。序时账簿可以用来核算和监督某一类型经济业务或全部经济业务的发生或完成情况。序时账簿按照其记录内容的不同，又可以分为普通日记账和特种日记账。

普通日记账是用来记录全部经济业务的日记账，通常将每天所发生的交易或事项按照其发生的先后顺序记入账簿中。特种日记账是用来记录某一类型经济业务的日记账，通常把某一类型比较重要的交易或事项按照其发生的先后顺序记入账簿中。常见的特种日记账包括记录现金收付业务及其结存情况的库存现金日记账和记录银行存款收付业务及其结存情况的银行存款日记账。

在我国，大多数企业的序时账簿一般只设置特种日记账，如库存现金日记账和银行存款日记账，而不设置普通日记账。

2. 分类账簿

分类账簿是对全部经济业务按照会计要素的具体类别而设置的分类账户进行登记的账簿。分类账簿按照账簿所反映经济内容的详细程度的不同，又可以分为总分类账簿和明细分类账簿。

总分类账簿简称总账，是按照总分类账户设置的，总括反映全部交易或事项的账簿。企业设置总账可以提供资产、负债、所有者权益、收入、费用和利润等的总括会计核算资料，对明细账具有统驭和控制作用。

明细分类账簿简称明细账，是按照明细分类账户设置的，详细反映某类交易或事项的账簿。明细账提供的会计核算资料详细、具体，对总账具有辅助和补充作用。

分类账簿是会计账簿的主体，是编制会计报表的主要依据。

【相关链接】

分类账簿和序时账簿的作用不同。序时账簿能提供连续、系统的信息，反映企业资金运动的全貌；分类账簿是按照经营与决策的需要而设置的账簿，能反映资金运动的各种状态、形式及其构成。在账簿体系中，分类账簿占有特别重要的地位。因为只有通过分类账簿，才能把数据按账户形成不同信息，满足企业编制会计报表的需要。小型经济单位，业务简单，总分类账户不多，为简化工作，可以把序时账簿与分类账簿结合起来，设置联合账簿。

3. 备查账簿

备查账簿又称辅助登记簿，是对某些在序时账簿和分类账簿等主要账簿中都不予登记或登记不够详细的经济业务进行补充登记时使用的账簿。这类账簿主要用于对某些交易或事项的内容提供必要的参考资料，如租入固定资产备查簿，用来登记以经营租赁方式租入、不属于本企业财产、不能计入本企业固定资产的机器设备；应收票据贴现备查簿，用来登记本企业已经贴现的应收票据，贴现的应收票据已不能在企业的序时账簿或分类账簿中反映，但由于尚存在票据付款人到期不能支付票据款项而使本企业产生连带责任的可能性，因此要备查登记。备查账簿属于备查性质的辅助登记账簿，没有固定格式，可根据实际需要加以设计。

【特别提醒】

备查账簿的记录与会计报表的编制没有直接关系，因而备查账簿是一种表外账簿。

【相关链接】

备查账簿与序时账簿和分类账簿相比，存在两点不同之处：一是登记依据可能不需要记账凭证，甚至不需要一般意义上的原始凭证。二是账簿的格式和登记方法不同，备查账簿的主要栏目不记录金额，它更注重用文字来表述某项经济业务的发生情况，如租入固定资产备查簿，其登记的依据主要是租赁合同与企业内部使用单位收到设备的证明，这二者在企业一般经济业务的核算中，不能充当正式的原始凭证，只能作为原始凭证的附件。登记租入固定资产备查簿，也不需要编制记账凭证。该备查簿的内容主要有：出租单位、设备名称、规格、编号、设备原值和净值、租用时间、月份或年度租金数额、租金支付方式、租用期间修理或改造的有关规定及损坏赔偿规定、期满退租方式及退租时间等。

（二）会计账簿按照账页格式分类

会计账簿按照账页格式的不同，可以分为三栏式账簿、多栏式账簿、数量金额式账簿和横线登记式账簿。

1．三栏式账簿

三栏式账簿是指账页格式设有借方、贷方和余额三个基本栏目的账簿。它一般适用于只需要进行金额核算的账户，如库存现金和银行存款日记账、总账以及资本、债权、债务明细账等。其格式如表7-1所示。

表7-1　三栏式明细账　　　　__级科目　编号及名称________
__级科目　编号及名称________

年		凭证		摘要	借方金额	贷方金额	借或贷	余额
月	日	种类	号数					

三栏式账簿又分为设对方科目和不设对方科目两种账簿。二者的区别是在摘要栏和借方金额栏之间是否有一栏对方科目。设有对方科目栏的，被称为设对方科目的三栏式账簿；不设对方科目栏的，被称为不设对方科目的三栏式账簿，也称一般三栏式账簿。

2．多栏式账簿

多栏式账簿是在账簿的两个基本栏目借方和贷方按需要分设若干栏目的会计账簿。专栏设置在借方还是贷方，或者两方同时设专栏，设多少专栏，则根据需要确定。多栏式账簿一般适用于需要反映其构成内容，以便为经营管理提供详细资料的账户，如生产成本、收入、费用等明细账。其格式如表7-2所示。

表7-2　多栏式明细账　　　　总第____页　分第____页
__级科目　编号及名称________
__级科目　编号及名称________

年		凭证字号	摘要						
月	日								

3. 数量金额式账簿

数量金额式账簿是指在账簿的借方、贷方和余额三个栏目内再分设数量、单价和金额三个小栏目,借以反映财产物资的实物数量和价值量的账簿。它一般适用于既要进行金额核算,又要进行实物核算的各种财产物资明细账,如原材料、库存商品等明细账。其格式如表7-3所示。

表7-3 存货分类账(数量金额式)

最高存量________ 最低存量________

储存地点________ 计量单位________ 规格________ 类别______ 货号______ 货名_______

年		凭证		摘要	收入			发出			结存		
月	日	种类	号数		数量	单价	金额	数量	单价	金额	数量	单价	金额

4. 横线登记式账簿

横线登记式账簿是指在其账页借方、贷方内,根据需要分设若干栏目,将同一项交易或事项自始至终登记在同一账页同一行内的账簿。这种账簿便于分析和检查某项交易或事项的发生和完成情况,适用于材料采购业务、应收票据和一次性备用金业务。其格式如表7-4所示。

表7-4 横线登记式分类账

总第____页 分第____页

__级科目 编号及名称________

__级科目 编号及名称________

年		凭证字号	摘要	借方			年		凭证字号	摘要	贷方			余额
月	日			原借	补付	合计	月	日			报销	退款	合计	

(三)会计账簿按外表形式分类

会计账簿按照外表形式的不同,可以分为订本式账簿、活页式账簿和卡片式账簿。

1. 订本式账簿

订本式账簿简称订本账,是指在启用之前已将账页装订在一起,并对账页进行了连续编号的账簿。订本账的优点是可以避免账页散失和蓄意偷换账页,有利于保证账簿的安全和完整。其缺点是:账页的数量和位置固定,不能根据需要增减账页;在使用时必须预留空白账页,预留太多造成浪费,预留太少则影响连续登记;同一时间同一本账簿只能由一人登记,不便于记账人员的分工。在实际工作中,订本账一般适用于具有统驭性、重要性特征的账簿,如总账、库存现金日记账、银行存款日记账等。

2. 活页式账簿

活页式账簿简称活页账,是指在账簿登记完毕之前并不固定装订在一起,而是装在活页账夹中的账簿。当账簿登记完毕之后(通常是一个会计年度结束之后),才将账页予以装订,加具封面,并对各账页连续编号。活页账的优点是记账时可以根据实际需要,随时将空白账页装入账簿,或抽去不需用的账页,不会出现预留不足或预留过多的现象,也有利于会计人员分工记账。其缺点是如果管理不善,则可能造成账页散失或故意抽换账页。活页账一般只适用于各种明细账,如材料明细账等。

3. 卡片式账簿

卡片式账簿简称卡片账,是指将具有一定格式的硬卡片作为账页,存放在卡片箱内形成的账簿。本质上,卡片账也是一种活页账,只不过它不是装在活页账夹中,而是装在卡片箱内。其优缺点与活页账基本相同。这种账簿一般适用于不常更换账页的账簿。在我国,企业一般只对固定资产的核算采用卡片账形式。因为固定资产在长期使用中其实物形态不变,又可能经常转移使用部门,设置卡片账便于随同实物转移。少数企业在材料核算中也使用材料卡片。

第二节 会计账簿的使用

一、会计账簿的启用

(一)会计账簿的基本内容

尽管会计账簿记录的交易或事项的内容不同,格式也多种多样,但各种账簿一般都应包括以下基本内容:

1. 封面

封面主要用来载明账簿的名称和记账单位的名称。

2. 扉页

扉页主要用来载明账簿的启用和交接情况。账簿扉页上应附账簿启用及经管人员一览表,载明单位名称、账簿名称、启用日期、账簿页数、会计主管人员、记账人员、移交人员和移交日期、接管人员和接管日期、有关人员签章和单位公章。其格式如表7-5所示。

表 7-5 账簿启用及经管人员一览表

<table>
<tr><td colspan="2">单位名称</td><td colspan="8"></td><td colspan="4">印章</td></tr>
<tr><td colspan="2">账簿名称</td><td colspan="8">（第　册）</td><td colspan="4" rowspan="4"></td></tr>
<tr><td colspan="2">账簿编号</td><td colspan="8"></td></tr>
<tr><td colspan="2">账簿页数</td><td colspan="8">本账簿自　起至　页止共　页</td></tr>
<tr><td colspan="2">启用日期</td><td colspan="8">公元　　年　月　日</td></tr>
<tr><td rowspan="3">经管
人员</td><td colspan="3">部门负责人</td><td colspan="2">会计主管</td><td colspan="4">复核</td><td colspan="4">记账</td></tr>
<tr><td colspan="2">姓名</td><td>签章</td><td>姓名</td><td>签章</td><td colspan="3">姓名</td><td>签章</td><td colspan="3">姓名</td><td>签章</td></tr>
<tr><td colspan="2"></td><td></td><td></td><td></td><td colspan="3"></td><td></td><td colspan="3"></td><td></td></tr>
<tr><td rowspan="5">交接
记录</td><td colspan="5">经管人员</td><td colspan="4">接管</td><td colspan="4">交出</td></tr>
<tr><td colspan="3">职别</td><td colspan="2">姓名</td><td>年</td><td>月</td><td>日</td><td>签章</td><td>年</td><td>月</td><td>日</td><td>签章</td></tr>
<tr><td colspan="3"></td><td colspan="2"></td><td></td><td></td><td></td><td></td><td></td><td></td><td></td><td></td></tr>
<tr><td colspan="3"></td><td colspan="2"></td><td></td><td></td><td></td><td></td><td></td><td></td><td></td><td></td></tr>
<tr><td colspan="3"></td><td colspan="2"></td><td></td><td></td><td></td><td></td><td></td><td></td><td></td><td></td></tr>
<tr><td>备注</td><td colspan="13"></td></tr>
</table>

3. 账页

账页是账簿的主体，是用来具体记录交易或事项的载体。它包括账户名称栏、记账日期栏、凭证种类和号数栏、摘要栏、金额栏（借方、贷方和余额）、总页次和分页次等基本内容。

4. 封底

封底一般没有具体内容，它与封面共同起着保护整个账簿记录完整的重要作用。

（二）启用会计账簿的注意事项

为了保证会计账簿的合法性和会计资料的完整性，明确经济责任，会计账簿应当由专人负责登记。启用账簿时应注意以下几点：

1. 认真填写账簿封面与账簿启用表

启用会计账簿时，应当在账簿封面上写明单位名称和账簿名称，并在账簿扉页上附账簿启用及经管人员一览表，加盖公章和有关个人名章。记账人员或会计机构负责人、会计主管人员调动工作时，应在扉页的账簿启用及经管人员一览表中注明交接日期和接管人员姓名，并签章，以明确责任。

2. 填写账户目录

账簿第一页应设置账户目录，登记账户名称，并注明各账户页次。

3. 顺序编定页数

启用订本式账簿，应按顺序编定页数，不得跳页、缺号。启用活页式账簿，应按账户顺序编号，并装订成册；年度终了，再按实际使用的账页顺序编定页数和建立账户目录。

4. 粘贴印花税票

印花税票一律粘贴在账簿启用及经管人员一览表右上角，并画线注销。使用缴款书缴纳印花税，应在账簿启用及经管人员一览表右上角注明“印花税已缴”字样及缴款金额。

二、会计账簿的设置和登记

（一）会计账簿的设置原则

会计账簿的设置，包括确定账簿的种类、内容、格式及登记方法。账簿设置必须做到科学严密、层次分明；账簿之间应保持内在联系和勾稽关系，起到相互制约的作用。账簿设置应遵循以下几项原则：

1. 满足宏观经济管理的需要

账簿的设置必须保证能够正确、及时、完整地反映各项经济业务。账簿所提供的会计信息应符合国家宏观经济管理的要求，能够满足有关方面了解企业财务状况、经营成果和现金流量的需要，以及满足单位内部经营管理的需要。

2. 科学严密、层次分明

账簿的设置要力求科学严密、层次分明。账簿既要提供总括的会计核算资料，又要提供详细的会计核算资料。各种账簿之间要有统驭关系或平行的制约关系，这种相互联系的勾稽关系应当严谨并要避免账簿重复设置或遗漏。

3. 简便、灵活、实用

账簿的设置要根据单位规模的大小、经济业务的繁简、会计人员的多少，从加强管理的实际需要和具体条件出发，既要防止账簿重叠，又要防止过于简化。账簿格式要简便、实用，避免烦琐、复杂。

4. 合理和合法相结合

账簿的设置要有利于财会部门的分工和加强岗位责任制。同时，根据《中华人民共和国会计法》的要求，各单位发生的各项经济业务或事项应当在依法设置的会计账簿上统一登记、核算，不得违反规定私设会计账簿。

（二）会计账簿的格式和登记方法

1. 日记账的格式和登记方法

日记账分为普通日记账和特种日记账两种，由于目前大多数单位一般只设特种日记账，因此下面主要介绍库存现金日记账和银行存款日记账的格式和登记方法。

（1）库存现金日记账的格式和登记方法具体如下：

库存现金日记账是用来核算和监督库存现金每天的收入、支出和结存情况的账簿。其格式有三栏式和多栏式两种，如表7-6和表7-7所示。

表7-6 库存现金日记账（三栏式）

年		凭证		摘要	对方科目	借方（收入）	贷方（支出）	余额
月	日	种类	号数					

表 7-7 库存现金日记账(多栏式)

年		凭证		摘要	收入				支出				结余
					应贷科目			合计	应借科目			合计	
月	日	种类	号数		银行存款	其他应收款	……		其他应收款	管理费用	……		

库存现金日记账是出纳人员根据审核无误的库存现金收款凭证、库存现金付款凭证和银行存款付款凭证(记录从银行提取现金业务),按经济业务发生的先后顺序逐日逐笔进行登记的。根据库存现金收款凭证和与现金有关的银行存款付款凭证登记现金收入栏;根据库存现金付款凭证登记现金支出栏;根据"上日余额 + 本日收入 - 本日支出 = 本日余额"的公式,逐日结出现金余额,并与库存现金核对,以检查每日现金收付是否有误,这就是通常所说的"日清"。月终,同样要计算现金收入、支出和结存的合计数,即通常所说的"月结"。

(2) 银行存款日记账的格式和登记方法具体如下:

银行存款日记账是用来核算和监督银行存款每日的收入、支出和结存情况的账簿。银行存款日记账应按企业在银行开立的账户和币种分别设置,每个银行账户设置一本日记账。银行存款日记账的格式与库存现金日记账的格式基本相同,其账页格式通常采用借、贷、余三栏式。

银行存款日记账是出纳人员根据审核无误的银行存款收款凭证、银行存款付款凭证和库存现金付款凭证(记录现金存入银行业务),按经济业务发生的先后顺序逐日逐笔进行登记的。根据银行存款收款凭证和有关库存现金付款凭证登记银行存款收入栏,根据银行存款付款凭证登记银行存款支出栏,每日结出存款余额,并定期(一般每月一次)与银行对账单核对,做到"日清月结"。

【问题与思考】

有两个银行存款一般账户平常发生的业务较少,可否放在同一本银行存款日记账中登记?

2．总分类账的格式和登记方法

（1）总分类账的格式。总分类账是根据总分类账户分类登记，以提供总括会计核算信息的账簿。应用总分类账，可以全面、系统、综合地反映企业所有的经济业务情况和财务收支情况，可以为编制会计报表提供所需的资料。因此，每一家企业都应设置总分类账。

总分类账的格式取决于企业采用的记账方法和账务处理程序。在借贷记账法下，其格式一般采用借、贷、余三栏式，也可以根据需要采用增设对方科目的三栏式账页，具体如表7-8和表7-9所示。

表7-8　总分类账（一般三栏式）

年		凭证		摘要	借方金额	贷方金额	借或贷	余额
月	日	种类	号数					

表7-9　总分类账（设对方科目三栏式）

年		凭证		摘要	对方科目	日页	借方金额	贷方金额	借或贷	余额
月	日	种类	号数							

【特别提醒】

总分类账无论采用哪一种格式，会计人员每月都要将全月已发生的经济业务全部登记入账，并于月末结出各个总分类账户的本期发生额和期末余额，作为编制会计报表的依据。

（2）总分类账的登记方法。总分类账的登记方法取决于企业采用的账务处理程序。由于采用的账务处理程序不同，其登记依据和登记方法也不一样。总分类账既可以根据记账凭证逐笔登记，又可以根据经过汇总的科目汇总表或汇总记账凭证等登记。这部分内容将在第十章账务处理程序中详细介绍。

【特别提醒】

无论是库存现金日记账、银行存款日记账还是总分类账,都必须采用订本式账簿。

3. 明细分类账的格式和登记方法

(1) 明细分类账的格式。明细分类账是根据明细分类账户设置的,提供详细、具体会计核算信息的账簿。它是总分类账的辅助和补充,对于加强财产物资的管理、往来款项的结算以及费用开支等方面的监督起着重要作用。明细分类账主要有三栏式、多栏式、数量金额式和横线登记式四种格式。

(2) 明细分类账的登记方法。不同类型经济业务的明细分类账,可以根据管理需要,依据记账凭证、原始凭证或汇总原始凭证逐日逐笔或者定期汇总登记。固定资产、债权、债务等明细分类账应逐日逐笔登记;库存商品、原材料收发明细分类账以及收入、费用明细分类账可以逐笔登记,也可以定期汇总登记。库存现金、银行存款账户由于已经设置日记账,不再设置明细分类账,其日记账实质上也是明细分类账。

【特别提醒】

明细分类账一般采用活页式账簿,也可以采用卡片式账簿。

4. 备查账的格式和登记方法

备查账是对企业日记账和分类账的必要补充,其种类、格式及登记方法均无特殊规定。会计人员可以根据业务内容自行设计或者选用其他账簿格式。下面仅以租入固定资产备查簿为例加以说明。其格式如表7-10所示。

表7-10 租入固定资产备查簿

固定资产名称及规格	租约号数	租出单位	租入单位	月租金	使用部门	归还日期	备注

三、登记账簿的规则

登记账簿应遵循以下规则：

1. 必须以审核无误的会计凭证为依据，项目的登记必须齐全

为了保证账簿记录的正确性，记账人员记账时必须根据审核无误的会计凭证，将记账凭证日期、编号、业务内容摘要、金额等逐项登入账内，做到登记准确、及时，书写清楚。登记完毕后，记账人员要在记账凭证上签名或盖章，并注明记账符号“√”，表示已登记入账。

2. 顺序连续登记

记账人员记账时必须按照账簿的页次、行次顺序连续登记，不得隔页、跳行。如果不慎发生隔页、跳行，则应将空行、空页的金额栏由右上角到左下角划红线注销，同时在摘要栏注明“此行空白”或“此页空白”字样，并由记账人员压线盖章。

3. 书写留白

账簿中书写的文字和数字的上面要留有适当的空格，不要写满格，一般应占格距的1/2，以便发生差错时进行更正。

4. 正确使用蓝黑墨水（碳素墨水）和红色墨水

为了保证账簿记录整洁、清晰，防止篡改，记账人员记账时必须使用蓝黑墨水书写，不得使用圆珠笔或铅笔。下列情况可以使用红色墨水登记：

（1）按照红字冲账的记账凭证，冲销错误记录；

（2）在不设借、贷等栏的多栏式账页中登记减少数；

（3）在三栏式账簿的余额栏前，如未印明余额方向，则在余额栏内登记负数余额；

（4）划更正线；

（5）根据国家统一会计制度的规定可以用红字登记的其他会计记录。

5. 结出余额

凡需要结出余额的账户，应按时结出余额。库存现金日记账和银行存款日记账必须逐日结出余额。结出余额后，应当在“借或贷”栏内写明“借”或者“贷”字样，表明余额的方向。没有余额的账户，应当在“借或贷”栏内写“平”字，并在余额栏内用“0”表示。

【特别提醒】

一般来说，对于没有余额的账户，在余额栏内标注的“0”应当放在“元”位。

6. 逐页结转

每一账页登记完毕结转下页时，记账人员应当结出本页合计数及余额，写在本页最后一行和下页第一行有关栏内，并在摘要栏内注明“过次页”和“承前页”字样；也可以将本页合计数及金额只写在下页第一行有关栏内，并在摘要栏内注明“承前页”字样。

对需要结计本月发生额的账户，结计“过次页”的本页合计数应当为自本月初起至本页末止的发生额合计数；对需要结计本年累计发生额的账户，结计“过次页”的本页合计数应当为自本年年初起至本页末止的发生额合计数；对既不需要结计本月发生额又不需要结计本年累计发生额的账户，可以只将每页末的余额结转次页。

7. 正确改错

账簿记录发生错误时，记账人员不能刮擦、挖补、涂改或用褪色药水更改字迹，不准重新抄写，必须按照规定方法进行更正。

【相关链接】

实行会计电算化的单位，用计算机打印的会计账簿必须连续编号，经审核无误后装订成册，并由记账人员和会计机构负责人、会计主管人员签字或盖章。总账和明细账应定期打印，发生收款和付款业务的，在输入收款凭证和付款凭证的当天必须打印出库存现金日记账和银行存款日记账，并与库存现金核对无误。

四、错账的更正

（一）错账的基本类型

登记会计账簿是一件很细致的工作，但是在记账过程中，还有可能发生各种各样的差错，如重记、漏记、数字颠倒、数字错位、会计科目记错等，产生错账，从而影响会计信息的准确性。会计人员登记账簿过程中发生的错账类型如图 7-1 所示。

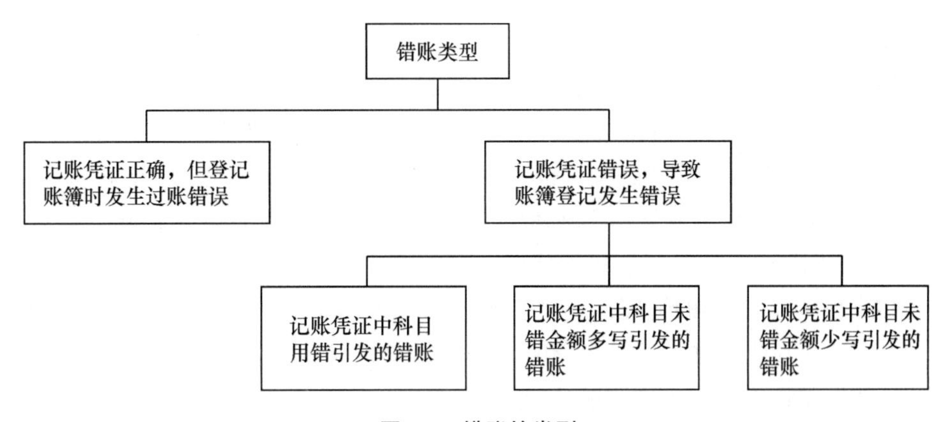

图 7-1 错账的类型

（二）错账的更正方法

如果账簿记录发生错误，则记账人员不得刮擦、挖补、涂改或用褪色药水更改字迹，必须根据错账的具体情况，采用正确的方法予以更正。更正错账的方法一般有划线更正法、红字更正法和补充登记法三种，如表 7-11 所示。

表 7-11 更正错账的方法

更正方法	适用范围	具体内容
划线更正法	记账凭证正确，但登记账簿时发生过账错误	先将错误的文字或数字全部划一条红线予以注销，但原有字迹仍可辨认，以备查验；然后将正确的文字或数字用蓝字写在被注销的文字或数字上方，并由记账人员在更正处盖章，以明确责任
红字更正法	记账凭证中科目用错引发的错账	用红字填写一张与原记账凭证完全相同的记账凭证，在摘要栏内注明“冲销××月××日第××号凭证错账”，以注销原记账凭证；然后用蓝字填写一张正确的记账凭证，在摘要栏内注明“补记××月××日账”，并据以登记入账
	记账凭证中科目未错金额多写引发的错账	将多记的金额用红字填写一张与原记账凭证会计科目完全相同的记账凭证，在摘要栏内注明“冲销××月××日第××号凭证多记金额”，以冲销多记的金额，并据以登记入账
补充登记法	记账凭证中科目未错金额少写引发的错账	将少记的金额用蓝字填写一张与原记账凭证会计科目完全相同的记账凭证，在摘要栏内注明“补充××月××日第××号凭证少记金额”，以补充少记的金额，并据以登记入账

【特别提醒】

应当注意，文字错误，可更正个别错字；数字错误，应将错误数字全部划掉，不得只更正其中的错误数字。

【例 7-1】 洪峰公司用银行存款 5 600 元购买办公用品，会计人员在根据记账凭证（记账凭证正确）记账时，误将银行存款贷方的 5 600 元写成 6 500 元。

采用划线更正法的具体做法是：先将“银行存款”账户贷方的错误数字 6 500 元全部用一条红线划销（注意：不能只划个别错误的数字），然后在其上方写出正确的数字 5 600 元，并在更正处签名或盖章，以明确责任。

【例 7-2】 洪峰公司的管理人员出差预借差旅费 3 000 元，这项经济业务编制的会计分录应为：借记“其他应收款”科目，贷记“库存现金”科目。但会计人员在填制记账凭证时，误将“其他应收款”记为“应收账款”登记入账。

采用红字更正法的具体做法是：首先，用红字填写一张与原错误记账凭证相同的记账凭证，冲销原有错误的账簿记录。

借：应收账款　　3 000

　贷：库存现金　　3 000

然后，再用蓝字填写一张正确的记账凭证，并据以登记入账。

借:其他应收款　　3 000

　　贷:库存现金　　3 000

【例7-3】 洪峰公司用银行存款7 500元偿还前欠货款,会计人员在记账时,误将7 500元记为75 000元。

采用红字更正法的具体做法是:用红字填写一张与原错误记账凭证相同的记账凭证,只是金额为75 000 - 7 500 = 67 500(元),以冲销多记的金额。

借:应付账款　　[67 500]

　　贷:银行存款　　[67 500]

【例7-4】 洪峰公司用银行存款75 000元偿还前欠货款,会计人员在记账时,误将75 000元记为7 500元。

采用补充登记法的具体做法是:用蓝字填写一张与原错误记账凭证相同的记账凭证,只是金额为75 000 - 7 500 = 67 500(元),以补充少记的金额。

借:应付账款　　67 500

　　贷:银行存款　　67 500

红字更正法和补充登记法都是用来更正因记账凭证错误而产生的记账差错。如果记账凭证未错,只是登记入账时发生误记,那么这种非因记账凭证误记的差错,无论何时发现(在实际工作中,由于定期核对账目,不可能经过很长时间才被发现),都不能用这两种方法进行更正,而应用划线更正法进行更正。因为记账必须以凭证为依据,一张记账凭证不仅是登记明细账的依据,而且是汇总登记总账的依据。在同一记账依据的基础上,不一定两种账同时都记错,假如总账未记错,只是某一明细科目记错了数字,如果为订正这一明细科目差错,而采用了红字更正法或补充登记法,则势必影响总账发生变动,即将原来的正确数订正为错误数。所以,非因记账凭证误记的差错只能用划线更正法进行更正。

错账的查找与更正是一项非常复杂和细致的工作,会计人员为了查找一笔差错往往需要花费很长的时间,有时甚至影响结账,延误决算时间。这就要求广大会计人员在日常工作中必须具有高度的责任感,熟练掌握有关财务会计制度,不断提高业务水平和技能,尽可能地减少差错和防止差错的发生。

五、对账和结账

(一) 对账

对账(Reconciliation)是对账簿记录所进行的核对工作,即核对账目。

在登记账簿的过程中,出于各种原因,会计人员不可避免地会发生记账、过账、计算等差错,为了保证会计账簿记录的正确性,企业应当定期对会计账簿记录的有关数字与库存实物、货币资金、有价证券、往来单位或个人等进行相互核对,以保证账证相符、账账相符、账实相符。会计账簿审核的主要内容如表7-12所示。

表 7-12　会计账簿审核的主要内容

对账	主要内容
账证核对	核对会计账簿记录与会计凭证的时间、凭证字号、内容、金额是否一致,记账方向是否相符。记账完成后,要将会计账簿记录与会计凭证进行核对,以保证账证相符。如果发现账证不符,则应当及时查明原因,予以更正
账账核对	(1) 总账之间的核对。总账中全部账户的借方期末余额合计数与贷方期末余额合计数核对相符。通过这种平衡关系可以检查总账记录是否正确、完整 (2) 总账与所属明细账核对。总账账户的期末余额与其所属明细账户的期末余额之和核对相符 (3) 总账与序时账核对。总账中"库存现金"和"银行存款"账户的期末余额分别与库存现金日记账、银行存款日记账的期末余额核对相符,在此基础上,库存现金日记账必须每天与库存现金核对相符,银行存款日记账也必须定期与银行对账 (4) 明细账之间的核对。会计部门有关财产物资的明细账余额与财产物资保管或使用部门相应的明细账余额核对相符。核对的方法一般是由财产物资保管或使用部门定期编制收发结存汇总表报会计部门核对
账实核对	(1) 现金日记账账面余额与库存现金数额核对相符 (2) 银行存款日记账账面余额与银行对账单的余额核对相符 (3) 财产物资明细账账面余额与财产物资的实有数额核对相符 (4) 应收、应付款明细账余额与有关债务、债权单位或个人核对相符

(二) 结账

结账(Close the Book),就是在将一定时期(如月份、季度、年度)内所发生的经济业务全部登记入账的基础上,结算出各种账簿的本期发生额和期末余额。为了总结企业某一个会计期间(如月份、季度、年度)的经济活动情况,考核财务成果,编制会计报表,会计人员必须在每一会计期间终了时,进行结账。

【双语链接】

Close the Book: Preparing the ledger accounts to record the next period's transactions by making closing entries that summarize all balances in the revenue and expense accounts and transferring the balances to retained earnings.

结账内容包括:结算各收入、费用账户,并据以计算确定本期利润;结算各资产、负债及所有者权益账户,分别结出本期发生额和余额。

1. 结账的程序

(1) 将本期发生的经济业务全部登记入账,并保证其正确性。结账前,必须查明本期内发生的经济业务是否已全部登记入账,若发现漏记、错记,则应及时补记、更正。不得为赶编会计报表而提前结账,也不能把本期发生的经济业务延至下期入账,更不能先编会计报表后结账。

(2) 期末账项调整。期末账项调整是指根据权责发生制的要求,调整有关账项,合理确定本期应计的收入和应计的成本费用。期末账项调整的主要内容包括:

① 应计收入的调整。应计收入是指那些已在本期实现,因款项未收而未登记入账的收入。对于这类调整事项,应确认为本期收入,如已销售但尚未收到的款项等。

② 应计费用的调整。应计费用是指那些已在本期发生,因款项未付而未登记入账的费用。对于这类调整事项,应确认为本期费用,如应付未付的借款利息等。

③ 收入分摊的调整。收入分摊的调整是指企业已经收到有关款项,但由于尚未提供产品或劳务,因而在当时没有确认为收入入账的预收款项,本期按照提供产品或劳务的情况进行分摊,确认为本期收入。

④ 费用分摊的调整。费用分摊的调整是指企业原来预付的各项费用应确认为本期费用的调整,如各种待摊性质的费用。

⑤ 其他期末账项调整事项。如固定资产折旧、结转完工产品成本和已售产品成本。

(3) 将损益类账户转入“本年利润”账户,结平所有损益类账户。

(4) 结算出资产、负债和所有者权益账户的本期发生额和余额,并结转下期。

2. 结账的方法

(1) 对不需要按月结计本期发生额的账户,每次记账以后,都要随时结出余额,每月最后一笔余额即为月末余额。月末结账时,只需在最后一笔经济业务记录下面通栏划单红线,不需要再结计一次余额。例如,各项应收应付款明细账和各项财产物资明细账等,每次记账以后,都要随时结出余额,每月最后一笔余额即为月末余额,如表 7-13 所示。

表 7-13 明细分类账

账户名称:应收账款

年		凭证		摘要	借方	贷方	借或贷	余额
月	日	字	号					
1	1			上年结转			借	3 000.00
1	30	转	14	赊销商品	12 000.00		借	15 000.00

注:__________为单红线。

(2) 库存现金日记账、银行存款日记账和需要按月结计发生额的收入、费用等明细账,每月结账时,要在最后一笔经济业务记录下面通栏划单红线,结出本月发生额和余额;在摘要栏内注明 “本月合计”字样,并在下面通栏划单红线,如表 7-14 所示。

表 7-14　库存现金日记账

年		凭证		摘要	借方	贷方	借或贷	余额
月	日	字	号					
1	1			上年结转			借	5 000.00
1	25	付	2	支付运输费		600.00		
				本日合计		600.00	借	4 400.00
1	30	付	3	提取现金	22 000.00			
1	30	付	4	发放工资		22 000.00		
				本日合计	22 000.00	22 000.00	借	4 400.00
				本月合计	22 000.00	22 600.00	借	4 400.00

注：----------为单红线。

（3）对需要结计本年累计发生额的明细账户，如收入、成本、费用等明细账户，每月结账时，应在“本月合计”行下结出自年初起至本月止的累计发生额，登记在月份发生额下面；在摘要栏内注明“本年累计”字样，并在下面通栏划单红线。12 月末的“本年累计”就是全年累计发生额，全年累计发生额下通栏划双红线，如表 7-15 所示。

表 7-15　总分类账

账户名称：主营业务收入

年		凭证		摘要	借方	贷方	借或贷	余额
月	日	字	号					
1	30	收	3	销售商品		5 000.00		
	30	转	14	赊销商品		12 000.00		
	30	转	18	结转销售收入	17 000.00			
				本月合计	17 000.00	17 000.00	平	0
				本年累计	17 000.00	17 000.00		
2				略	略			
				本月合计	25 000.00	25 000.00	平	0
				本年累计	42 000.00	42 000.00		
12				本月合计				
12				本年累计	230 000.00	230 000.00		

注：========为双红线。

（4）总账账户平时只需结出月末余额。年终结账时，为了反映全年各资产、负债及所有者权益项目增减变动的全貌，核对账目，要将所有总账账户结出全年发生额和年末余额；在摘要栏内注明“本年合计”字样，并在合计数下面通栏划双红线，如表 7-16 所示。

表 7-16 总分类账

会计科目:银行存款

年		凭证		摘要	借方	贷方	借或贷	余额
月	日	字	号					
1	1			上年结转			借	150 000.00
1	31	汇	1	1—31 日发生额	255 000.00	101 073.00		303 927.00
				本月合计	255 000.00	101 073.00	借	303 927.00
				本年合计	485 000.00	394 000.00	借	241 000.00
				结转下年				

注:________为双红线。

(5) 年度终了结账时,有余额的账户,要把各账户的余额结转到下一会计年度,在"本年合计"或"本年累计"双红线下一行摘要栏内注明"结转下年"字样,金额不再抄写,以下空格从右上角至左下角划斜线注销。在下一会计年度新账簿第一行余额栏内填写上年结转的余额,并在摘要栏内注明"上年结转"字样。如果下一会计年度会计科目名称有变化,则还应在摘要栏内注明"结转下年××新账户"字样,如表 7-17 所示。

表 7-17 总分类账

会计科目: 应付账款

年		凭证		摘要	借方	贷方	借或贷	余额
月	日	字	号					
1	1			上年结转			贷	104 000.00
1	31	汇	1	1—31 日发生额	45 000.00	13 000.00	贷	72 000.00
				本月合计	45 000.00	13 000.00	贷	72 000.00
				本年合计	86 000.00	57 000.00	贷	75 000.00
				结转下年				

【特别提醒】

划线的目的是突出有关数字,表示本期的会计记录已经截止或结束,并将本期与下期的记录明显分开。

六、会计账簿的更换与保管

（一）会计账簿的更换

为了反映每个会计年度的财务状况和经营成果，保持会计资料的连续性，企业应按照会计制度的规定在适当的时间进行账簿更换。

所谓账簿更换，是指在会计年度终了时，将上年度的账簿更换为下年度新账簿的工作。账簿更换的基本要求如表7-18所示。

表7-18 账簿更换的基本要求

	基本要求
账簿更换	(1) 库存现金日记账、银行存款日记账、总分类账及大多数明细分类账都要每年更换新账簿，但固定资产卡片账等可以跨年度连续使用，不必每年更换 (2) 年终结账后，有期末余额的账户，应将其余额结转至下年度新账簿的相应账户中。结转时，将有余额账户的余额直接记入新账簿中相对应账户的余额栏内，既不需要编制记账凭证，又不必将余额再记入本年账户的借方或贷方，使本年有余额账户的余额为零 (3) 下年度新账簿的第一行，填写的日期是1月1日，摘要栏注明“上年结转”字样，同时，将上年度结转余额记入“余额”栏，并注明余额方向。上年度账户的借方余额，转至下年度新账簿内仍为借方余额；上年度账户的贷方余额，转至下年度新账簿内仍为贷方余额

【问题与思考】

各种备查账可否跨年度使用？

（二）会计账簿的保管

会计账簿是重要的经济档案，必须按规定妥善保管，不得丢失和任意销毁。会计账簿的保管，既要安全、完善、机密，又要保证使用时能及时、迅速地查到。年度终了更换新账簿后，旧账页应清点整理，按时装订整理立卷，归档保管。

每年形成的会计档案，应由财会部门按照归档的要求，负责整理立卷或装订成册。当年形成的会计档案，在会计年度终了，可暂由本单位财会部门保管一年。期满之后，应由财会部门编造清册，移交本单位的档案部门保管；未设立档案部门的，应当在财会部门内指定专人保管。账簿归档保管时要做到防火、防盗、防潮、防霉烂变质、防虫蛀鼠咬。具体工作如表7-19所示。

【问题与思考】

为什么在年终结账后，旧账簿不直接送交档案保管部门，而是由财会部门保管一年后才送交档案保管部门？

表 7-19 会计账簿保管工作

	具体工作
会计账簿保管	(1) 账簿查阅。存档后的会计账簿,调阅时必须提出理由,经会计主管人员批准,在保管员陪同下方可查阅,原则上不得借出 (2) 保管期限。会计档案保管期限详见表 6-18 (3) 账簿销毁。账簿保管期满需要销毁时,由档案保管部门提出销毁意见,会同财会部门共同鉴定、编造清册,报本单位领导或上级批准方可销毁;销毁时应由档案保管部门、财会部门和有关部门共同监销

第八章　财产清查

【本章导航】

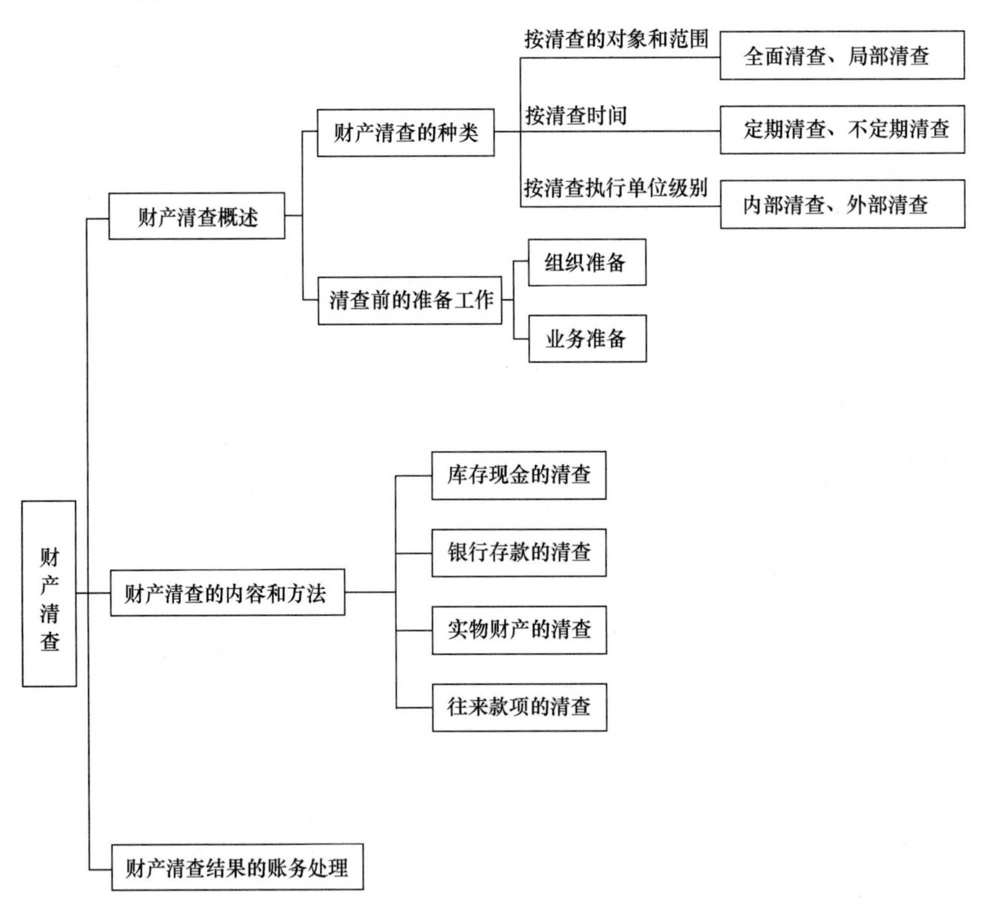

【知识目标】

1. 了解财产清查的意义和种类。
2. 理解财产清查的各种方法。
3. 掌握财产清查结果的会计处理。

【能力目标】

1. 能说出永续盘存制和实地盘存制的优缺点。
2. 能对货币资金、实物资产和债权债务开展清查工作。
3. 能正确编制银行存款余额调节表。
4. 能对财产清查结果进行会计处理。

【导入案例】

小明大学毕业后到一家大型国有企业的财务部门实习,值得庆幸的是,他被允许在师傅的指导下实际参与日常会计核算工作。每个月末都是财务人员工作繁忙的时候,小明也憋足了劲儿,要在师傅的指导下好好实践一下会计知识。让小明想不到的是,到了月末,师傅叫他做的第一项复杂的工作不是整理凭证和记账,而是到仓库去盘点库存,而且告诉他必须在当天将盘点做完。小明心里很纳闷:存货盘点为什么一定要在规定的时间内完成呢?存货盘点比记账还重要吗?

同学们,你能回答小明的疑问吗?

第一节　财产清查概述

一、财产清查的种类

财产清查是指根据账簿记录，通过对各项实物资产、库存现金的实地盘点和对银行存款、债权债务的核对，来确定各项财产物资、货币资金、债权债务的实有数，并与账面结存数核对，借以查明账实是否相符的一种专门方法。

【相关链接】

任何会计主体都要通过账簿来反映其各项经济业务发生所引起的各项财产物资的增减变动及其结存情况。企业的会计核算应该使账簿上所反映的有关财产和物资的结存数额同其实有数额一致，即账实相符。但在实际工作中，账簿记录的资料与各项财产物资的实有数往往并不一致，造成这种情况的原因是多方面的，概括起来，一般有以下几种情况：

（1）财产物资在收发过程中由于计量、检验不准确发生的多收多付、少收少付。

（2）财产物资在保管过程中发生的自然损耗和升溢。

（3）由于管理不善或责任人失职造成的财产损失、变质或短缺等。

（4）由于不法分子营私舞弊、贪污盗窃等造成的财产损失。

（5）由于自然灾害等造成的非常损失。

（6）由于未达账项引起的账账、账实不符等。

为了正确掌握各项财产物资的真实情况，企业必须在账簿记录正确的基础上通过财产清查，对企业的财产物资进行清点和核对，做到账实相符。

财产清查按照不同的标准可以有不同的分类。

（一）按照清查的对象和范围划分

财产清查按照清查的对象和范围划分，可分为全面清查和局部清查。

1. 全面清查

全面清查是指对本企业所有的资产和负债进行的全面盘点及核对。全面清查的对象和适用范围如表 8-1 所示。

【特别提醒】

全面清查的对象既包括所有权属于本企业的各种财产物资，又包括所有权不属于本企业，只是由本企业代管的各项财产物资。

表 8-1 全面清查的对象和适用范围

清查对象	(1) 库存现金和银行存款等 (2) 固定资产、存货及其他物资 (3) 各种在途材料、在途商品及在途物资等 (4) 各项债权、债务 (5) 各项在其他单位加工或保管的物资
适用范围	(1) 年终决算前 (2) 单位撤销、合并或改变隶属关系 (3) 中外合资、国内联营 (4) 开展清产核资 (5) 单位主要负责人调离工作

2. 局部清查

局部清查是指根据需要对本企业一部分财产物资、债权债务进行的盘点和核对。局部清查的对象和时间如表 8-2 所示。

表 8-2 局部清查的对象和时间

清查对象	清查时间
库存现金	由出纳人员在每天营业终了时进行盘点
银行存款	每月至少与银行核对一次
各种贵重物资,如黄金、钻石等	每月应盘点清查一次
各种债权、债务	每年至少应核对一至两次
流动性大的物资,如原材料、产成品等存货	除年度清查外,年度内要进行轮流盘点和重点清查

(二) 按照清查时间划分

财产清查按照清查时间划分,可分为定期清查和不定期清查。

1. 定期清查

定期清查是指根据管理制度的规定或计划安排的时间所进行的财产清查。这种清查通常是在年终、季末、月末结账时进行的。其清查对象和范围根据实际需要而定,可以进行全面清查,也可以进行局部清查。一般情况下,在年终决算前进行全面清查,在季末和月末进行局部清查。

2. 不定期清查

不定期清查是指事先并未规定清查时间,而是根据实际需要临时安排的清查。不定期清查一般适用于以下几种情况:

（1）更换财产物资保管人员和现金出纳人员时，要对其所保管的财产物资和现金进行清查，以明确经济责任。

（2）财产发生自然灾害或意外损失时，要对受灾害或受损失的财产进行清查，以查明损失情况。

（3）上级主管部门或监督部门对企业进行检查时，应根据检查要求和范围进行清查。

（4）企业关、停、并、转、清产核资、破产清算时，要对本企业的财产物资进行清查。

根据上述情况，不定期清查就其清查的对象和范围来讲，既可以是全面清查，也可以是局部清查。

（三）按照清查执行单位级别划分

财产清查按照清查执行单位级别划分，可分为内部清查和外部清查。

1. 内部清查

内部清查是指按照企业管理制度或工作需要，由企业自行组织的财产清查工作。

2. 外部清查

外部清查是指根据国家和有关部门的规定，由上级主管部门、审计机关、司法部门、注册会计师等组织或执行的财产清查工作。

二、清查前的准备工作

财产清查是一项既复杂又细致的工作，必须有计划、有组织地进行。因此，在进行财产清查前，应做好以下几方面工作：

1. 组织准备

企业应成立由总会计师、单位主要负责人牵头的，由财会、业务、仓储等有关部门、人员参与的财产清查领导小组，具体负责财产清查事宜。财产清查领导小组的主要任务有：在清查开始前，制定财产清查的目的、任务，确定清查范围、时间、路线，掌握清查制度；在清查过程中，随时掌握清查情况，监督检查，随时解决清查中出现的问题；在清查结束后，及时进行总结，形成书面文件，将清查结果上报有关部门。

2. 业务准备

业务准备是进行财产清查的关键。财产清查前，会计部门和有关业务部门必须做好以下各项准备工作：

（1）会计部门和人员的准备。会计部门和人员应在财产清查开始之前将截止到财产清查日的所有经济业务全部登记入账，将有关账簿登记齐全并结出余额。总分类账中反映财产物资、货币资金和债权债务的有关账户应与其所属明细分类账和日记账中的相关项目核对清楚，做到账账相符、账证相符，为财产清查提供正确的账簿资料。

（2）财产物资保管部门和人员的准备。财产物资保管部门和人员应将截止到财产清查日的各项财产物资的收入与发出业务办好凭证手续,依据凭证上记录的内容登记有关账簿,在将全部经济业务登记入账的基础上,结出各账户的余额,并与会计部门的有关总分类账、明细分类账核对相符。同时,财产物资保管人员应将其所保管的各种财产物资进行整理、排列,堆放整齐,挂上标签,标明品种、规格及结存数量,以便盘点核对。

(3) 财产清查小组工作人员的准备。财产清查小组工作人员应组织有关部门准备好各种计量器具,按照国家计量标准校正准确各种计量器具,减少误差,并印制好各种登记财产清查结果的有关表册。

第二节　财产清查的内容和方法

由于财产物资的种类较多,各有特点,为了达到财产清查工作的目的,针对不同的清查对象应采取不同的清查方法。

一、库存现金的清查

对库存现金的清查主要采用实地盘点的方法。首先通过实地盘点来确定库存现金的实存数,然后与库存现金日记账的账面余额核对,以查明账实是否相符及盘盈、盘亏情况。库存现金的清查包括出纳人员每日营业终了前进行的现金账款核对和清查小组进行的定期与不定期清查。库存现金的盘点程序如表 8-3 所示。

表 8-3　库存现金盘点程序

盘点前	出纳人员应将库存现金收、付款凭证全部登记入账,并结出余额
盘点时	(1) 为了明确经济责任,清查小组在盘点库存现金时,出纳人员必须在场 (2) 盘点库存现金时,除要查明账实是否相符外,还要查明有无违反现金管理制度规定的情况,如有无以“白条”抵充库存现金、库存现金是否超过银行核定限额、有无坐支现金等情况
盘点后	清查结束后,应将库存现金盘点的结果填列“库存现金盘点报告表”,它是反映现金实存数的原始凭证,也是查明账实发生差异的原因和调整账簿记录的依据;库存现金盘点报告表应由盘点人员和出纳人员签名或盖章,其格式如表 8-4 所示

表 8-4　库存现金盘点报告表

单位名称:　　　　　　　　　　　　年　月　日

实存金额	账存金额	实存与账存对比		备注
		盘亏	盘盈	

盘点人:签章　　　　　　　　　　　　出纳员:签章

【相关链接】

库存现金限额是指为了保证企业日常零星开支的需要，允许企业留存的库存现金的最高数额。这一限额由开户银行根据企业的实际需要核定，一般按照企业3—5天日常零星开支的需要确定。核定后的库存现金限额，开户企业必须严格遵守，超过部分应于当日营业终了前存入银行。

二、银行存款的清查

银行存款的清查是指将银行存款日记账与开户银行的对账单相核对。核对前，首先应把截止到财产清查日的所有银行存款的收付业务都登记入账，对发生的错账、漏账应及时查清更正，然后与银行对账单逐笔核对。如果发现二者余额相符，则一般说明没有错误；如果发现二者余额不符，则可能是因为企业或银行某一方记账过程有错误或者存在未达账项。

所谓未达账项，是指企业与银行之间，由于凭证传递上的时间差异，从而出现一方已经登记入账，而另一方尚未登记入账的款项。未达账项总的来说有两大类型：一是企业已经入账而银行尚未入账的款项；二是银行已经入账而企业尚未入账的款项。具体内容如表8-5所示。

表8-5　未达账项的四种情况

企业已经入账而银行尚未入账	(1) 企业已收款入账，登记银行存款增加，而银行尚未收款入账的未达账项，如企业收到的其他单位的购货支票 (2) 企业已付款入账，登记银行存款减少，而银行尚未付款入账的未达账项，如企业开出付款支票，但持票人尚未到银行办理转账手续等
银行已经入账而企业尚未入账	(3) 银行已收款入账，登记银行存款增加，而企业尚未收款入账的未达账项，如企业委托银行代收的款项 (4) 银行已付款入账，登记银行存款减少，而企业尚未付款入账的未达账项，如银行代企业支付的公用事业费等

【特别提醒】

表中(1)、(4)两种情况会使企业银行存款日记账的账面余额大于银行对账单的余额；(2)、(3)两种情况会使企业银行存款日记账的账面余额小于银行对账单的余额。

上述任何一种未达账项的存在，都会使企业银行存款日记账的余额与银行对账单的余额不符。因此，为了消除未达账项的影响，企业在将银行存款日记账和银行对账单逐笔核对,并纠正错账、漏账后,应根据未达账项编制“银行存款余额调节表”(Bank Reconciliation Statement),据以调节双方的账面余额,确定企业银行存款实有数。

【例 8-1】 某企业 2019 年 4 月 30 日银行存款余额为 20 800 元,银行对账单余额为 24 400 元,经逐笔核对后,发现双方存在以下未达账项:

(1) 企业于月末存入银行的转账支票 3 500 元,银行尚未入账。

(2) 企业于月末开出转账支票 2 100 元,银行尚未入账。

(3) 委托银行代收的外埠货款 6 800 元,银行收到已经入账,企业未收到银行的收款通知,尚未入账。

(4) 银行代付电费 1 800 元,企业未收到银行的付款通知,尚未入账。

根据上述未达账项,编制银行存款余额调节表,如表 8-6 所示。

表 8-6 银行存款余额调节表

项目	金额	项目	金额
企业银行存款日记账余额	20 800	银行对账单的存款余额	24 400
加:银行已代收的外埠货款	6 800	加:企业已记收款,银行尚未入账	3 500
减:银行已代付的本月电费	1 800	减:企业已记付款,银行尚未入账	2 100
调节后的存款余额	25 800	调节后的存款余额	25 800

【特别提醒】

调节后的存款余额是当日可动用的银行存款实有数。银行存款余额调节表只是用于核对账目,不能作为记账的原始凭证。企业只有在收到银行转来的与未达账款有关的结算凭证时才能据以登记入账。

三、实物资产的清查

实物资产的清查主要是对固定资产、原材料、在产品、产成品、包装物、低值易耗品等的清查。

(一) 实物资产的盘存制度

企业各项财产物资的数量需要通过盘存来确定,常用的盘存方法有实地盘存制和永续盘存制两种。

1. 实地盘存制

实地盘存制(Periodic Inventory System)又称定期盘存制或以存计耗制,是通过对财产物资的定期清查、盘点来确定期末数量的一种方法。在实地盘存制下,平时在账簿中只登记增加数,不登记减少数,月末根据实地盘存的结存数来倒推当月财产物资的减少数和金额。其计算分式为：

本期发出数 = 期初结存数 + 本期收入数 - 期末结存(盘点)数

【特别提醒】

在实地盘存制下,对各项财产物资进行盘点的结果,只能作为登记财产物资账面减少数的依据,而不能用于核对账实是否相符。

采用实地盘存制可以简化日常核算工作。但由于日常核算中不反映各项财产物资的减少数和结存数,很难对财产物资进行控制和管理。同时,采用此法,企业的耗用成本或销售成本是以倒推的方法推算出来的,这样就会把计量、收发、保管过程中产生的差错、浪费及被盗等各种非销售和领用的损耗,全部计入耗用成本或销售成本,所以它会影响成本核算的正确性,不利于保护企业财产物资的安全和完整。因此,实地盘存制只适用于财产物资品种多、价值低、收发频繁、损耗大以及不便于实行永续盘存制的企业。

【双语链接】

Periodic Inventory System: The system in which the cost of goods sold is computed periodically by relying solely on physical counts without keeping day-to-day records of units sold or on hand.

2. 永续盘存制

永续盘存制(Perpetual Inventory System)又称账面盘存制,是根据各种财产物资的收发业务,在账簿中逐笔或逐日地进行连续登记,并随时结出账面余额的一种方法。采用永续盘存制,需要对每一品种、规格的财产物资开设明细分类账户,通过对财产物资的收发进行明细分类核算,平时逐日或逐笔在明细账中登记增加数和减少数,并随时结出结存数。其计算公式为：

期末结存数 = 期初结存数 + 本期收入数 - 本期发出数

采用永续盘存制的优点是能够随时了解各种库存财产物资的收入、发出和结存情况,有利于企业加强对库存财产物资的管理。在实际工作中,这种方法被广泛采用。但若财产物资品种繁多、收发业务频繁的企业采用这种方法,则工作量较大。

【双语链接】

Perpetual Inventory System: A system that keeps a running, continuous record that tracks inventories and the cost of goods sold on a day-to-day basis.

【特别提醒】

采用永续盘存制也可能发生账实不符的情况,如变质、损坏、丢失等,所以仍需对各种财产物资进行清查盘点,以查明账实是否相符和账实不符的原因。

3. 实地盘存制与永续盘存制的比较

实地盘存制与永续盘存制的比较如表 8-7 所示。

表 8-7　实地盘存制与永续盘存制的比较

相同点	(1) 二者均要求对财产物资设置数量金额式明细账 (2) 二者对于财产物资的增加都要求根据有关凭证及时入账
不同点	(1) 对于财产物资的减少,永续盘存制要求及时登记明细账,实地盘存制则在明细账上不作记录 (2) 永续盘存制能随时结出财产物资的账面数,而实地盘存制下平时没有财产物资的账面记录 (3) 永续盘存制有利于加强对财产物资的核算和管理;实地盘存制是通过以存计耗的方式计算耗用成本或销售成本,是一种不完善的财产物资核算和管理制度

(二) 实物资产清查的具体方法和过程

1. 实物资产清查的具体方法

(1) 实地盘点法。实地盘点法是指在财产物资的堆放现场逐一清点数量或用计量仪器确定实存数的一种方法。这种方法适用范围广,除数量多、价值低而又不便于逐一清点或过磅的财产物资外,其他财产物资均应采用这种方法确认实存数。

(2) 技术推算法。技术推算法是指通过技术推算确定财产物资实存数的一种方法。对于有些价值低、数量大的财产物资,不便于逐一过数,可以在抽样盘点的基础上进行技术推算,从而确定其实存数,如对原煤、砂石等材料即采用量方的方法确定其实存数。由于采用技术推算法确定的财产物资的实存数具有一定的误差,因此这种方法只限用于大量成堆、难以逐一清点的财产物资的清查。

(3) 抽样盘存法。抽样盘存法是指对于数量多、重量均匀的实物资产采用抽样盘点,确定其实存数的一种方法。

(4) 函证核对法。函证核对法是指对于委托外单位加工或保管的物资,采用向对方单位发函调查,并与本单位的账存数相核对的一种方法。

2. 实物资产清查的过程

盘点时,实物保管人员应与清查人员一起参与盘点,以明确经济责任;有关人员要认真核实,对盘点结果应如实填制“盘存单”,并由有关参加盘点人员同时签章生效。盘存单是记录实物资产盘点结果的书面文件,也是反映财产物资实存数的原始凭证。盘存单的一般格式如表 8-8 所示。

表 8-8　盘存单

单位名称：　　　　　　　　　　　　　　　　　　　　　　编号：
盘点时间：　　　　　　　　　　财产类别：　　　　　　　存放地点：

序号	名称	计量单位	实存数量	单价	金额	备注

盘点人：签章　　　　　　　　　　　　　　　　　　　　保管人员：签章

盘点结束，有关人员应根据有关账簿资料和盘存单资料填制“实存账存对比表”，据以检查账实是否相符。实存账存对比表是在账实不符时调整账簿记录的依据，也是分析差异原因、查明责任的依据。实存账存对比表的一般格式如表 8-9 所示。

表 8-9　实存账存对比表

单位名称：　　　　　　　　　　年　月　日

序号	类别及名称	计量单位	单价	实存		账存		实存与账存对比				备注
								盘盈		盘亏		
				数量	金额	数量	金额	数量	金额	数量	金额	

主管人员：　　　　　　　　　　会计：　　　　　　　　　　制表：

四、往来款项的清查

往来款项的清查主要是指对各种应收款、应付款、预收款、预付款的清查。往来款项的清查一般采取函证核对法，即通过直接发函给经济往来单位核对账目。具体做法是：清查单位按每一个经济往来单位编制“往来款项对账单”（该对账单一式两联，一联为对方单位留存联，一联为回联单），并送往各经济往来单位。若对方单位核对无误，则应在回联单上盖章后退回发出单位；若对方单位发现数字不符，则应在回联单上注明不符原因后退回发出单位，或者另抄对账单退回，作为进一步核对的依据。在收到对方回联单后，企业应填制“往来款项清查表”，其格式如表 8-10 所示。

表 8-10 往来款项清查表

单位名称：　　　　　　　　　　　年　月　日

明细分类账		清查结果		核对不符原因分析			备注
名称	账面余额	核对相符金额	核对不符金额	未达账项	有争议账项	其他原因	

对债权债务的清查，除查对账实是否相符外，还应注意债权债务的账龄，从而掌握逾期债权债务情况，以便重点管理，减少呆账、坏账。

【特别提醒】

如果经过核对，账目不符属于单位与债权人或债务人之间的未达账项，那么也可以采用余额调节表的方式进行调整核对；对于经过核对发现的记录错误，应按规定办法予以更正；对于属于有争议的账项或不能收回的账项，应及时报请有关部门批准后处理。

第三节 财产清查结果的账务处理

一、财产清查结果处理的要求

财产清查结果有三种情况，即账存数与实存数相符、账存数大于实存数、账存数小于实存数，如图 8-1 所示。除账实相符外，对于财产物资的盘盈、盘亏，企业都必须按照统一的规定以及规定的程序进行处理。

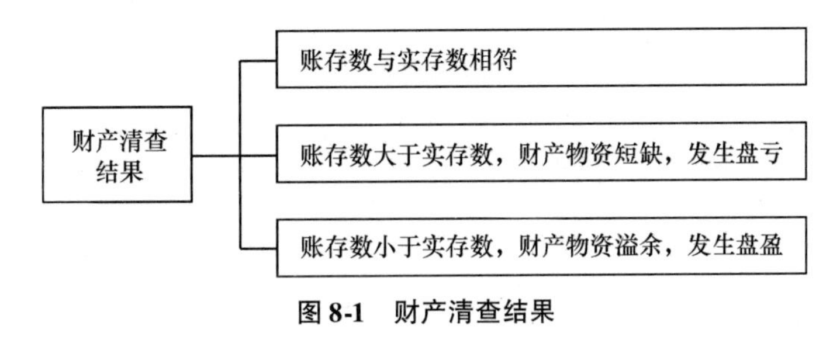

图 8-1 财产清查结果

1. 查明差异，分析原因，提出处理建议

对于财产清查所发现的实存数与账存数的差异，企业应先进行对比，核定其相差数额；然后调查并分析产生差异的原因，明确经济责任，提出处理意见，处理方案应按规定的程序报请审批。

2. 积极处理多余的物资和长期不清的债权债务

财产清查的任务不仅是核对账实，而且要通过清查，发现经营管理过程中存在的问题。对于在清查中发现的积压呆滞和不需用的物资，企业应积极组织调剂利用和销售，减少对资金的占用；对于长期拖欠以及有争议的往来款项，企业应当指定专人负责，查明原因，限期清理。

3. 总结经验，健全财产管理制度

针对财产清查中暴露出来的问题，企业应吸取教训。若是规章不严、制度未落实造成的，则说明企业管理中存在薄弱环节，企业必须针对管理中存在的不足，提出改进措施，建立健全有关规章制度，加强经济管理责任制。

4. 及时调整账簿记录，保证账实相符

对于财产清查中发现的账实不符的差异，企业应及时作出账务处理，做到账实相符，具体分两步进行账务处理：

（1）报请批准前的账务处理。对于财产清查中发现的盘盈、盘亏和毁损，会计人员在报请有关上级批准前，应根据已查明属实的财产盘盈、盘亏和毁损的数额编制记账凭证，据以登记有关账簿，调整账簿记录，使各项财产的账存数和实存数一致；同时，根据企业规定的管理权限，将处理建议报股东大会或董事会、厂长（经理）会议或者类似权力机构批准。

（2）报请批准后的账务处理。报经批准后，会计人员应根据差异发生的原因和审批后的处理意见，将处理结果编制记账凭证，进行差异处理，调整账项。

二、财产清查结果的账务处理

为了核算和监督企业在财产清查过程中查明的各种财产盘盈、盘亏、毁损及处理情况，企业应设置“待处理财产损溢”账户。该账户的借方登记发生的盘亏、毁损数及经批准转销的财产盘盈数；贷方登记发生的盘盈数及经批准转销的财产盘亏、毁损数。该账户应设置“待处理流动资产损溢”和“待处理固定资产损溢”两个明细账户，分别对流动资产损溢和固定资产损溢进行核算。“待处理财产损溢”账户的结构如图 8-2 所示。

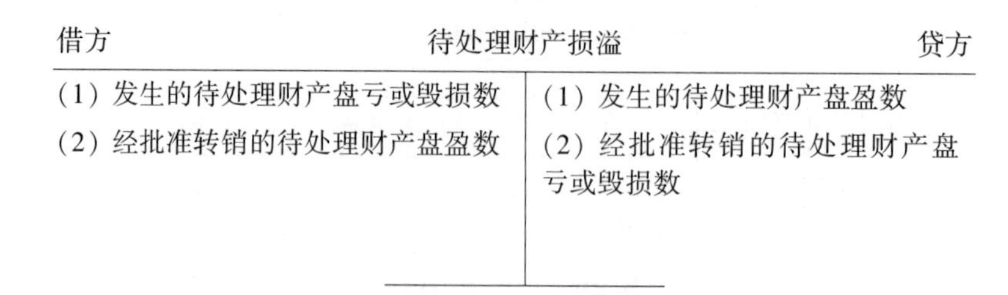

图 8-2 “待处理财产损溢”账户的结构

【特别提醒】

企业各项财产清查的损溢，应在期末结账前处理完毕。期末处理后，“待处理财产损溢”账户应无余额。

(一) 库存现金清查结果的账务处理

对库存现金的盘盈、盘亏,会计人员应分情况进行处理,如图 8-3 所示。

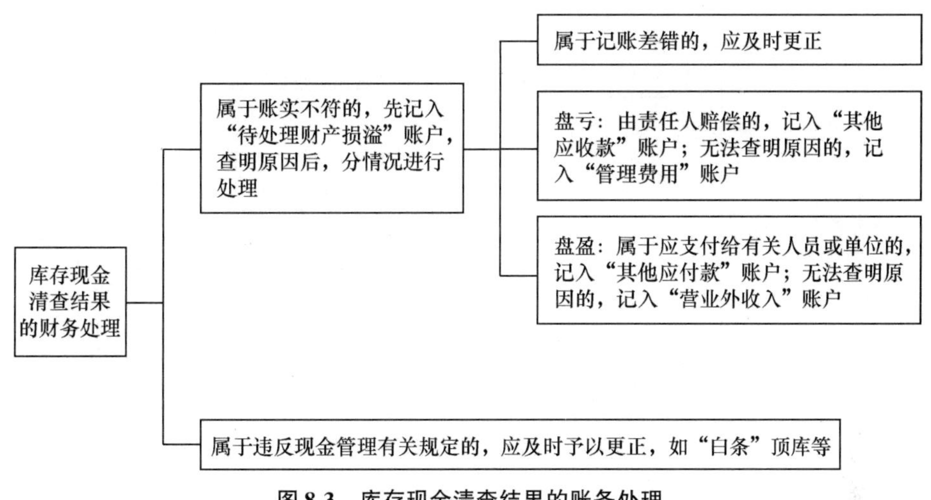

图 8-3 库存现金清查结果的账务处理

【例 8-2】 某企业进行现金清查时,发现库存现金较账面余额多出 85 元。

在报请批准前,根据库存现金盘点报告表作如下会计分录:

借:库存现金　　85

　贷:待处理财产损溢——待处理流动资产损溢　　85

经核查,上述现金长款原因不明,经批准作为营业外收入处理:

借:待处理财产损溢——待处理流动资产损溢　　85

　贷:营业外收入　　85

【例 8-3】 某企业进行现金清查时,发现库存现金较账面余额短少 90 元。

在报请批准前,根据库存现金盘点报告表作如下会计分录:

借:待处理财产损溢——待处理流动资产损溢　　90

　贷:库存现金　　90

经核查,上述现金短缺属于出纳人员责任,应由其赔偿,款项尚未收到:

借:其他应收款——××　　90

　贷:待处理财产损溢——待处理流动资产损溢　　90

(二) 实物资产清查结果的账务处理

1. 存货清查结果的账务处理

造成存货账实不符的原因是多种多样的,应根据不同情况作不同处理,如图 8-4 所示。

【例 8-4】 某企业盘亏原材料 15 000 元,根据实存账存对比表编制记账凭证,调整原材料账存数。

借:待处理财产损溢——待处理流动资产损溢　　15 000

　贷:原材料　　15 000

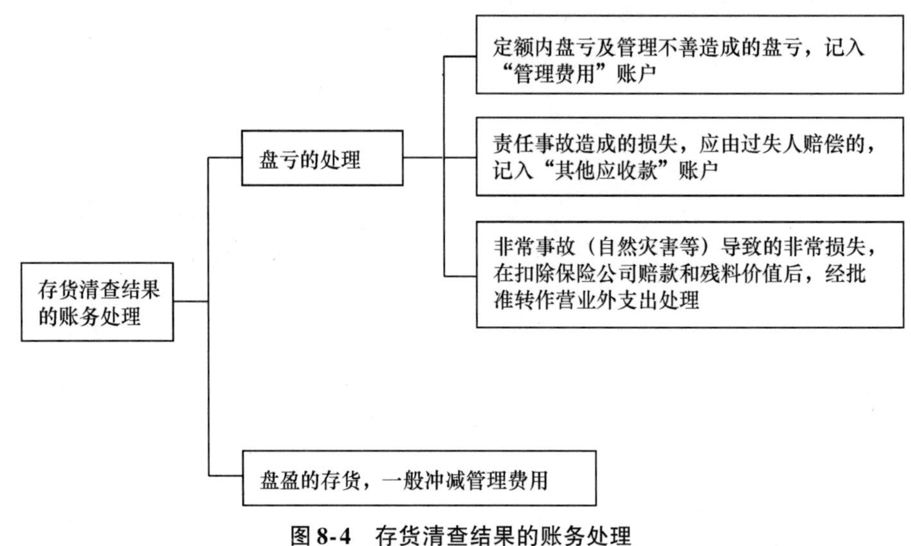

图 8-4　存货清查结果的账务处理

经查明原因如下：

(1) 定额内损耗为500元；

(2) 管理过失造成的损失为4 500元,应由责任人赔偿；

(3) 非常事故造成的损失为10 000元,其中保险公司同意赔款6 000元,残料作价1 000元入库。

在有关部门核准后,根据编制的记账凭证,结转“待处理财产损溢”。

借：管理费用　　500
　　其他应收款——某管理员　　4 500
　　　　　　　——保险公司　　6 000
　　原材料　　1 000
　　营业外支出　　3 000
　　贷：待处理财产损溢——待处理流动资产损溢　　15 000

【例 8-5】 企业在财产清查中发现A材料盘盈,价值为1 200元。

报请批准前,应作如下会计分录：

借：原材料　　1 200
　　贷：待处理财产损溢——待处理流动资产损溢　　1 200

该材料盘盈的原因是计量误差,多计算了发出材料。经批准,作冲减管理费用处理：

借：待处理财产损溢——待处理流动资产损溢　　1 200
　　贷：管理费用　　1 200

2. 固定资产清查结果的账务处理

固定资产清查结果的账务处理如图8-5所示。

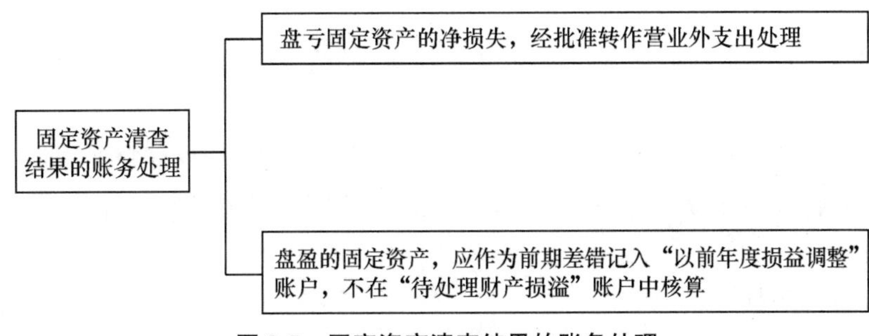

图 8-5 固定资产清查结果的账务处理

【相关链接】

盘盈的固定资产，应按以下规定确定其入账价值：同类或类似固定资产存在活跃市场的，按同类或类似固定资产的市场价格，减去按该项固定资产的新旧程度估计的价值损耗后的余额，作为入账价值；同类或类似固定资产不存在活跃市场的，按该项固定资产的预计未来现金流量的现值，作为入账价值。

【例 8-6】 某企业在财产清查中，发现账外设备一台，其重置完全价值为 80 000 元，估计已提折旧额 20 000 元。

对于盘盈的固定资产，企业应按重置价值减去估计已提折旧额后的金额记入“固定资产”账户。

借：固定资产　　60 000

　　贷：以前年度损益调整　　60 000

【例 8-7】 某企业在财产清查中，发现盘亏设备一台，其原值为 200 000 元，累计折旧为 50 000 元。

对于盘亏的固定资产，企业应按盘亏固定资产的净值借记“待处理财产损溢”账户，按已提折旧额借记“累计折旧”账户，按原值贷记“固定资产”账户。

借：待处理财产损溢——待处理固定资产损溢　　150 000

　　累计折旧　　50 000

　　贷：固定资产　　200 000

按规定程序报请批准后，应将盘亏固定资产的净值转入“营业外支出”账户。

借：营业外支出　　150 000

　　贷：待处理财产损溢——待处理固定资产损溢　　150 000

（三）往来款项清查结果的账务处理

财产清查中查明的确实无法收回的应收账款和无法支付的应付账款，不通过“待处理财产损溢”账户进行核算，而是在原来账面记录的基础上，按规定程序报请批准后直接转账冲销。对无法收回的应收账款，即坏账损失，经批准后，借记“坏账准备”账户，贷记

"应收账款"账户;对无法支付的应付账款,经批准后,直接转作营业外收入。

【例 8-8】 某企业应收某单位货款 50 000 元,经清查,确属无法收回,经批准转作坏账损失。

坏账损失的转销在批准前不作账务处理,即不需要通过"待处理财产损溢"账户进行核算。当企业转销坏账损失时,直接记入"坏账准备"账户借方,同时冲减应收款项。

借:坏账准备　　50 000

　　贷:应收账款　　50 000

【例 8-9】 在财产清查中,企业将无法支付的应付账款 20 000 元,经批准予以转销。

无法支付的款项在批准前不作账务处理,即不通过"待处理财产损溢"账户进行核算;按规定程序报请批准后,将应付款项转作营业外收入账户。

借:应付账款　　20 000

　　贷:营业外收入　　20 000

第九章　财务报告

【本章导航】

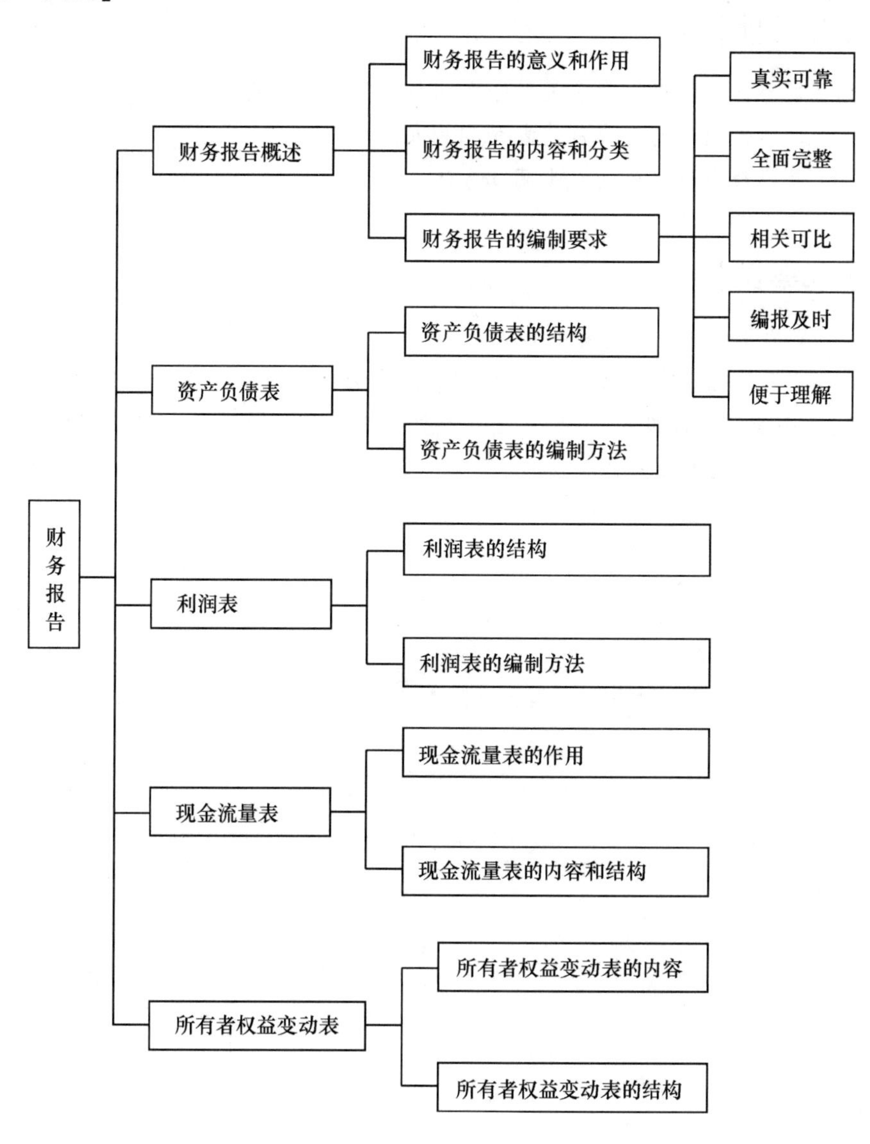

【知识目标】

1. 了解财务报告的内容和编制要求。
2. 理解资产负债表和利润表的概念及其作用。
3. 理解资产负债表和利润表的结构原理。
4. 掌握资产负债表和利润表的基本编制过程。

【能力目标】

1. 能解释会计报表中有关数字之间存在的勾稽关系。
2. 能编制简单的资产负债表和利润表。
3. 能学会会计报表的初步阅读方法。

【导入案例】

小王毕业后到一家国有企业从事会计工作。由于该企业所处行业不景气,企业的经营状况不甚理想,已经拖欠职工几个月的工资。可是令小王感到困惑的是,从企业的会计报表来看,企业不但盈利而且盈利额并不少,可为什么没钱发工资呢?企业也并未做假账。

你能帮助小王找到原因吗?

第一节 财务报告概述

财务报告(Financial Statements)是指企业对外提供的、反映企业某一特定日期的财务状况和某一会计期间的经营成果、现金流量等会计信息的文件。

一、财务报告的意义和作用

(一) 财务报告的意义

单位发生的交易或事项,通过日常会计核算,已在会计凭证和账簿中进行了全面、系统、详细的记录,但由于凭证、账簿的种类和数量较多,因而提供的会计核算资料比较零碎、分散,不能集中、概括地反映单位的经济活动全貌,不便于满足会计信息使用者的需要。因此,需要通过定期编制财务报告,将日常会计核算资料集中起来,进行归类、整理,以全面、概括地反映单位的经济活动全貌,向会计信息使用者传递关于企业财务状况、经营成果和现金流量的有关信息,满足其需要。日常的会计核算工作必须面向财务会计的最终目标,即通过财务报告向有关各方提供会计信息。所以,正确、及时地编制和报送财务报告,对各方面的使用者都具有重要意义。

【问题与思考】

财务报告的使用者是谁?

(二) 财务报告的作用

企业编制财务报告的目标,是向财务报告使用者提供与企业财务状况、经营成果和现金流量等有关的会计信息,反映企业管理层受托责任的履行情况,有助于财务报告使用者作出经济决策。其作用如表 9-1 所示。

表 9-1 财务报告的作用

	主要作用
财务报告	(1) 为企业加强和改善经营管理、提高经济效益提供会计信息 (2) 为企业的投资者作出合理决策提供会计信息 (3) 为企业的债权人了解企业财务状况和偿债能力提供有用信息 (4) 为政府有关部门进行宏观经济调控和管理提供会计信息

二、财务报告的内容和分类

(一) 财务报告的内容

财务报告包括会计报表以及其他应当在财务报告中披露的相关信息和资料。会计报表是财务报告的主体和核心,也是企业对外披露会计信息的主要手段。会计报表的组成如表9-2所示。

表9-2　会计报表的组成

	组成	编报期
会计报表	资产负债表	中期报告、年度报告
	利润表	中期报告、年度报告
	现金流量表	(至少)年度报告
	所有者权益(或股东权益)变动表	年度报告
	附注	

1. 资产负债表

资产负债表(Balance Sheet)是反映企业特定日期财务状况的会计报表。它是根据"资产 = 负债 + 所有者权益"这一会计恒等式编制而成的。

通过资产负债表,可以反映企业所拥有的经济资源及其分布情况和结构,并据以分析企业的财务实力;可以反映企业的负债总额及其结构,并据以分析企业的偿债能力和财务风险;可以反映企业所有者权益的情况,了解企业现有投资者在企业资产总额中所占的比重。

【双语链接】

Balance Sheet (Statement of Financial Position): A financial statement that shows the financial status of a business entity at a particular instant in time.

2. 利润表

利润表(Income Statement)是反映企业一定时期经营成果的会计报表。它是根据"收入 - 费用 = 利润"这一会计等式编制而成的。

通过利润表,可以反映企业一定会计期间的收入、费用及利润情况,并据以分析判断企业的经营成果;可以评价企业的获利能力,预测企业未来的盈利趋势,为企业管理层制定未来的经营决策提供依据。

【双语链接】

Income Statement (Statement of Earnings, Operating Statement): A report of all revenues and expenses pertaining to a specific time period.

3. 现金流量表

现金流量表(Cash Flow Statement)是反映企业一定时期经营活动、投资活动和筹资活动产生的现金流入、流出情况的会计报表。

【双语链接】

Cash Flow Statement: One of the basic financial statements that reports the cash receipts and cash payments of an entity during a particular period and classifies them as financing, investing, and operating flows.

4. 所有者权益变动表

所有者权益变动表(Statement of Retained Earnings)是反映所有者权益各组成部分当期增减变动情况的会计报表。

【双语链接】

Statement of Retained Earnings: A statement that lists the beginning balance in retained earnings, followed by a description of any changes that occurred during the period, and the ending balance.

5. 附注

会计报表附注(Footnotes)是对会计报表的补充说明和具体解释。一些会计报表数字本身难以表达的内容,可以在附注中进行说明。因此,会计报表附注是分析会计报表的基础,它至少要披露下列内容(非重要项目和企业不具有的项目除外),如表 9-3 所示。

表 9-3 会计报表附注披露的内容

	披露内容
会计报表附注	(1) 企业的基本情况 (2) 会计报表的编制基础 (3) 遵循企业会计准则的声明 (4) 重要会计政策和会计估计 (5) 会计政策和会计估计变更以及差错更正的说明 (6) 重要报表项目的说明 (7) 或有事项的说明 (8) 资产负债表日后事项的说明 (9) 关联方关系及其交易的说明

【特别提醒】

资产负债表、利润表、现金流量表、所有者权益变动表和附注是企业编制财务报告的最低要求,而不是财务报告的全部。

【中外差异】

在美国，企业的年报（Annual Reports）除了财务报表，还包括以下内容：

（1）A letter from corporate management.

（2）A discussion and analysis by management of recent economic events.

（3）Footnotes that explain many elements of the financial statements in more detail.

（4）The report of the independent auditors.

（5）A statement of management's responsibility for preparation of the financial statement.

（6）Other corporate information.

（二）财务报告的分类

财务报告的分类主要是指会计报表的分类。会计报表可按如下标准进行分类：

1. 按会计报表反映的经济内容分类

按会计报表反映经济内容的不同，会计报表可以分为静态报表和动态报表。静态报表是指综合反映企业某一特定日期资产、负债和所有者权益状况的会计报表，如资产负债表；动态报表是指综合反映企业一定期间经营成果或现金流量情况的会计报表，如利润表、现金流量表。

2. 按会计报表的报送对象分类

按会计报表报送对象的不同，会计报表可以分为内部报表和外部报表。内部报表是指为满足企业内部经营管理需要而编制的会计报表，由于无须对外公开，因此没有规定统一的格式和编制要求；外部报表是指企业对外提供的会计报表，主要供投资者、债权人、政府部门和社会公众等有关方面使用，《企业会计准则》对其规定了统一的格式和编制要求。

3. 按会计报表的编制单位分类

按会计报表编制单位的不同，会计报表可以分为单位报表和合并报表。单位报表是指企业在自身会计核算的基础上，对账簿记录进行汇总编制的会计报表；合并报表是指以母公司和子公司组成的企业集团为会计主体，根据母公司和所属子公司的会计报表，由母公司编制的综合反映企业集团财务状况、经营成果及现金流量的会计报表。

4. 按会计报表的编制时间分类

按会计报表编制时间的不同，会计报表可以分为月报、季报、半年报和年报。其中，月报要求简明扼要、及时反映；年报要求揭示完整、反映全面；季报和半年报在披露会计信息的详细程度方面，则介于二者之间。半年报、季报和月报被统称为中期财务报告。季度和月度财务报告仅指会计报表，但国家另有要求的，则应按国家要求增加相关资料。

三、会计报表编制要求

为了最大限度地满足财务报告使用者的需要，充分发挥财务报告的作用，会计人员编制财务报告时应遵循以下要求：

1. 真实准确

虚假的会计报表会导致会计报表使用者对会计主体的财务状况、经营成果和现金流量情况作出错误的评价与判断，致使其作出错误的决策，所以会计报表中的各项数字必须真实准确。为保证这一点，企业必须按规定结账、认真对账、进行财产清查和试算平衡，在账证相符、账账相符、账实相符的基础上编制会计报表。同时，做到会计报表之间、会计报表各项目之间有对应关系的数字应相互一致，会计报表中本期与上期的有关数字应相互衔接。

2. 全面完整

会计报表应全面披露企业的财务状况、经营成果和现金流量情况，完整地反映企业财务活动的过程和结果。为了保证会计报表的全面、完整，企业在编制会计报表时，应按照《企业会计准则》和《企业会计准则应用指南》规定的格式和内容填报。如果某些重要的会计事项报表中没有列项或某些非数量化的事项难以表达，则应用附注等形式列示，不得漏报或任意取舍。

3. 相关可比

企业会计报表所提供的会计信息必须与报表使用者的决策需要相关。企业只有提供相关可比的信息，才能有助于报表使用者分析企业在整个社会特别是在同行业中所处的位置，了解、判断企业过去、现在的情况，预测企业未来的发展趋势，从而为报表使用者进行决策服务。

4. 编报及时

为保证会计信息的时效性，企业必须按规定的时间编制、报送报表，使会计信息得到及时利用。否则，由于编报不及时，也会使会计报表的真实可靠性、全面完整性、相关可比性失去意义。

5. 便于理解

由于会计报表是为广大报表使用者提供服务的，如果企业提供的会计报表晦涩难懂、不可理解，那么报表使用者就不能据此作出准确的判断，会计报表的作用也会受到影响，这就要求企业编制会计报表时做到清晰明了、便于理解。

第二节 资产负债表

一、资产负债表的结构

资产负债表项目的分布，构成资产负债表的结构。资产负债表一般由表首和正表两部分组成。正表是资产负债表的主体，其格式主要有账户式（Account Format）和报告式（Report Format）两种。我国企业的资产负债表一般采用账户式结构，其格式如表9-4所示。

表 9-4　资产负债表

会企 01 表

编制单位：　　　　　　　　　　　　____年__月__日　　　　　　　　　　　　单位：元

资产	期末余额	年初余额	负债和所有者权益（或股东权益）	期末余额	年初余额
流动资产：			流动负债：		
货币资金			短期借款		
交易性金融资产			交易性金融负债		
衍生金融资产			衍生金融负债		
应收票据			应付票据		
应收账款			应付账款		
预付款项			预收款项		
其他应收款			合同负债		
存货			应付职工薪酬		
合同资产			应交税费		
持有待售资产			其他应付款		
一年内到期的非流动资产			持有待售负债		
其他流动资产			一年内到期的非流动负债		
流动资产合计			其他流动负债		
非流动资产：			流动负债合计		
债权投资			非流动负债：		
其他债权投资			长期借款		
长期应收款			应付债券		
长期股权投资			其中：优先股		
其他权益工具投资			永续债		
其他非流动金融资产			长期应付款		
投资性房地产			预计负债		
固定资产			递延收益		
在建工程			递延所得税负债		
生产性生物资产			其他非流动负债		
油气资产			非流动负债合计		
无形资产			负债合计		
开发支出			所有者权益（或股东权益）：		
商誉			实收资本（或股本）		
长期待摊费用			其他权益工具		
递延所得税资产			其中：优先股		
其他非流动资产			永续债		
非流动资产合计			资本公积		
			减：库存股		
			其他综合收益		
			盈余公积		
			未分配利润		
			所有者权益（或股东权益）合计		
资产总计			负债和所有者权益（或股东权益）总计		

账户式资产负债表采用左右对称格式排列,左方列示资产,右方列示负债和所有者权益。依据“资产 = 负债 + 所有者权益”这一会计恒等式,资产负债表左方资产总计与右方负债和所有者权益总计必须相等,始终保持平衡。

(一) 资产项目

资产项目按照资产的流动性从大到小排列,流动性大的流动资产排列在前,流动性小的非流动资产排列在后。

1. 流动资产项目

流动资产项目包括货币资金、交易性金融资产、衍生金融资产、应收票据、应收账款、预付款项、其他应收款、存货、合同资产、持有待售资产和一年内到期的非流动资产等。

2. 非流动资产项目

非流动资产项目包括债权投资、其他债权投资、长期应收款、长期股权投资、其他权益工具投资、其他非流动金融资产、投资性房地产、固定资产、在建工程、生产性生物资产、油气资产、无形资产、开发支出、商誉、长期待摊费用和递延所得税资产等。

【相关链接】

资产的流动性是指资产变成现金的速度。流动速度快,变现速度就快;反之,变现速度则慢。流动性大的资产,如货币资金、交易性金融资产等排在资产负债表的前面,债权投资、其他债权投资、长期应收款、长期股权投资、固定资产、无形资产等不容易变现的资产排在资产负债表的后面。

(二) 负债项目

负债项目一般按照流动负债项目和非流动负债项目进行分类并分项列示。

1. 流动负债项目

流动负债项目包括短期借款、交易性金融负债、衍生金融负债、应付票据、应付账款、预收款项、合同负债、应付职工薪酬、应交税费、其他应付款、持有待售负债和一年内到期的非流动负债等。

2. 非流动负债项目

非流动负债项目包括长期借款、应付债券、长期应付款、预计负债、递延所得税负债和其他非流动负债等。

(三) 所有者权益项目

所有者权益项目一般按照实收资本、其他权益工具、资本公积、其他综合收益、盈余公积和未分配利润项目分别列示。

【特别提醒】

报表项目是否需要单独列报，取决于项目性质和金额大小，即项目的重要性。性质类似的项目可以合并列报。

二、资产负债表的编制方法

资产负债表的各项目都列有“年初余额”和“期末余额”两栏，相当于两期的比较资产负债表。资产负债表的编制方法如表9-5所示。

表9-5　资产负债表的编制方法

<table>
<tr><th colspan="2"></th><th>编制方法</th></tr>
<tr><td rowspan="5">资产负债表</td><td>年初余额</td><td>根据上年年末资产负债表“期末余额”栏内所列数字填列。如果本年度资产负债表规定的各项目的名称和内容与上年度不一致，则应对上年年末资产负债表各项目的名称和数字按照本年度的规定进行调整，填入本表“年初余额”栏内</td></tr>
<tr><td rowspan="4">期末数</td><td>根据有关总分类账户的期末余额直接填列，如“短期借款”“应付票据”等项目</td></tr>
<tr><td>根据有关总分类账户的期末余额分析、计算填列。具体如下：(1)“货币资金”项目，根据“库存现金”“银行存款”和“其他货币资金”三个总分类账户期末余额的合计数填列；(2)“其他应收款”项目，根据“应收利息”“应收股利”和“其他应收款”等总分类账户期末余额汇总填列；(3)“存货”项目，根据“原材料”“库存商品”“周转材料”等总分类账户期末余额合计数，再减去“存货跌价准备”账户期末余额后的净额填列；(4)“固定资产”“无形资产”“应收账款”项目，根据“固定资产”“无形资产”“应收账款”总分类账户的期末余额，减去其备抵账户期末余额后的净额填列；(5)“其他应付款”项目，根据“应付利息”“应付股利”和“其他应付款”等总分类账户期末余额汇总填列</td></tr>
<tr><td>根据有关明细分类账户的余额分析、计算填列。具体如下：(1)“应收账款”和“预收款项”项目，根据“应收账款”和“预收款项”所属明细分类账户的期末借(贷)方余额合计数填列；(2)“应付账款”和“预付款项”项目根据“应付账款”和“预付款项”所属明细分类账户的期末贷(借)方余额合计数填列</td></tr>
<tr><td>根据有关总分类账户和明细分类账户的期末余额分析、计算填列。如“长期借款”项目，根据“长期借款”总分类账户余额扣除所属明细分类账户中将在一年内到期且企业不能自主地将清偿义务展期的长期借款后的金额填列</td></tr>
</table>

下面举例说明资产负债表的编制方法。

【例9-1】 北方公司2019年12月31日总分类账户和有关明细分类账户的期末余额如表9-6所示。

表 9-6 北方公司总分类账户和有关明细分类账户余额表

2019 年 12 月 31 日 单位:元

资产账户	借或贷	余额	负债和所有者权益账户	借或贷	余额
库存现金	借	2 770	短期借款	贷	288 400
银行存款	借	935 780	应付票据	贷	19 600
应收票据	借	17 360	应付账款	贷	71 400
应收账款	借	76 165	——丙	贷	73 000
——甲	借	79 800	——丁	借	1 600
——乙	贷	3 635	预收账款		
预付账款	借	35 840	——C	贷	14 700
——A	借	36 000	其他应付款	贷	5 670
——B	贷	160	应付职工薪酬	贷	7 000
原材料	借	816 627	应交税费	贷	28 000
库存商品	借	75 600	长期借款	贷	567 840
长期股权投资	借	174 200	其中:一年内到期		185 000
固定资产	借	2 836 800	实收资本	贷	2 769 351
累计折旧	贷	983 920	资本公积	贷	140 000
无形资产	借	17 300	盈余公积	贷	89 600
			利润分配		
			——未分配利润	贷	2 961
合计		4 004 522	合计		4 004 522

根据上述资料编制该公司 2019 年 12 月 31 日资产负债表(填列期末余额栏),如表 9-7 所示。

表 9-7 资产负债表

会企 01 表

编制单位: 2019 年12 月31 日 单位:元

资产	期末余额	年初余额	负债和所有者权益(或股东权益)	期末余额	年初余额
流动资产:			流动负债:		
货币资金	938 550		短期借款	288 400	
交易性金融资产			交易性金融负债		
衍生金融资产			衍生金融负债		
应收票据	17 360		应付票据	19 600	
应收账款	79 800		应付账款	73 160	
预付款项	37 600		预收款项	18 335	
其他应收款			合同负债		
存货	892 227		应付职工薪酬	7 000	

（续表）

资产	期末余额	年初余额	负债和所有者权益（或股东权益）	期末余额	年初余额
合同资产			应交税费	28 000	
持有待售资产			其他应付款	5 670	
一年内到期的非流动资产			持有待售负债		
其他流动资产			一年内到期的非流动负债	185 000	
流动资产合计	1 965 537		其他流动负债		
非流动资产：			流动负债合计	625 165	
债权投资			非流动负债：		
其他债权投资			长期借款	382 840	
长期应收款			应付债券		
长期股权投资	174 200		其中：优先股		
其他权益工具投资			永续债		
其他非流动金融资产			长期应付款		
投资性房地产			预计负债		
固定资产	1 852 880		递延收益		
在建工程			递延所得税负债		
生产性生物资产			其他非流动负债		
油气资产			非流动负债合计	382 840	
无形资产	17 300		负债合计	1 008 005	
开发支出			所有者权益（或股东权益）：		
商誉			实收资本（或股本）	2 769 351	
长期待摊费用			其他权益工具		
递延所得税资产			其中：优先股		
其他非流动资产			永续债		
非流动资产合计	2 044 380		资本公积	140 000	
			减：库存股		
			其他综合收益		
			盈余公积	89 600	
			未分配利润	2 961	
			所有者权益（或股东权益）合计	3 001 912	
资产总计	4 009 917		负债和所有者权益（或股东权益）总计	4 009 917	

第三节 利 润 表

一、利润表的结构

利润表由表首和正表两部分组成,其格式主要有单步式和多步式两种。

(一) 单步式

单步式(Single-step)是先将全部收入顺序排列汇总,然后将所有费用顺序排列汇总,两者相减得出本期利润。因为只有一个相减的步骤,所以称为单步式。其优点是比较直观、简单、易于编制,而且这种格式对一切收入和费用等同对待,不分先后,避免使人误认为收入与费用的配比存在先后顺序。其缺点是不能揭示出利润各构成要素之间的内在联系,不便于报表使用者对企业进行盈利分析与预测。

(二) 多步式

多步式(Multiple-step)是将利润的计算分为若干步骤来进行,最后确定企业的最终财务成果。由于分若干步骤反映利润的形成,故称多步式利润表。多步式利润表基本上弥补了单步式利润表的局限性,能清晰地反映企业利润总额的形成步骤,准确地揭示利润构成各要素之间的内在联系,便于评价企业的经营绩效。目前,我国企业采用的是多步式利润表的格式,如表 9-8 所示。

表 9-8 利润表

会企 02 表

编制单位: ____年____月 单位:元

项目	本期金额	上期金额
一、营业收入		
减:营业成本		
税金及附加		
销售费用		
管理费用		
研发费用		
财务费用		
其中:利息费用		
利息收入		
资产减值损失		
信用减值损失		
加:其他收益		
投资收益(损失以“-”号填列)		
其中:对联营企业和合营企业的投资收益		
净敞口套期收益(损失以“-”号填列)		

(续表)

项目	本期金额	上期金额
公允价值变动收益(损失以“-”号填列)		
资产处置收益(损失以“-”号填列)		
二、营业利润(亏损以“-”号填列)		
加:营业外收入		
减:营业外支出		
三、利润总额(亏损总额以“-”号填列)		
减:所得税费用		
四、净利润(净亏损以“-”号填列)		
(一) 持续经营净利润(净亏损以“-”号填列)		
(二) 终止经营净利润(净亏损以“-”号填列)		
五、其他综合收益的税后净额		
(一) 不能重分类进损益的其他综合收益		
1. 重新计量设定受益计划变动额		
2. 权益法下不能转损益的其他综合收益		
3. 其他权益工具投资公允价值变动		
4. 企业自身信用风险公允价值变动		
……		
(二) 将重分类进损益的其他综合收益		
1. 权益法下可转损益的其他综合收益		
2. 其他债权投资公允价值变动		
3. 金融资产重分类计入其他综合收益的金额		
4. 其他债权投资信用减值准备		
5. 现金流量套期储备		
6. 外币财务报表折算差额		
……		
六、综合收益总额		
七、每股收益:		
(一) 基本每股收益		
(二) 稀释每股收益		

【双语链接】

Multiple-step Income Statement: An income statement that contains one or more subtotals that highlight significant relationships.

多步式利润表主要包括五个方面的内容,如表9-9所示。

表 9-9 多步式利润表的内容

	主要内容
利润表	(1) 营业收入:由主营业务收入和其他业务收入组成 (2) 营业利润:营业收入减去营业成本(主营业务成本、其他业务成本)、税金及附加、销售费用、管理费用、研发费用、财务费用、资产减值损失、信用减值损失,加上其他收益、投资收益、净敞口套期收益、公允价值变动收益、资产处置收益,即为营业利润 (3) 利润总额:营业利润加上营业外收入,减去营业外支出,即为利润总额 (4) 净利润:利润总额减去所得税费用,即为净利润 (5) 每股收益:包括基本每股收益和稀释每股收益两项指标

二、利润表的编制方法

按照目前我国企业利润表的格式和内容,其编制方法如表 9-10 所示。

表 9-10 利润表的编制方法

		编制方法
利润表	上期金额	根据上年度利润表的“本期金额”栏内所列数字填列。如果本年度利润表规定的各项目的名称和内容与上年度不一致,则应对上年度利润表各项目的名称和数字按照本年度的规定进行调整,填入本表“上期金额”栏内
	本期金额	“本期金额”栏内各期数字,除“每股收益”项目外,应当根据相关损益类账户的本期发生额分析填列

下面举例说明利润表的编制方法。

【例 9-2】 北方公司 2019 年 12 月 31 日各损益类账户全年累计发生额如表 9-11 所示。

表 9-11 北方公司损益类账户全年累计发生额

2019 年度　　　　单位:元

账户名称	借或贷	全年累计发生额
主营业务收入	贷	2 605 900
主营业务成本	借	2 120 000
其他业务收入	贷	30 900
其他业务成本	借	19 500
税金及附加	借	130 000
销售费用	借	42 800
管理费用	借	31 350
财务费用	借	12 380
营业外收入	贷	16 000
营业外支出	借	8 020
所得税费用	借	98 010

根据上述资料编制该公司2019年度的利润表(填列本期金额栏),如表9-12所示。

表9-12 利润表

会企02表

编制单位: 2019年 单位:元

项目	本期金额	上期金额
一、营业收入	2 636 800	
减:营业成本	2 139 500	
税金及附加	130 000	
销售费用	42 800	
管理费用	31 350	
研发费用		
财务费用	12 380	
其中:利息费用		
利息收入		
资产减值损失		
信用减值损失		
加:其他收益		
投资收益(损失以“-”号填列)		
其中:对联营企业和合营企业的投资收益		
净敞口套期收益(损失以“-”号填列)		
公允价值变动收益(损失以“-”号填列)		
资产处置收益(损失以“-”号填列)		
二、营业利润(亏损以“-”号填列)	280 770	
加:营业外收入	16 000	
减:营业外支出	8 020	
三、利润总额(亏损总额以“-”号填列)	288 750	
减:所得税费用	98 010	
四、净利润(净亏损以“-”号填列)	190 740	
(一)持续经营净利润(净亏损以“-”号填列)		
(二)终止经营净利润(净亏损以“-”号填列)		
五、其他综合收益的税后净额		
(一)不能重分类进损益的其他综合收益		
1. 重新计量设定受益计划变动额		
2. 权益法下不能转损益的其他综合收益		
3. 其他权益工具投资公允价值变动		
4. 企业自身信用风险公允价值变动		
……		

（续表）

项目	本期金额	上期金额
（二）将重分类进损益的其他综合收益		
1. 权益法下可转损益的其他综合收益		
2. 其他债权投资公允价值变动		
3. 金融资产重分类计入其他综合收益的金额		
4. 其他债权投资信用减值准备		
5. 现金流量套期储备		
6. 外币财务报表折算差额		
……		
六、综合收益总额		
七、每股收益：		
（一）基本每股收益		
（二）稀释每股收益		

第四节　现金流量表

一、现金流量表的作用

现金流量表主要提供有关企业现金流量方面的信息。在市场经济条件下，企业的现金流转情况在很大程度上影响着企业的生存和发展。企业现金充裕，就可以及时购入必要的材料物资和固定资产，及时支付工资、偿还债务、支付股利和利息；反之，轻则影响企业的正常生产经营，重则危及企业的生存。因此，现金管理已经成为企业财务管理的一个重要方面。现金流量表的作用主要包括三个方面：

1. 现金流量表有助于评价企业的支付能力、偿债能力和周转能力

通过现金流量表，并配合资产负债表和利润表，将现金与流动负债进行比较，可以计算出现金比率，了解企业的现金能否偿还到期债务；将现金流量净额与发行在外的普通股加权平均股数进行比较，可以计算出每股现金流量，了解企业的现金能否支付股利；将经营活动现金流量净额与净利润进行比较，可以计算出盈利现金比率，了解企业的现金能否进行必要的固定资产投资，企业的现金流转效率和效果等，从而便于投资者作出投资决策、债权人作出信贷决策。

2. 现金流量表有助于预测企业的未来现金流量

评价过去是为了预测未来。通过现金流量表所反映的企业过去一定时期的现金流量以及其他生产经营指标，可以了解企业现金的来源和用途是否合理，据以预测企业的未来现金流量，从而为企业编制现金流量计划、组织现金调度、合理节约地使用现金创造条件，为投资者和债权人评价企业的未来现金流量、作出投资和信贷决策提供必要信息。

3．现金流量表有助于分析企业的收益质量及影响现金净流量的因素

通过编制现金流量表，可以掌握企业经营活动（Operating Activities）、投资活动（Investing Activities）和筹资活动（Financing Activities）的现金流量，将经营活动产生的现金流量净额与净利润相比较，就可以从现金流量的角度了解净利润的质量，并能够进一步判断哪些因素影响现金流入，从而为分析和判断企业的财务前景提供信息。

【相关链接】

在实际工作中，往往会出现下面的情况：有些企业利润表上反映的是盈利，却没有现金支付能力，偿还不了到期债务；而有些企业利润表上反映的是亏损，却现金充足，不仅能正常经营运作，而且能对外投资。这是因为利润表是按权责发生制编制的，而现金流量表是按收付实现制编制的。

二、现金流量表的内容和结构

（一）现金流量表的内容

现金流量表中的现金是广义上的概念，包括现金及现金等价物（Cash Equivalent）。现金是指企业的库存现金以及可以随时用于支付的存款。现金等价物是指企业持有期限短（3个月以内）、流动性强、易于转换为已知金额现金、价值变动风险很小的投资。

【双语链接】

Cash Equivalents: Highly liquid short-term investments that a company can easily and quickly convert into cash.

现金流量是指企业现金和现金等价物的流入量及流出量。现金净流量是指现金流入与流出的差额，可能是正数，也可能是负数。如果是正数，则为净流入；如果是负数，则为净流出。一般来说，现金流入大于流出反映了企业现金流量的积极现象和趋势。

现金流量分为三类，即经营活动产生的现金流量、投资活动产生的现金流量、筹资活动产生的现金流量。经营活动是指企业投资活动及筹资活动以外的所有交易和事项。投资活动是指企业长期资产的购建和不包括在现金等价物范围内的投资及其处置活动。筹资活动是指导致企业资本及债务规模和构成发生变化的活动。具体内容如表9-13所示。

（二）现金流量表的结构

现金流量表的基本结构分为三个部分：表首、基本部分和补充资料。其基本部分的

格式如表 9-13 所示。

【双语链接】

Operating Activities: Transactions that affect the purchase, processing, and selling of a company's products and services.

Investing Activities: Transactions that acquire or dispose of long-lived assets.

Financing Activities: A company's transactions that obtain resources as a borrower or issuer of securities or repay creditors and owners.

表 9-13 现金流量表

会企 03 表

编制单位： ____年____月 单位：元

项目	本期金额	上期金额
一、经营活动产生的现金流量：		
销售商品、提供劳务收到的现金		
收到的税费返还		
收到其他与经营活动有关的现金		
经营活动现金流入小计		
购买商品、接受劳务支付的现金		
支付给职工以及为职工支付的现金		
支付的各种税费		
支付其他与经营活动有关的现金		
经营活动现金流出小计		
经营活动产生的现金流量净额		
二、投资活动产生的现金流量：		
收回投资收到的现金		
取得投资收益所收到的现金		
处置固定资产、无形资产和其他长期资产收回的现金净额		
处置子公司及其他营业单位收到的现金净额		
收到其他与投资活动有关的现金		
投资活动现金流入小计		
购建固定资产、无形资产和其他长期资产支付的现金		
投资支付的现金		
取得子公司及其他营业单位支付的现金净额		
支付其他与投资活动有关的现金		
投资活动现金流出小计		

（续表）

项目	行次	金额
投资活动产生的现金流量净额		
三、筹资活动产生的现金流量：		
吸收投资收到的现金		
取得借款收到的现金		
收到其他与筹资活动有关的现金		
筹资活动现金流入小计		
偿还债务支付的现金		
分配股利、利润或偿付利息支付的现金		
支付其他与筹资活动有关的现金		
筹资活动现金流出小计		
筹资活动产生的现金流量净额		
四、汇率变动对现金及现金等价物的影响		
五、现金及现金等价物净增加额		
加：期初现金及现金等价物余额		
六、期末现金及现金等价物余额		

第五节　所有者权益变动表

一、所有者权益变动表的内容

所有者权益变动表是指反映构成所有者权益各组成部分当期增减变动情况的报表。当期损益、直接计入所有者权益的利得和损失，以及与所有者的资本交易导致的所有者权益的变动，应当分别列示。

在所有者权益变动表中，企业至少应当单独列示下列项目：

(1) 净利润；

(2) 直接计入所有者权益的利得和损失；

(3) 会计政策变更和前期差错更正的累积影响金额；

(4) 所有者投入和减少资本及向所有者分配利润等；

(5) 提取的盈余公积；

(6) 实收资本(或股本)、资本公积、盈余公积、未分配利润的年初和年末余额及其调节情况。

二、所有者权益变动表的结构

所有者权益(股东权益)变动表的格式如表9-14所示。

表 9-14 所有者权益变动表

会企 04 表

编制单位：　　　　____年度　　　　单位:元

项目	本年金额										上年金额									
	实收资本(或股本)	其他权益工具			资本公积	减:库存股	其他综合收益	盈余公积	未分配利润	所有者权益合计	实收资本(或股本)	其他权益工具			资本公积	减:库存股	其他综合收益	盈余公积	未分配利润	所有者权益合计
		优先股	永续债	其他								优先股	永续债	其他						
一、上年年末余额																				
加:会计政策变更																				
前期差错更正																				
其他																				
二、本年年初余额																				
三、本年增减变动金额（减少以“－”号填列）																				
（一）综合收益总额																				
（二）所有者投入和减少资本																				
1. 所有者投入的普通股																				
2. 其他权益工具持有者投入资本																				
3. 股份支付计入所有者权益的金额																				
4. 其他																				
（三）利润分配																				
1. 提取盈余公积																				

（续表）

项目	本年金额										上年金额									
	实收资本（或股本）	其他权益工具			资本公积	减：库存股	其他综合收益	盈余公积	未分配利润	所有者权益合计	实收资本（或股本）	其他权益工具			资本公积	减：库存股	其他综合收益	盈余公积	未分配利润	所有者权益合计
		优先股	永续债	其他								优先股	永续债	其他						
2. 对所有者（或股东）的分配																				
3. 其他																				
（四）所有者权益内部结转																				
1. 资本公积转增资本（或股本）																				
2. 盈余公积转增资本（或股本）																				
3. 盈余公积弥补亏损																				
4. 设定受益计划变动额结转留存收益																				
5. 其他综合收益结转留存收益																				
6. 其他																				
四、本年年末余额																				

第十章　账务处理程序

【本章导航】

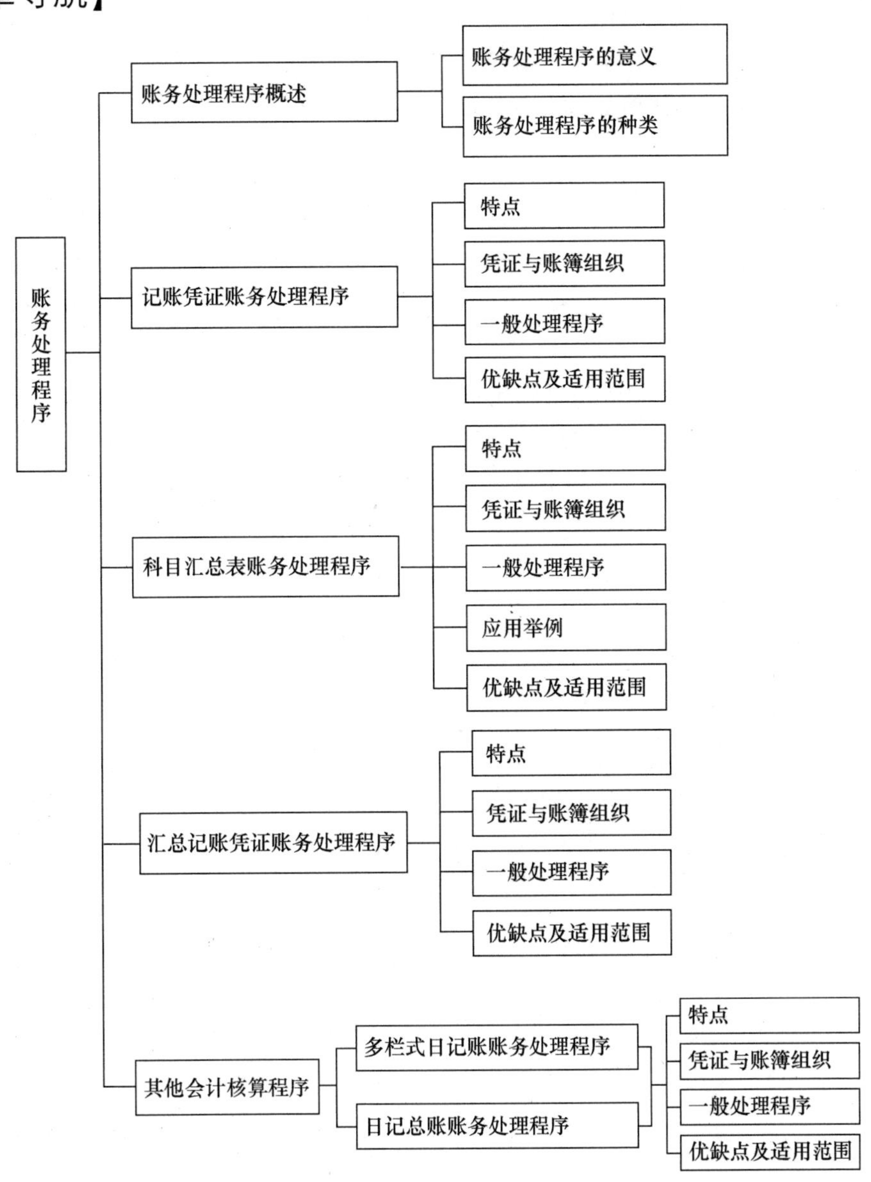

【知识目标】

1. 了解账务处理程序的意义和种类。
2. 理解各种账务处理程序的特点、核算步骤、优缺点及适用范围。
3. 明确各种账务处理程序的异同。

【能力目标】

1. 能在不同的账务处理程序下合理设置有关的凭证和账簿。
2. 能熟练地编制记账凭证，并登记总分类账。
3. 能用记账凭证账务处理程序处理经济业务。
4. 能区分汇总记账凭证和科目汇总表。

【导入案例】

管理界有句名言："细节决定成败。"程序是整合细节最好的工具，是能够发挥高效协调作用的工具。细想一下，我们所有的工作，无时无处不在强调程序，账务的处理过程当然也不例外。

当你学习了原始凭证和记账凭证，学习了日记账、明细分类账、总分类账，学习了财务报表之后，你是否已经明白它们之间的关系？进一步讲，针对不同规模、不同行业、不同管理要求的企业，如何协调和组织它们之间的关系，即如何组织自己的账务处理程序，才能使企业的会计工作做到高效？

相信学习完账务处理程序这一章，你会有一个明确的答案。

第一节 账务处理程序概述

一、账务处理程序的意义

账务处理程序亦称会计核算组织程序或会计核算形式，是指在会计循环中，会计主体采用的会计凭证、会计账簿、会计报表的种类和格式与记账程序有机结合的方法及步骤。

单位的会计核算是一项复杂而细致的工作，需要由多名会计人员利用各种会计方法相互配合、相互协作、共同完成。为了科学地组织会计核算工作，提高会计核算的效率，各单位应按照国家统一会计制度和会计工作规范的要求，结合本单位的实际情况和具体条件，确定适合本单位的账务处理程序。

科学、合理地确定适合本单位的账务处理程序，对于有效地组织会计核算工作具有重要意义，如表 10-1 所示。

表 10-1 账务处理程序的意义

	意义
账务处理程序	(1) 有利于会计核算工作程序的规范化，保证会计信息加工过程的严密性，提高会计信息的质量 (2) 有利于保证会计记录的完整性、正确性。通过凭证、账簿及报表之间的牵制作用，增强会计信息的可靠性 (3) 有利于提高会计核算效率，保证会计信息的及时性

【相关链接】

合理的账务处理程序的基本要求：

(1) 要适应本单位经济活动的特点。

(2) 要能满足单位经营管理的需要。

(3) 要有利于简化核算手续，提高会计核算工作的质量和效率。

(4) 要有利于会计人员的分工协作，便于建立岗位责任制。

(5) 要能适应会计电算化的要求。

二、账务处理程序的种类

账簿组织、记账程序和记账方法结合方式的不同，会形成不同的账务处理程序。目前，各单位采用的账务处理程序主要有以下三种，如表 10-2 所示。

表 10-2　账务处理程序的种类

	种类
账务处理程序	(1) 记账凭证账务处理程序。记账凭证账务处理程序是最基本的账务处理程序，是其他账务处理程序的基础 (2) 科目汇总表账务处理程序 (3) 汇总记账凭证账务处理程序

【特别提醒】

每种账务处理程序的主要区别在于登记总账的依据和方法不同。

第二节　记账凭证账务处理程序

一、记账凭证账务处理程序的特点

记账凭证账务处理程序是指对发生的经济业务或事项，先根据原始凭证或汇总原始凭证编制记账凭证，然后据以逐笔登记总分类账的一种账务处理程序。其特点是直接根据记账凭证逐笔登记总分类账。记账凭证账务处理程序是最基本的账务处理程序，其他账务处理程序都是在记账凭证账务处理程序的基础上，根据经营管理的要求发展而成的。

二、记账凭证账务处理程序下的凭证与账簿组织

在记账凭证账务处理程序下，可以分别设置收款凭证、付款凭证和转账凭证，用以分别反映企业日常发生的各种收款、付款和转账经济业务；也可以设置一种通用的记账凭证，用以反映企业各类经济业务。设置库存现金日记账和银行存款日记账，分别用来序时记录现金和银行存款的收支业务。设置一定种类的明细分类账和总分类账，进行必要的明细分类核算和总分类核算。其中，库存现金日记账、银行存款日记账和总分类账一般采用三栏式，明细分类账根据管理需要可以采用三栏式、多栏式、数量金额式、横线登记式。

三、记账凭证账务处理程序的一般处理程序

会计核算是从处理原始凭证开始到输出报表为止的全过程。记账凭证账务处理程序是其中的一种形式，但与其他程序不同的是，在记账凭证账务处理程序下，凭证不作任何加工，而直接登记总分类账。

记账凭证账务处理程序的一般处理程序是：

(1) 根据原始凭证或汇总原始凭证编制记账凭证(收款凭证、付款凭证和转账凭证)。

(2) 根据收款凭证和付款凭证逐笔序时登记库存现金日记账和银行存款日记账。

(3) 根据原始凭证、汇总原始凭证和记账凭证,登记各种明细分类账。

(4) 根据记账凭证逐笔登记总分类账。

(5) 期末,将库存现金日记账、银行存款日记账的余额与有关总分类账的余额定期核对相符;将明细分类账的余额与有关总分类账的余额定期核对相符。

(6) 根据核对相符的总分类账和明细分类账的记录编制会计报表。

记账凭证账务处理程序的核算程序如图 10-1 所示。

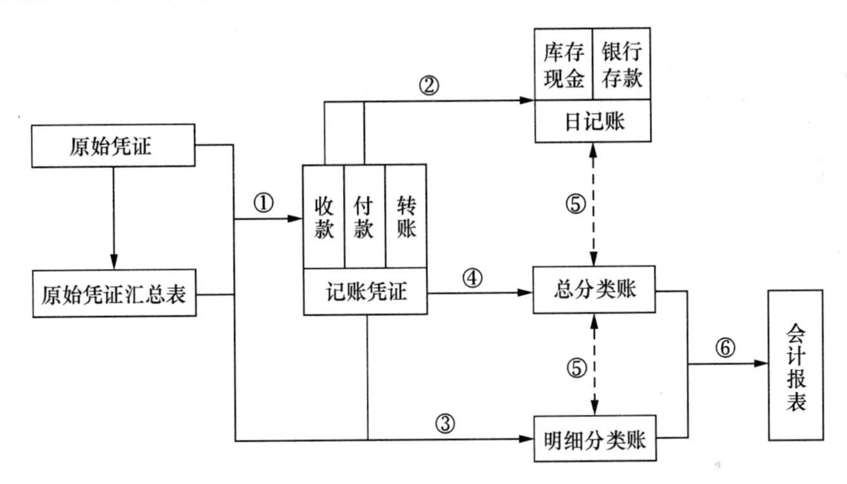

图 10-1　记账凭证账务处理程序的核算程序

注: ——→ 表示填制或登记, ←- - - -→ 表示核对。

四、记账凭证账务处理程序的优缺点及适用范围

记账凭证账务处理程序的优缺点及适用范围如表 10-3 所示。

表 10-3　记账凭证账务处理程序的优缺点及适用范围

	记账凭证账务处理程序
优点	(1) 简单明了、易于理解 (2) 手续简便。由于根据记账凭证直接登记总分类账,不进行中间汇总,会计处理简便 (3) 总分类账可以较详细地反映经济业务的发生情况
缺点	直接根据记账凭证登记总分类账,不仅工作量大,而且不便于对会计工作进行分工
适用范围	适用于规模较小、经济业务量较少、记账凭证不多的单位

第三节　科目汇总表账务处理程序

一、科目汇总表账务处理程序的特点

科目汇总表账务处理程序亦称记账凭证汇总表账务处理程序，是指对发生的经济业务或事项，先根据原始凭证或汇总原始凭证编制记账凭证，再根据记账凭证定期编制科目汇总表，然后根据科目汇总表登记总分类账的一种账务处理程序。科目汇总表账务处理程序的主要特点是：根据记账凭证定期编制科目汇总表（即记账凭证汇总表）并据以登记总分类账。

二、科目汇总表账务处理程序下的凭证与账簿组织

在科目汇总表账务处理程序下，记账凭证除应设置收款凭证、付款凭证和转账凭证（或通用记账凭证）外，还应设置科目汇总表；账簿的设置与记账凭证账务处理程序基本相同。科目汇总表的格式如表10-4所示。

表10-4　科目汇总表

年　月　日至　日

会计科目	本期发生额		总账页数
	借方金额	贷方金额	
合计			

附：记账凭证　　张　　自第　号起至第　号止

【相关链接】

科目汇总表的编制方法

科目汇总表的编制方法为：根据收款凭证、付款凭证和转账凭证，按照相同的会计科目归类，定期汇总每一个会计科目的借方发生额和贷方发生额，并将发生额填入科目汇总表的相应栏目内。按会计科目汇总后，应加总借方、贷方发生额，进行发生额的试算平衡。平衡无误后，即可登记总分类账。科目汇总表的编制时间，应根据单位的业务量多少确定。业务量较多的单位可每天或每旬汇总一次；业务量较少的单位可半个月或一个月汇总一次。每次汇总都应注明汇总记账凭证的起讫字号，以便查验。

三、科目汇总表账务处理程序的一般处理程序

科目汇总表账务处理程序的一般处理程序是：

(1) 根据原始凭证或汇总原始凭证编制记账凭证(收款凭证、付款凭证和转账凭证)。

(2) 根据收款凭证和付款凭证逐笔序时登记库存现金日记账和银行存款日记账。

(3) 根据原始凭证、汇总原始凭证和记账凭证，登记各种明细分类账。

(4) 根据各种记账凭证编制科目汇总表。

(5) 根据科目汇总表登记总分类账。

(6) 期末，将库存现金日记账、银行存款日记账的余额与有关总分类账的余额定期核对相符；将明细分类账的余额与有关总分类账的余额定期核对相符。

(7) 根据核对相符的总分类账和明细分类账的记录编制会计报表。

科目汇总表账务处理程序的核算程序如图 10-2 所示。

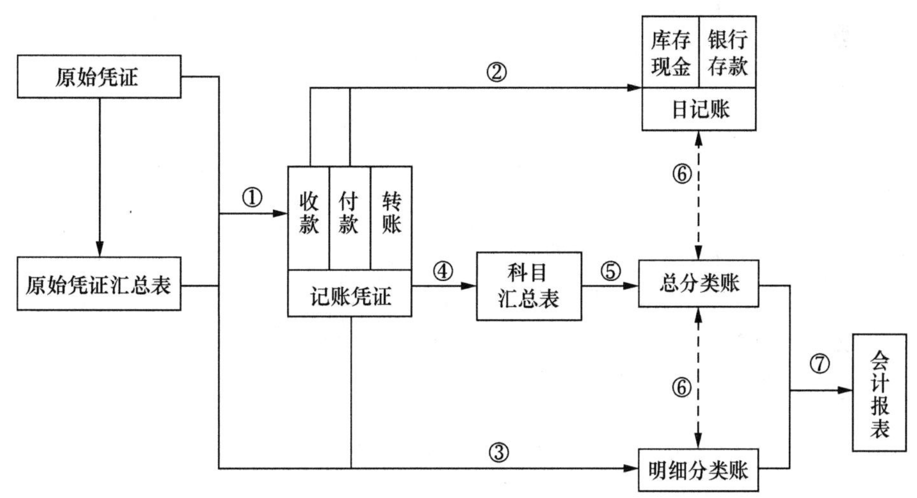

图 10-2 科目汇总表账务处理程序的核算程序

注：——→ 表示填制或登记，←----→ 表示核对。

四、科目汇总表账务处理程序应用举例

以记账凭证为依据，采用全部汇总的方法编制的某企业 2020 年 1 月的科目汇总表如表 10-5 所示。

表 10-5 科目汇总表

2020 年 1 月 1 日—31 日

会计科目	本期发生额		总账页数
	借方	贷方	
库存现金	20 000	24 990	√
银行存款	130 000	70 000	√

（续表）

会计科目	本期发生额		总账页数
	借方	贷方	
短期借款		60 000	√
主营业务收入	70 000	70 000	√
在途物资	10 000	10 000	√
固定资产	40 000		√
应付职工薪酬	20 000	22 600	√
制造费用	3 560	3 560	√
销售费用	300	300	√
营业外支出	800	800	√
生产成本	37 840	15 000	√
原材料	10 000	7 960	√
管理费用	1 840	1 840	√
累计折旧		1 700	√
财务费用	120	120	√
库存商品	15 000	52 500	√
主营业务成本	52 500	52 500	√
应交税费		3 650	√
本年利润	70 000	70 000	√
利润分配		14 440	√
合计	481 960	481 960	

根据编制的科目汇总表登记部分总分类账如表10-6、表10-7、表10-8所示。

表10-6　银行存款总分类账

科目名称：银行存款　　　　第　页

2020年		凭证号	摘要	借方	贷方	借或贷	余额
月	日						
1	1		月初余额			借	15 000
	31	汇1	1—31日发生额	130 000	70 000	借	75 000
1	31		本月发生额及余额	130 000	70 000	借	75 000
2	1		月初余额			借	75 000

表10-7　原材料总分类账

科目名称：原材料　　　　第　页

2020年		凭证号	摘要	借方	贷方	借或贷	余额
月	日						
1	1		月初余额			借	15 000
	31	汇1	1—31日发生额	10 000	7 960	借	17 040
1	31		本月发生额及余额	10 000	7 960	借	17 040
2	1		月初余额			借	17 040

表 10-8 短期借款总分类账

科目名称:短期借款　　　　　　　　　　　　　　　　　　　　　　　　　　　　　　第　页

2020 年		凭证号	摘要	借方	贷方	借或贷	余额
月	日						
1	1		月初余额			贷	60 000
	31	汇 1	1—31 日发生额		60 000	贷	120 000
1	31		本月发生额及余额		60 000	贷	120 000
2	1		月初余额			贷	120 000

五、科目汇总表账务处理程序的优缺点及适用范围

科目汇总表账务处理程序的优缺点及适用范围如表 10-9 所示。

表 10-9 科目汇总表账务处理程序的优缺点及适用范围

	科目汇总表账务处理程序
优点	(1) 根据科目汇总表登记总分类账,可以减轻登记总分类账的工作量 (2) 根据科目汇总表中各科目的借方发生额合计与贷方发生额合计之间的相等关系,能起到入账前的试算平衡作用
缺点	不能反映账户之间的对应关系,不便于查对账目
适用范围	一般适用于经营规模较大、经济业务较多的单位

第四节 汇总记账凭证账务处理程序

一、汇总记账凭证账务处理程序的特点

汇总记账凭证账务处理程序是指对发生的经济业务或事项,先根据原始凭证或汇总原始凭证编制记账凭证,再定期根据记账凭证分类编制汇总记账凭证(汇总收款凭证、汇总付款凭证和汇总转账凭证),然后根据汇总记账凭证登记总分类账的一种账务处理程序。汇总记账凭证账务处理程序的主要特点是:按照会计账户的对应关系,定期根据记账凭证分类编制汇总记账凭证,再根据汇总记账凭证登记总分类账。

二、汇总记账凭证账务处理程序下的凭证与账簿组织

在汇总记账凭证账务处理程序下,记账凭证除应设置收款凭证、付款凭证和转账凭证(或通用记账凭证)外,还应设置汇总收款凭证、汇总付款凭证和汇总转账凭证;账簿的设置与记账凭证账务处理程序基本相同。汇总收款凭证、汇总付款凭证和汇总转账凭证的格式如表 10-10、表 10-11、表 10-12 所示。

表 10-10　汇总收款凭证

借方科目：　　　　　　　　　年　月　　　　　　　　　汇收第　号

贷方科目	金额				总账页数	
	日至　日 收款凭证 号至　号	日至　日 收款凭证 号至　号	日至　日 收款凭证 号至　号	合计	借方	贷方
本月合计						

【特别提醒】

汇总收款凭证按照“库存现金”“银行存款”科目的借方设置，按照其对应的贷方科目分设专行加以归类，定期汇总填列。期末，结算出汇总收款凭证的合计数，据以登记总分类账，即一方面登记在“库存现金”或“银行存款”账户的借方，另一方面登记在有关对应账户的贷方。汇总付款凭证与此类似。

表 10-11　汇总付款凭证

贷方科目：　　　　　　　　　年　月　　　　　　　　　汇付第　号

借方科目	金额				总账页数	
	日至　日 付款凭证 号至　号	日至　日 付款凭证 号至　号	日至　日 付款凭证 号至　号	合计	借方	贷方
本月合计						

【相关链接】

编制汇总记账凭证，如何处理库存现金与银行存款之间的划转业务？

由于库存现金和银行存款之间相互划转的业务只填制付款凭证，因而库存现金汇总收款凭证所汇总的现金收入金额不全（如从银行提取现金业务，只编制了银行存款付款凭证）；同样，银行存款汇总收款凭证所汇总的银行存款收入金额也不全（如库存现金存入银行业务，只编制了库存现金付款凭证）。但在登记总分类账后，“库存现金”和“银行存款”总分类账可汇总反映两个账户的全部借贷发生额。

表 10-12 汇总转账凭证

贷方科目： 年 月 汇转第 号

<table>
<tr><th rowspan="2">借方科目</th><th colspan="4">金额</th><th colspan="2">总账页数</th></tr>
<tr><th>日至 日
转账凭证
号至 号</th><th>日至 日
转账凭证
号至 号</th><th>日至 日
转账凭证
号至 号</th><th>合计</th><th>借方</th><th>贷方</th></tr>
<tr><td></td><td></td><td></td><td></td><td></td><td></td><td></td></tr>
<tr><td></td><td></td><td></td><td></td><td></td><td></td><td></td></tr>
<tr><td></td><td></td><td></td><td></td><td></td><td></td><td></td></tr>
<tr><td>本月合计</td><td></td><td></td><td></td><td></td><td></td><td></td></tr>
</table>

【问题与思考】

汇总转账凭证为什么按贷方科目设置?

三、汇总记账凭证账务处理程序的一般处理程序

汇总记账凭证账务处理程序的一般处理程序是：

(1) 根据原始凭证或汇总原始凭证编制记账凭证(收款凭证、付款凭证和转账凭证)。

(2) 根据收款凭证和付款凭证逐笔序时登记库存现金日记账和银行存款日记账。

(3) 根据原始凭证、汇总原始凭证和记账凭证，登记各种明细分类账。

(4) 根据各种记账凭证编制有关汇总记账凭证。

(5) 根据各种汇总记账凭证登记总分类账。

(6) 期末，将库存现金日记账、银行存款日记账的余额与有关总分类账的余额定期核对相符；将明细分类账的余额与有关总分类账的余额定期核对相符。

(7) 根据核对相符的总分类账和明细分类账的记录编制会计报表。

汇总记账凭证账务处理程序的核算程序如图 10-3 所示。

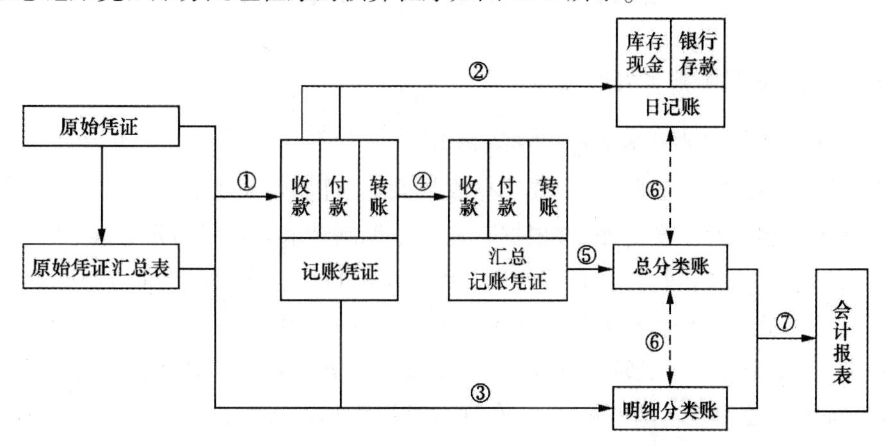

图 10-3 汇总记账凭证账务处理程序的核对程序

注: ——→ 表示填制或登记，←- - - -→ 表示核对。

【中外差异】

美国的账务处理程序如下：

（1）Transactions are analyzed and recorded in journal.

（2）Transactions are posted to ledger.

（3）Adjusting entries are journalized and posted to ledger.

（4）Closing entries are journalized and posted to ledger.

（5）Post-closing trial balance is prepared.

（6）Financial statements are prepared.

在美国，记账凭证这一环节主要是以各类日记账（Journal）来体现的，然后根据日记账登记总分类账。

四、汇总记账凭证账务处理程序的优缺点及适用范围

汇总记账凭证账务处理程序的优缺点及适用范围如表10-13所示。

表10-13　汇总记账凭证账务处理程序的优缺点及适用范围

	汇总记账凭证账务处理程序
优点	（1）根据汇总记账凭证登记总分类账，可以减轻登记总分类账的工作量 （2）按账户对应关系汇总编制记账凭证，便于了解账户之间的对应关系
缺点	（1）按每一贷方科目编制汇总转账凭证，不利于会计核算的日常分工 （2）当转账凭证较多时，编制汇总转账凭证的工作量较大
适用范围	一般适用于规模较大、经济业务较多的单位

第五节　其他会计核算程序

一、多栏式日记账账务处理程序

（一）多栏式日记账账务处理程序的特点

多栏式日记账账务处理程序需要根据收款凭证、付款凭证逐笔登记多栏式库存现金日记账、多栏式银行存款日记账，并根据转账凭证编制转账凭证科目汇总表，然后以多栏式现金日记账、多栏式银行存款日记账和转账凭证科目汇总表为登记总分类账的依据。

（二）多栏式日记账账务处理程序下的凭证与账簿组织

在多栏式日记账账务处理程序下，记账凭证、总分类账和明细分类账的设置及格式与记账凭证账务处理程序基本相同，库存现金日记账和银行存款日记账的格式采用多栏式，可分别设置多栏式的库存现金（银行存款）收入日记账、库存现金（银行存款）支出日记账，如表10-14、表10-15所示；或设置多栏式的库存现金（银行存款）日记账，如表10-16

所示。

表 10-14 库存现金(银行存款)收入日记账

年		收款凭证号数	结算凭证		摘要	贷方科目					
月	日		种类	号数							收入合计

表 10-15 库存现金(银行存款)支出日记账

年		付款凭证号数	结算凭证		摘要	借方科目					
月	日		种类	号数							支出合计

表 10-16 库存现金(银行存款)日记账(多栏式)

年		凭证号数	摘要	收入					支出					结余
月	日							合计					合计	

（三）多栏式日记账账务处理程序的一般处理程序

多栏式日记账账务处理程序的一般处理程序是：

（1）根据原始凭证或汇总原始凭证编制记账凭证（收款凭证、付款凭证和转账凭证）。

（2）根据收款凭证和付款凭证逐笔序时登记多栏式库存现金日记账和银行存款日记账。

（3）根据原始凭证、汇总原始凭证和记账凭证，登记各种明细分类账。

（4）根据转账凭证编制转账凭证科目汇总表。

（5）根据多栏式库存现金、银行存款日记账和转账凭证或转账凭证汇总表，登记总分类账。

（6）期末，将明细分类账的余额与有关总分类账的余额定期核对相符。

（7）根据核对相符的总分类账和明细分类账的记录编制会计报表。

多栏式日记账账务处理程序的核算程序如图10-4所示。

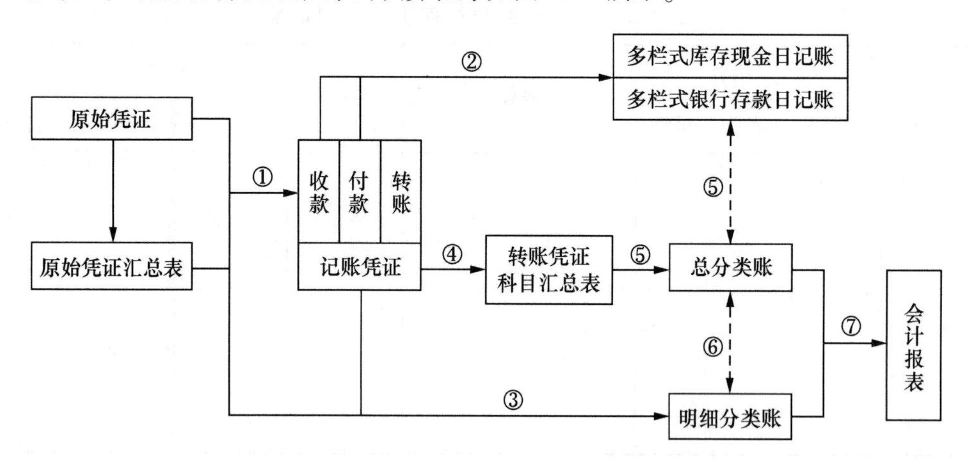

图10-4 多栏式日记账账务处理程序的核算程序

注：——→ 表示填制或登记，←- - - -→ 表示核对。

（四）多栏式日记账账务处理程序的优缺点及适用范围

多栏式日记账账务处理程序的优缺点及适用范围如表10-17所示。

表10-17 多栏式日记账账务处理程序的优缺点及适用范围

	多栏式日记账账务处理程序
优点	（1）多栏式日记账对收款凭证、付款凭证进行汇总，再据以登记总分类账，可以简化总分类账的登记工作 （2）账户对应关系明确
缺点	多栏式日记账的专栏较多，账页篇幅较大，不利于登账
适用范围	一般适用于规模较小，但收支业务较多的企业

二、日记总账账务处理程序

（一）日记总账账务处理程序的特点

日记总账账务处理程序是指对发生的经济业务或事项，先根据原始凭证或汇总原始凭证编制记账凭证，再根据记账凭证逐笔序时登记日记总账的一种账务处理程序。其主要特点是：设置日记总账，直接根据记账凭证逐笔序时登记日记总账。

（二）日记总账账务处理程序下的凭证与账簿组织

在日记总账账务处理程序下，除需设置库存现金日记账、银行存款日记账和各种明细分类账以及收款凭证、付款凭证和转账凭证（或通用记账凭证）外，还需设置日记总账。

日记总账是将总分类核算和序时核算相结合设置的总账，其格式如表10-18所示。其中，发生额栏属于序时性记录；按账户名称分设的借方、贷方栏目，则属于分类性记录。日记总账既要根据业务发生的时间顺序登记，又要将所有科目的总分类核算都集中到一张账页上，因此它既是日记账又是总账。

表10-18 日记总账

年		凭证号数	摘要	发生额	银行存款		现金		物资采购				利润分配	
月	日				借方	贷方	借方	贷方	借方	贷方			借方	贷方
			本期发生额											
			期末余额											

（三）日记总账账务处理程序的一般处理程序

日记总账账务处理程序的一般处理程序是：

（1）根据原始凭证或汇总原始凭证编制记账凭证（收款凭证、付款凭证和转账凭证）。

（2）根据收款凭证和付款凭证逐笔序时登记库存现金日记账和银行存款日记账。

（3）根据原始凭证、汇总原始凭证和记账凭证，登记各种明细分类账。

（4）根据各种记账凭证逐笔登记日记总账。

（5）期末，将现金日记账、银行存款日记账的余额与有关总分类账的余额定期核对相符；将明细分类账的余额与有关总分类账的余额定期核对相符。

（6）根据核对相符的总分类账和明细分类账的记录编制会计报表。

日记总账账务处理程序的核算程序如图10-5所示。

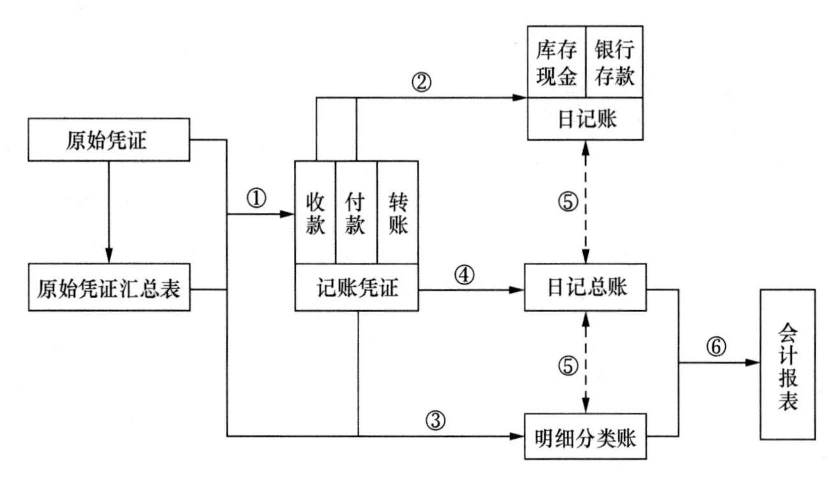

图 10-5　日记总账账务处理程序的核算程序

注：———→ 表示填制或登记，←- - - -→ 表示核对。

（四）日记总账账务处理程序的优缺点及适用范围

日记总账账务处理程序的优缺点及适用范围如表 10-19 所示。

表 10-19　日记总账账务处理程序的优缺点及适用范围

优点	（1）总分类核算与序时核算结合进行，核算手续简单，易于掌握和操作 （2）账户间的对应关系可在同一账页中体现，便于查账 （3）便于进行试算平衡
缺点	全部账户集中在一张账页上，账页篇幅过大，既不利于登账，又不利于会计人员分工
适用范围	一般适用于规模较小、经济业务简单、账户数量较少的小型单位

在实际工作中，上述各种会计核算程序往往结合运用。例如，采用汇总记账凭证账务处理程序时，如果转账业务不多，可以直接根据转账凭证登记总分类账，而不必编制汇总转账凭证，从而使记账凭证账务处理程序和汇总记账凭证账务处理程序结合运用。总之，各单位账务处理程序的选择和运用必须与其具体情况相适应，既要有利于提高会计核算工作的质量和效率，又能满足经营管理的要求。

第四单元

会计职业概要

第十一章　会计规范、会计机构与会计职业

【本章导航】

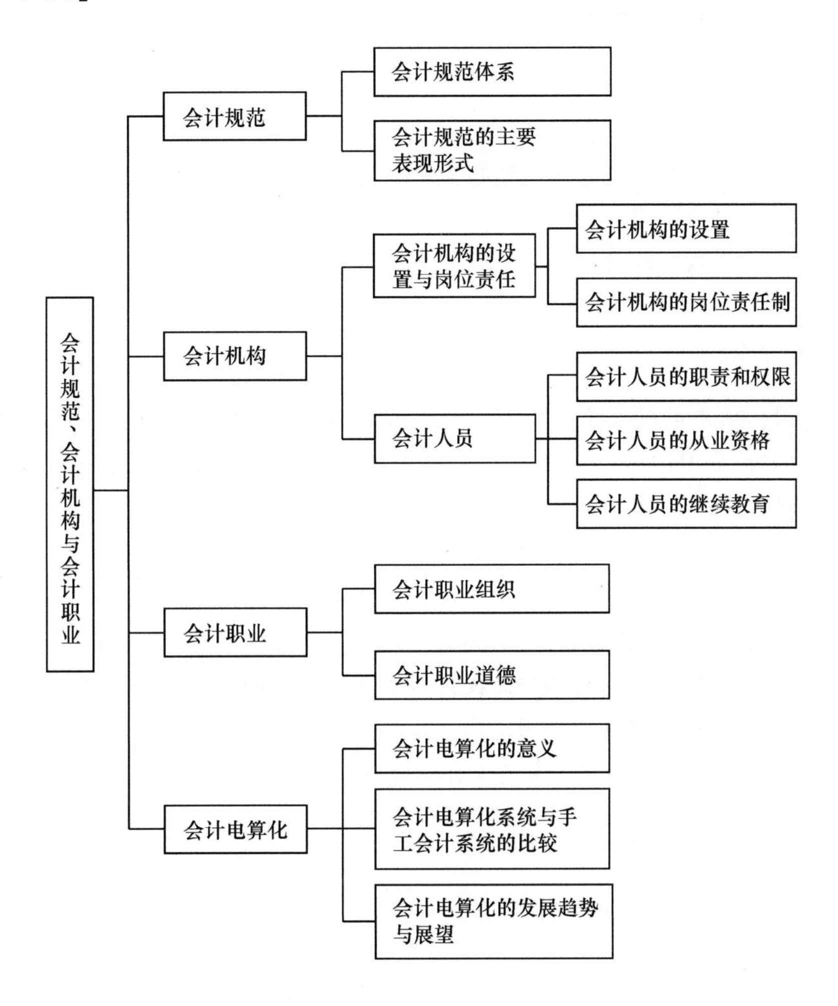

【知识目标】

1. 了解会计规范体系和会计规范的主要表现形式。
2. 了解我国会计法、会计准则和会计制度的基本内容。
3. 了解单位内部会计机构的设置。
4. 理解会计人员从业资格的内容和会计人员的职责与权限。
5. 理解会计人员职业道德和继续教育的内容。
6. 了解会计电算化的意义及其发展趋势。

【能力目标】

1. 能明确会计从业资格的任职条件。
2. 能认清会计准则与会计制度的关系。
3. 能对我国会计电算化的发展有清晰的认识。

【导入案例】

美国安然公司成立于1985年，其市值曾高达700亿美元、年收入达1 000亿美元，曾被美国《财富》杂志连续四年评为美国"最具创新精神的公司"，一度创造了现代神话。2001年10月，安然公布其第三季度亏损6.38亿美元；11月，安然向美国证券交易委员会承认，自1997年以来，共利用关联方交易虚报利润5.86亿美元；12月，安然向纽约破产法院申请破产保护。

安然造假丑闻暴露后，现任及前任CEO（首席执行官）、CFO（首席财务官）等公司高管均被提起诉讼，为安然提供不实审计报告的安达信会计师事务所也被提起诉讼，公司最终破产倒闭。

同学们，从上述案例中，你能体会到会计职业道德在会计职业生命中的重要性吗？

第一节 会计规范

会计规范是指导和管理会计活动的法律、规章、制度和道德守则的总和。会计规范是会计工作的依据和标准。为了实现为决策者提供有用信息和帮助管理者报告受托责任的会计目标,为了公平和公正地协调各方利益,为了促进国际经济交往,各国都建有会计规范。

一、会计规范体系

我国会计规范体系按照制定主体和效力的不同,可以分为会计法律、会计行政法规、会计规章和单位内部会计管理制度四个部分,其构成如表 11-1 所示。

表 11-1 会计规范体系

层次	名称	制定部门	主要规范
第一层次	会计法律	全国人大及其常委会	《中华人民共和国会计法》
第二层次	会计行政法规	国务院	《总会计师条例》《企业财务会计报告条例》等
第三层次	会计规章	财政部	《企业会计准则》《企业会计制度》等
第四层次	单位内部会计管理制度	各单位	内部会计管理体系、岗位责任制、账务处理程序制度等

二、会计规范的主要表现形式

我国会计规范的主要表现形式包括会计法、会计准则和会计制度。

(一) 会计法

《中华人民共和国会计法》(以下简称《会计法》)于 1985 年 1 月 21 日经第六届全国人民代表大会常务委员会通过,并在 1993 年、1999 年经过两次修订,修订后的《会计法》于 2000 年 7 月 1 日起施行,2017 年进行第二次修正。制定《会计法》,是“为了规范会计行为,保证会计资料真实、完整,加强经济管理和财务管理,提高经济效益,维护社会主义市场经济秩序”。《会计法》分七章:总则,会计核算,公司、企业会计核算的特别规定,会计监督,会计机构和会计人员,法律责任以及附则,共五十二条。

1. 总则部分

此部分明确指出国家机关、社会团体、公司、企业、事业单位和其他组织必须依据《会计法》办理会计事务。单位负责人对本单位的会计工作和会计资料的真实性、完整性负责。

2. 会计核算部分

此部分规定各单位必须根据实际发生的经济业务事项进行会计核算，填制会计凭证，登记会计账簿，编制财务报告。同时，规定了各单位应当办理会计手续和进行会计核算的经济业务事项，包括：(1) 款项和有价证券的收付；(2) 财物的收发、增减和使用；(3) 债权债务的发生和结算；(4) 资本、基金的增减；(5) 收入、费用、支出和成本的计算；(6) 财务成果的计算和处理；(7) 需要办理会计手续、进行会计核算的其他事项。此外，还规定会计年度为每年的 1 月 1 日至 12 月 31 日，会计核算以人民币为记账本位币；规定了会计凭证填制和审核、会计账簿登记和财务报告编制的基本要求。

3. 公司、企业会计核算的特别规定部分

此部分要求公司、企业必须根据实际发生的经济业务事项，按照国家统一的会计制度的规定确认、计量和记录资产、负债、所有者权益、收入、费用、成本和利润。同时，规定了公司、企业进行会计核算不得有的行为，包括：(1) 随意改变资产、负债、所有者权益的确认标准或者计量方法，虚列、多列、不列或者少列资产、负债、所有者权益；(2) 虚列或者隐瞒收入，推迟或者提前确认收入；(3) 随意改变费用、成本的确认标准或者计量方法，虚列、多列、不列或者少列费用、成本；(4) 随意调整利润的计算、分配方法，编造虚假利润或者隐瞒利润；(5) 违反国家统一的会计制度规定的其他行为。

4. 会计监督部分

此部分规定各单位应当建立、健全本单位内部会计监督制度；单位负责人应当保证会计机构、会计人员依法履行职责，不得授意、指使、强令会计机构、会计人员违法办理会计事项。此外，还规范了财政、审计、税务、人民银行、证券监管、保险监管等部门和人员在会计监督过程中的行为。

5. 会计机构和会计人员部分

此部分对会计机构设置、总会计师设置、会计人员配备、会计人员从业资格以及会计交接手续的办理作出了规定。

6. 法律责任部分

此部分对违反《会计法》的行为规定了相应的法律责任。这些行为包括：(1) 不依法进行会计管理、核算和监督；(2) 伪造、变造会计凭证、会计账簿，编制虚假财务报告；(3) 隐匿或者故意销毁依法应当保存的会计资料；(4) 授意、指使、强令会计机构、会计人员及其他人员伪造、变造会计凭证、会计账簿，编制虚假财务报告或者隐匿、故意销毁应当依法保存的会计凭证、会计账簿、财务报告；(5) 单位负责人对会计人员实行打击报复；(6) 其他违法行为。

7. 附则部分

此部分对“单位负责人”“国家统一的会计制度”用语的含义作了规定，并规定了《会计法》的施行时间。

（二）会计准则

会计准则是指导会计核算工作（包括对经济业务的确认、计量和报告）的技术规范。

它主要是对企业经济业务的具体会计处理作出规定。我国会计准则的具体研究工作始于20世纪80年代末,经过几年的理论探索与实践论证,1992年11月30日由财政部发布了《企业会计准则》(该准则属于基本准则),于1993年7月1日起在全国所有企业施行。1993年财政部开始了具体准则的制定研究工作,1997年6月4日,财政部正式颁布了我国第一个具体准则《关联方关系及其交易的披露》,之后几年又先后颁布了16项具体准则。

随着我国经济、贸易和资本流动的国际化进程加快,我国的会计准则与国际接轨的要求也更加迫切。但由于我国会计环境的特殊性,不能完全照搬国际会计准则(International Accounting Standard,IAS),同时又要为经济的国际化服务,因此我国确立了以国际化为主导同时兼顾我国自身特色的渐进式、国际化的会计准则制定策略。基于国际环境的影响,财政部启动了会计准则的修订工作,于2006年2月颁布了由1项基本准则和38项具体准则(包括首次发布的22项新具体准则和16项具体准则)组成的新会计准则,自2007年1月1日起在上市公司范围内施行。

同时,为了规范小企业的会计确认、计量和报告行为,促进小企业的可持续发展,发挥小企业在国民经济和社会发展中的重要作用,财政部于2011年10月18日以财会〔2011〕17号印发了《小企业会计准则》,自2013年1月1日起在小企业范围内施行,鼓励小企业提前执行。为适应社会主义市场经济发展,进一步完善我国企业会计准则体系,提高财务报表列报质量和会计信息透明度,保持我国企业会计准则与国际财务报告准则的持续趋同,2014年伊始,财政部修订了原38项具体准则中的《企业会计准则第2号——长期股权投资》《企业会计准则第9号——职工薪酬》《企业会计准则第30号——财务报表列报》《企业会计准则第33号——合并财务报表》《企业会计准则第37号——金融工具列报》,同时新发布了《企业会计准则第39号——公允价值计量》《企业会计准则第40号——合营安排》《企业会计准则第41号——在其他主体中权益的披露》。

在此次准则修订及制定过程中,公允价值计量准则成为亮点。公允价值计量方法和原则在存货、资产减值、股份支付等多项准则中均有涉及,随着各类资产市场交易条件的日趋完善,会计学界对公允价值的研究也日趋成熟,公允价值计量准则的发布使相关的会计处理有了指导性的操作规范。

2017年,财政部修订了《企业会计准则第14号——收入》《企业会计准则第16号——政府补助》《企业会计准则第22号——金融工具确认和计量》《企业会计准则第23号——金融资产转移》《企业会计准则第24号——套期会计》《企业会计准则第37号——金融工具列报》,取消了《企业会计准则第15号——建造合同》,同时新发布了《企业会计准则第42号——持有待售的非流动资产、处置组和终止经营》。

至此,我国形成了由《企业会计准则》(由1项基本准则和42项具体准则构成)和《小企业会计准则》组成的会计准则体系。

(三) 会计制度

会计制度是根据《会计法》及国家其他有关法律和法规制定的,是各单位会计工作的具体规范，是会计法规体系的重要组成部分。

1992 年 11 月 30 日，财政部参照《中外合资经营企业会计制度》的模式，推出了“两则两制”。“两则”是指《企业会计准则》和《企业财务通则》，“两制”是指 13 个行业的会计制度和 10 个行业的财务制度。2000 年财政部出台了《企业会计制度》；2001 年先在股份公司执行；2002 年在所有外商投资企业执行，同时鼓励国有企业执行；到 2005 年年底之前，国资委监管的所有中央企业全面执行《企业会计制度》。但由于银行、保险公司、证券公司、投资公司和基金公司的业务比较特殊，因此 2001 年财政部单独制定了《金融企业会计制度》；同时，为了规范小企业会计行为，2004 年财政部又发布了《小企业会计制度》。这样，会计制度体系从原来的 13 个行业会计制度转变成《企业会计制度》《金融企业会计制度》《小企业会计制度》三个制度，基本涵盖了全国各类企业。

《企业会计制度》的主要内容如表 11-2 所示。

表 11-2 《企业会计制度》的主要内容

	主要内容
《企业会计制度》	(1)会计工作的基本规则 (2)会计凭证的填制和审核 (3)会计科目的设置和使用说明 (4)账簿组织和记账方法 (5)会计核算组织程序 (6)成本计算方法 (7)财产清查方法 (8)会计报表的格式及其编制方法 (9)会计资料的审核和分析 (10)会计检查方法和程序 (11)会计档案的管理方法 (12)会计人员的管理方法等

自 2007 年 1 月 1 日起，执行《企业会计准则》的企业，不再执行《企业会计制度》《金融企业会计制度》；《小企业会计准则》2013 年 1 月 1 日施行后，财政部 2004 年发布的《小企业会计制度》予以废止。

【特别提醒】

需要说明的是，目前我国的会计法规体系呈现制度与准则并存的现象。从理论上说，具体准则对会计事项的处理作出了具体的规范，它能够替代会计制度的法律功能，会计制度已经没有存在的必要。但由于会计准则的制定要考虑适用、严谨，并与国际惯例接轨，因此建立既适合中国特色又符合国际惯例的完整的会计准则体系，还需较长时间。所以，我国的会计制度还将在较长时间内继续存在，并指导和规范会计工作。

第二节 会 计 机 构

会计机构是指由专职会计人员组成,各单位办理会计事务的职能部门。合理地设置会计机构,是保证会计工作正常进行、充分发挥会计职能的重要条件。

一、会计机构的设置与岗位责任

(一) 会计机构的设置

我国《会计法》第三十六条规定:“各单位应当根据会计业务的需要,设置会计机构,或者在有关机构中设置会计人员并指定会计主管人员;不具备设置条件的,应当委托经批准设立从事会计代理记账业务的中介机构代理记账。”企业应按要求设置会计机构,具体如表 11-3 所示。

表 11-3 会计机构的设置要求

	设置要求
会计机构	(1) 单独设置会计机构。应根据单位的规模大小、会计工作繁简来确定会计机构的设置形式。一般来说,实行企业化管理的事业单位及大中型企业应当设置会计机构,而对于规模很小的企业、行政单位等可以不单独设置会计机构 (2) 不单独设置会计机构,但配备专职会计人员。在一些规模较小、会计业务简单的单位,可以不单独设置会计机构;但应当在有关机构中设置专职的会计人员和会计主管人员,负责管理单位会计事务、行使会计机构负责人的职权 (3) 实行代理记账。不具备设置会计机构和会计人员条件的单位,应当委托经批准设立从事会计代理记账业务的中介机构代理记账

【相关链接】

代理记账是指由依法批准设立的中介机构(如会计咨询、代理记账公司),或具备一定条件的单位代替独立核算单位,办理记账、结账、报账业务。近年来,由于我国经济的迅速发展,经济组织形式发生了很大变化,私有经济、个体经济得到了大力发展。这些小型经济组织,没有能力也没有必要设置专门的会计机构,因此委托代理记账业务便应运而生。对于不具备设置会计机构和会计人员条件的单位,委托经批准设立从事会计代理记账业务的中介机构代理记账,可以使会计工作按规定进行,从而保证会计信息的真实性与合法性。

(二) 会计机构的岗位责任制

会计机构的岗位责任制又称会计人员岗位责任制,是指在会计机构内部按照会计工作的内容和会计人员的配备情况，将会计机构的工作划分为若干个岗位，按岗位规定职责并进行考核的责任制度。建立健全会计机构岗位责任制，对于加强会计管理，提高会计工作质量与工作效率，保证会计工作的有序进行具有重要意义。

1. 会计工作岗位设置的原则

（1）满足本单位会计业务的需要。由于各单位所属行业性质、自身规模、业务内容和数量以及会计核算与管理的要求不同，会计工作岗位的设置条件和要求也不同。单位在设置会计工作岗位时，必须结合本单位的实际情况，以满足会计业务需要为原则。

（2）符合内部牵制制度的要求。会计工作可以一人一岗、一人多岗或一岗多人，但必须符合内部牵制制度的要求。出纳员不得兼管稽核、会计档案保管和收入、费用、债权债务账目的登记工作；财产物资保管与明细账的登记不得由一人兼任；总账与明细账原则上由不同会计人员登记；业务执行人员与稽核人员分离。

（3）有利于会计人员全面熟悉业务，不断提高业务素质。会计人员的工作岗位应当有计划地轮换，这样可以激励会计人员不断进取、改进工作，也能在一定程度上防止违法乱纪行为的发生，保护会计人员。

2. 会计工作岗位设置的情况

会计工作岗位一般可分为：会计主管、稽核、总账报表、资金核算、财产物资核算、往来结算、工资核算、收入利润核算、成本费用核算、出纳、会计档案保管等。这些岗位可以一人一岗、一人多岗或一岗多人，各单位可以根据各岗位业务量的具体情况来确定。对于规模大、业务量多的单位，会计机构内部可以按经济业务的类别设置若干职能组，并为每组配备会计人员，分别主管会计工作的一个方面。

二、会计人员

会计人员是指直接处理会计业务的人员，包括单位财务会计负责人、会计机构负责人和具体从事会计业务的工作人员。在会计机构中配备数量适当、政治思想觉悟高、业务素质好的会计人员，是做好会计工作的关键。

（一）会计人员的职责和权限

1. 会计人员的职责

会计人员的职责概括起来就是及时提供真实可靠的会计信息，认真贯彻执行和维护国家财经制度和财经纪律，积极参与经营管理，提高单位经济效益。《会计法》将会计人员的职责概括为以下几项：

（1）进行会计核算。会计人员要以实际发生的经济业务为依据记账、算账、报账，做到手续完备、内容真实、数字准确、账目清楚，如实反映财务状况、经营成果和现金流量，为会计信息的使用者提供真实、准确的会计信息。进行会计核算，及时提供真实可靠、能满足有关各方需要的会计信息，是会计人员最基本的职责，也是做好会计工作最起码的要求。

（2）进行会计监督。各单位的会计机构、会计人员应对本单位实行会计监督。会计人员对不真实、不合法的原始凭证,应当不予受理;对记载不准确、不完整的原始凭证,应当予以退回,要求更正补充;发现账簿记录与实物、款项不符的,应当按照有关规定进行处理,无权自行处理的,应当立即向本单位行政领导人报告,请求查明原因,作出处理;对违反国家统一会计制度规定的收支,应当不予办理。

(3) 拟定本单位办理会计事项的具体方法。各单位要根据国家颁布的会计法规、财经政策,从本单位的具体情况出发,制定出本单位办理会计事项的具体办法。例如,建立会计人员岗位责任制、内部牵制和稽核制度,制定分级核算、分级管理办法和费用开支报销手续办法等。

(4) 参与本单位的经营管理。会计人员应积极参加本单位经济计划、业务计划的拟订工作,编制预算和财务计划,并考核、分析其执行情况;参与本单位的经营管理活动,充分发挥会计参与管理的职能。

2. 会计人员的权限

为了保障会计人员能够顺利地履行自己的职责,国家对会计人员赋予了必要的工作权限,主要有以下几个方面:

(1) 有权要求本单位有关部门、人员认真执行国家批准的计划、预算,遵守国家财经纪律和财务会计制度。如果有违反规定的情况发生,则会计人员有权拒绝付款、拒绝报销或拒绝执行,并向本单位领导人报告。对于弄虚作假、营私舞弊等行为,会计人员必须拒绝执行,并向本单位领导人或上级机关、财政部门报告。

(2) 有权参与本单位计划编制、定额制定、合同签订工作,以及参加有关生产经营管理会议等;有权提出有关财务收支和经济效益方面的问题和意见。

(3) 有权监督、检查本单位有关部门的财务收支、资金使用和财产保管、计量、检验等情况。有关部门要提供资料,如实反映情况。

(二) 会计人员的任免

国家对会计人员,尤其是对会计机构负责人和会计主管人员的任免,在《会计法》和其他相关规定中均有规定,其主要内容有:

(1)《会计基础工作规范》第十六条明确规定:国家机关、国有企业、事业单位任用会计人员应当实行回避制度。单位领导人的直系亲属不得担任本单位的会计机构负责人、会计主管人员。会计机构负责人、会计主管人员的直系亲属不得在本单位会计机构中担任出纳工作。

(2) 企业单位的会计机构负责人、会计主管人员的任免,应当经过上级主管单位同意,不得任意调动或撤换。

(3) 会计人员在工作过程中玩忽职守、丧失原则,不宜担任会计工作的,上级主管单位应责成所在单位予以撤换。对于认真执行《会计法》以及其他相关会计法规,忠于职守,作出显著成绩的会计人员应给予精神或物质奖励。

第三节 会计职业

一、会计职业组织

（一）国际会计师联合会

国际会计师联合会（International Federation of Accountants，IFAC）是一个由不同国家执业会计师组织组成的非营利性、非政府性和非政治性的机构，总部设在美国纽约。其宗旨是：努力发展会计师行业，促进准则在全球范围内的协调统一，使会计师能够站在公众利益的角度提供持续高质量的服务。中国注册会计师协会于1997年5月加入国际会计师联合会，成为其正式会员。

（二）亚太会计师联合会

亚太会计师联合会（The Confederation of Asian and Pacific Accountants，CAPA）成立于1976年，是亚太地区会计行业组织的代表，也是迄今世界上规模最大的区域性会计组织。其宗旨是：在亚太地区会计行业的发展、提高和协调方面发挥领导作用，使会计行业能够不断为社会公众提供高质量的服务。中国注册会计师协会于1996年10月加入亚太会计师联合会。

（三）中国注册会计师协会

中国注册会计师协会（The Chinese Institute of Certified Public Accountants，CICPA）成立于1988年11月，是依据《中华人民共和国注册会计师法》和《社会团体登记管理条例》的有关规定设立的社会团体法人，是中国注册会计师行业的自律管理组织。1995年，根据国务院规范国内会计服务市场管理的要求，中国注册会计师协会和中国注册审计师协会联合，组成新的中国注册会计师协会。其宗旨是：服务、监督、管理、协调。

（四）美国注册会计师协会

美国注册会计师协会（The American Institute of Certified Public Accountants，AICPA）成立于1887年，是一个全国性的注册会计师职业组织。其宗旨是：为社会提供资源、信息和指导，使会员能够以良好的职业态度进行有价值的服务，使得公众、雇主以及客户都能从中受益。

（五）加拿大注册会计师协会

加拿大注册会计师协会（Certified General Accountants Association of Canada，CGA-Canada）成立于1908年，是全国性的会计行业自律组织。它是国际首家将IT（信息技术）融入课程的专业会计师团体。该协会在我国北京、上海和广州设有代表处。

（六）特许公认会计师公会

特许公认会计师公会（The Association of Chartered Certified Accountants，ACCA）成立于1904年，总部设在英国伦敦，是国际上海外学员最多、学员规模发展最快的专业会计师组织。其理念是：视野全球化、行动当地化。该协会在我国北京、上海和广州设有代表处。

【相关链接】

知名会计执业资格考试

1. 中国注册会计师(CPA)考试

难度指数:★★★★★

主考机构:中国注册会计师协会。

考试内容:会计、审计、财务成本管理、经济法、税法、公司战略与风险管理六个科目。

2. 会计专业技术资格考试

难度指数:★★★

主考机构:国家财政部门、国家人事部门。

考试内容:(初级)初级会计实务、经济法基础两个科目;(中级)财务管理、经济法、中级会计实务三个科目。

3. 税务师考试

难度指数:★★★

主考机构:国家人事部门、国家税务总局。

考试内容:税法(一)、税法(二)、税务代理实务、税收相关法律、财务与会计五个科目。

4. 注册资产评估师(CPV)考试

难度指数:★★★★

主考机构:国家人事部门、国家财政部门。

考试内容:资产评估、经济法、财务会计、机电设备评估基础、建筑工程评估基础。

5. 特许公认会计师(ACCA)考试

难度指数:★★★★★

主考机构:特许公认会计师公会。

考试内容:13门考试科目,包括财务报表编制、财务信息与管理、公司法与商法、财务管理与控制、财务报告等。

6. 国际注册内部审计师(CIA)考试

难度指数:★★★★

主考机构:国际内部审计师协会。

考试内容:内部审计程序、内部审计技术、管理控制与信息技术、审计环境四个科目。

二、会计职业道德

会计职业道德规范是会计工作规范的组成部分,是对会计人员强化道德约束,防止和杜绝会计人员在工作中出现违背职业道德行为的有效措施。会计人员在会计工作中应遵守职业道德规范,树立良好的职业品格、严谨的工作作风,严守工作纪律,努力提高工作效率和工作质量。会计职业道德的内容如表11-4所示。

表 11-4　会计职业道德的内容

	主要内容
职业道德	(1) 爱岗敬业。会计人员应热爱本职工作,安心本职岗位,努力钻研业务,使自己的知识和技能适应所从事工作的要求 (2) 熟悉法规。会计人员应当熟悉财经法律、法规和国家统一的会计制度,做到知法依法,并结合会计工作进行广泛宣传 (3) 依法办事。会计人员必须依法办事,树立自己的职业形象,敢于抵制歪风邪气,同一切违法乱纪的行为作斗争 (4) 客观公正。会计人员办理会计事务应当实事求是、客观公正 (5) 搞好服务。会计人员应当熟悉本单位的生产经营和业务管理情况,运用掌握的会计信息和会计方法,为改善单位内部管理、提高经济效益服务 (6) 保守秘密。会计人员应当保守本单位的商业秘密,除法律规定和单位负责人同意外,不能私自向外界提供或者泄露单位的会计信息

【相关链接】

1980 年 7 月,国际会计师联合会职业道德委员会拟定并经国际会计师联合会理事会批准,公布了《国际会计职业道德准则》,规定了正直、客观、独立、保密、技术标准、业务能力、道德自律等七个方面的会计职业道德内容。

第四节　会计电算化

从 20 世纪 50 年代起,一些发达国家开始将计算机引入会计领域,最初它只是作为计算工具而被使用。后来随着微电子技术的发展和应用的不断深化,信息系统工程理论的逐步完善,以及计算机在会计领域的应用,形成了会计电算化这一新兴的学科。

一、会计电算化的意义

会计电算化是指在会计核算工作中,应用计算机技术对会计信息实施数据处理的人工和计算机相结合的控制系统。会计电算化使会计数据的处理实现自动化,从而及时、准确地对内、对外提供会计信息。实现会计电算化具有如下重要意义:

1. 减轻会计人员的劳动强度,提高其工作效率

实现会计电算化后,大量数据计算和处理工作都由计算机来完成。这样可以使会计人员从繁重的记账、算账和报账工作中脱离出来,既减轻了劳动强度,又提高了工作效率。

2. 提高会计核算质量

由于计算机在处理会计业务中,对会计数据的来源提出了一系列规范化的要求,这就解决了手工记账的不规范、不统一,易错记、误记、漏记的问题,从而提高了会计核算质量。

3. 促进会计核算工作规范化,提高会计人员素质

我国传统会计核算工作中存在计算不准、数据不实等问题。使用计算机后,输入数据要求规范化,从而规范问题在处理过程中得到控制。另外,采用会计电算化,要求会计人员不仅要懂得会计知识,而且要掌握计算机知识。这促进了会计人员知识结构的更新和素质的提高。

4. 提高数据的共享性

会计电算化以数据库技术为基础,因此数据都是集中处理的。在网络和多用户环境下,同一信息可供许多不同的用户使用,从而大大提高了数据的共享性,也提高了数据的利用率。

5. 促进会计自身不断发展

会计电算化的实现必然带来会计核算对象、内容、方法等会计观念和会计技术的发展,这促进了会计自身的发展,使其进入一个更高的发展阶段。

二、会计电算化系统与手工会计系统的比较

会计电算化系统与手工会计系统既有联系又有区别,具体如表 11-5 所示。

表 11-5 会计电算化系统与手工会计系统的区别和联系

	主要内容
区别	(1) 计算工具不同。手工会计系统使用的计算工具是算盘、计算器,运算过程是间接的而不是连续的。而会计电算化系统使用的计算工具是计算机,数据可以由机器连续运算 (2) 信息载体不同。手工会计系统的所有信息都以纸张为载体,而会计电算化系统除必要的会计凭证外,均可用磁性材料(磁盘、磁带等)作为信息载体 (3) 簿记规则不同。手工会计系统有订本式、活页式、卡片式账簿;账簿记录的错误要用划线更正法或红字更正法予以更正。而会计电算化系统打印输出的账簿是活页式的,只有到了一定时期,才可装成订本式;错误的更正一般采用“更正凭证”的形式 (4) 内部控制方式不同。手工会计系统主要通过账证、账账和账实核对的方式来进行。而会计电算化系统除原始数据的收集、审核、编码由会计人员进行外,其余都由计算机来处理 (5) 数据处理形式不同。在手工会计系统中,数据的处理要经过一系列的分类、汇总、计算、过账、登记和分析程序,而在会计电算化系统中这些是自动进行的 (6) 人员结构不同。手工会计系统中的人员均是会计专业人员,而会计电算化系统中的人员是由会计专业人员和电子计算机软件、硬件及操作人员组成的

（续表）

	主要内容
联系	(1) 系统目标一致。两者都是为了提供对决策有用的信息、加强经营管理、提高经济效益 (2) 两者都是依据相同的会计规范 (3) 两者都是遵循基本的会计理论与会计方法及会计准则。会计电算化会引起会计理论与方法上的变革,但这种变革是渐进型而非突变型的 (4) 两者都应当编制财务报告和保存相关的会计档案资料 (5) 信息系统的基本功能相同。任何一种信息系统都有五个基本功能,即信息的采集与记录(输入)、信息的存储、信息的加工处理、信息的传输以及信息的输出。无论是手工会计系统还是会计电算化系统,要达到系统目标,必须具备上述五个功能

综上所述,会计电算化掀开了会计史上崭新的一页。计算机的应用,首先带来数据处理工具的变化,同时也带来信息载体的变化。采用会计电算化后,对传统的会计方法、会计理论将产生巨大的影响,从而引起会计制度、会计工作管理体制的变革。会计电算化促进了会计工作的规范化、标准化、通用化,促进了管理的现代化。

【问题与思考】

实行会计电算化的单位,是否需要手工记账系统?

三、会计电算化的发展趋势与展望

经过三十年的实践和探索,我国会计电算化事业取得了长足的发展。会计电算化随着计算机技术的产生而产生,也必将随着计算机技术的发展而逐步完善和发展。可以预见,会计电算化将出现或可能出现以下发展趋势:

1. 会计电算化与管理会计系统逐步融合

目前,我国会计电算化大多仍处于会计核算电算化的水平,或者说仅仅实现了财务会计的电算化,而完整意义上的会计电算化应该是财务会计和管理会计的全面电算化。如果会计电算化一直停留在财务会计子系统,而不涉及管理会计子系统的预测、决策、规划和分析,那么企业的经济活动与效益的评估、内部责任会计和业绩评价等,也就限制和失去了发展会计电算化的意义。因此,会计电算化与管理会计系统逐步融合成为未来发展的趋势,ERP(企业资源计划)系统在一些企业的成功应用便是一个很好的例证。

2. 会计电算化促进会计人员不断提高业务水平

我国的会计电算化虽然取得了很大的进步,但与国外相比还存在一定的差距,所以要加大培养高科技计算机人才的力度,来开发计算机软件。这就要提高会计人员的电算化水平,培养一批既懂计算机又懂会计的人员,适应会计电算化的发展。

3. 会计电算化促进会计理论和方法的变革与创新

从一定意义上讲,会计电算化产生和发展的过程,也是突破传统会计观念,对现行会计理论和方法提出新问题、新课题,以及研究和确立新的会计理论与方法的过程。例如,会计电算化在系统设计、工作组织、信息处理及账务处理程序等方式和方法上的改变,本身就是对现行会计理论和方法的突破与完善。虽然从短期来看,这些影响只是渐进性的,但从长期来看,随着计算机技术的飞速发展和会计电算化系统的普及应用,新的问题和新的课题将不断出现。对新课题的深入研究,必将形成新的会计理论和方法,而新的会计理论和方法的确立,又将使会计电算化在新的基础上获得进一步的发展和完善。

词汇表

A

Account — The form used to record additions and deductions for each individual asset, liability, owner's equity, revenue, and expense.

Accounting — Accounting is a process of identifying, recording, and summarizing economic information and reporting it to decision makers.

Accounting Entity — An accounting entity is an organization or a section of an organization that stands apart from other organizations and individuals as a separate economic unit, for which accounting records are kept and about which accounting reports are prepared.

Accounting Equation — The expression of the relationship between assets, liabilities, and owner's equity; it is most commonly stated as Assets = Liabilities + Owner's Equity.

Accrual Basis — Accounting method that recognizes the impact of transactions on the financial statements in the time periods when revenues and expenses occur.

Asset — Economic resources that a company expects to help generate future cash inflows or help reduce future cash outflows.

B

Balance Sheet — A financial statement that shows the financial status of a business entity at a particular instant in time.

C

Cash Basis — Cash basis recognizes the impact of transactions in the financial statements only when a company receives or pays cash.

Cash Equivalents — Highly liquid short-term investments that a company can easily and quickly convert into cash.

Cash Flow Statement — One of the basic financial statements that reports the cash receipts and cash payments of an entity during a particular period and classifies them as financing, investing, and operating flows.

Close the Book — Preparing the ledger accounts to record the next period's transactions by making closing entries that summarize all balances in the revenue and expense accounts and transferring the balances to retained earnings.

Comparability — Conformity across companies with respect to policies and procedures.

Conservatism — Selecting the methods of measurement that yield lower net income, lower assets, and lower stockholders' equity.

Consistency	Consistency requires conformity within a company from period to period with unchanging policies and procedures.
Credit	The right-side of double-entry accounting records.

D

Debit	The left-side of double-entry accounting records.
Double-entry System	Double-entry System for recording transactions, based on recording increases and decreases in accounts so that debits always equal credits.

E

Expenses	Decreases in owners' equity that arise because a company delivers goods or services to customers.

F

Fair Value	Fair value is the amount for which an asset could be exchanged, or a liability settled, between knowledgeable, willing parties in an arm's length transaction.
Financing Activities	A company's transactions that obtain resources as a borrower or issuer of securities or repay creditors and owners.

G

General Ledger	The primary ledger, when used in conjunction with subsidiary ledgers, that contains all of the balance sheet and income statement accounts.
Going Concern	Going concern (continuity) assumption is the assumption that ordinarily an entity persists indefinitely.

H

Historical Cost	The amount originally exchanged in the transaction; an amount assumed to reflect the fair market value of an item at the transaction date.

I

Income Statement	A report of all revenues and expenses pertaining to a specific time period.
Investing Activities	Transactions that acquire or dispose of long-lived assets.

L

Liabilities	Economic obligations of the organization to outsiders, or claims against its assets by outsiders.

M

Materiality	A convention asserts that an item should be included in a financial statement if its omission or misstatement would tend to mislead the reader of the financial statements under consideration.
Monetary Measurement Assumption	Accountants record only those that can be measured in monetary items.
Multiple-step Income Statement	An income statement that contains one or more subtotals that highlight significant relationships.

O

Operating Activities	Transactions that affect the purchase, processing, and selling of a company's products and services.
Owners' Equity	The owners' claims on an organization's net assets or total assets less total liability.

P

Periodic Inventory System	The system in which the cost of goods sold is computed periodically by relying solely on physical counts without keeping day-to-day records of units sold or on hand.
Periodicity Assumption	Periodicity assumption implies that a company can divide its economic activities into artificial time periods. These time periods vary. But the most common are monthly, quarterly and yearly.
Perpetual Inventory System	A system that keeps a running, continuous record that tracks inventories and the cost of goods sold on a day-to-day basis.
Present Value	The value today of a future cash inflow or out flow.
Profit	The excess of revenues over expenses.
Property, Plant and Equipment	Property, plant and equipment are tangible assets that: (a) are held by an enterprise for use in the production or supply of goods or services, for rental to others, or for administrative purposes; and; (b) are expected to be used during more than one period.

R

Relevance	The capability of information to make a difference to the decision maker.
Reliability	Reliability is a quality of information that assures decision makers that the information captures the conditions or events it purports to represent.
Replacement Cost	The cost at which an inventory item could be acquired today.
Revenue	Increases in owners' equity arising from increases in assets received in exchange for the delivery of goods or services to customers.

S

Stable Monetary Unit	It is simply one that is not expected to change in value significantly over time.
Statement of Retained Earnings	A statement that lists the beginning balance in retained earnings, followed by a description of any changes that occurred during the period, and the ending balance.
Subsidiary Ledger	A ledger containing individual accounts with a common characteristic.
Substance over Form	Substance over form is an accounting principle used to ensure that the financial statements reflect the complete, relevant and accurate picture of the transactions and events.

T

Trial Balance	A summary listing of the titles and balances of the accounts in the ledger.
T-Account	Simplified version of ledger account that takes the form of the capital letter T.

参考文献

[1] 中华人民共和国财政部:《企业会计准则(合订本)2019》,经济科学出版社,2019 年版。

[2] 中华人民共和国财政部:《企业会计准则应用指南(2019 年版)》,立信会计出版社,2019 年版。

[3] 企业会计准则编审委员会:《企业会计准则详解与实务》,人民邮电出版社,2020 年版。

[4] 平准:《会计基础工作规范详解与实务(第 2 版)》,人民邮电出版社,2019 年版。

[5] 陈艳利:《会计学基础(第二版)》,高等教育出版社,2017 年版。

[6] 路国平,黄中生:《中级财务会计(第三版)》,高等教育出版社,2019 年版。

[7] 李占国:《基础会计学(第三版)》,高等教育出版社,2017 年版。

[8] 孙坤:《会计英语(第四版)》,东北财经大学出版社,2018 年版。

[9] 约翰. 怀尔德等:《会计学原理(英文版第 23 版)》,中国人民大学出版社,2019 年版。

[10] 卡尔 · 沃伦等:《会计学(英文版第 25 版):财务会计分册》,中国人民大学出版社,2017 年版。

[11] ACCA Financial Accounting (FA) Interactive Text, Publisher: BPP Learning Media, Publication date: 15 Feb 2019.

[12] ACCA Financial Reporting (FR) Study Text, Publisher: BPP Learning Media, Publication date: 15 Feb 2019.

教辅申请说明

北京大学出版社本着“教材优先、学术为本”的出版宗旨，竭诚为广大高等院校师生服务。为更有针对性地提供服务，请您按照以下步骤通过**微信**提交教辅申请，我们会在 1~2 个工作日内将配套教辅资料发送到您的邮箱。

◎扫描下方二维码，或直接微信搜索公众号“北京大学经管书苑”，进行关注；

◎点击菜单栏“在线申请”—“教辅申请”，出现如右下界面：

◎将表格上的信息填写准确、完整后，点击提交；

◎信息核对无误后，教辅资源会及时发送给您；如果填写有问题，工作人员会同您联系。

温馨提示：如果您不使用微信，则可以通过以下联系方式（任选其一），将您的姓名、院校、邮箱及教材使用信息反馈给我们，工作人员会同您进一步联系。

教辅申请表

1. 您的姓名：*

2. 学校名称*

3. 院系名称*

••• •••

感谢您的关注，我们会在核对信息后在1~2个工作日内将教辅资源发送给您。

提交

联系方式：

北京大学出版社经济与管理图书事业部

通信地址：北京市海淀区成府路 205 号，100871

电子邮箱： em@pup.cn

电　　话： 010-62767312 /62757146

微　　信：北京大学经管书苑（pupembook）

网　　址：www.pup.cn